PRATO DO DIA:
TRANSGÊNICOS

PRATO DO DIA: TRANSGÊNICOS
Yhasmin Monteiro

PRODUÇÃO EDITORIAL
PRESTO Catia Soderi

© 2021 Editora dos Editores

Todos os direitos reservados. Nenhuma parte deste livro poderá ser reproduzida, sejam quais forem os meios empregados, sem a permissão, por escrito, das editoras. Aos infratores aplicam-se as sanções previstas nos artigos 102, 104, 106 e 107 da Lei nº 9.610, de 19 de fevereiro de 1998.

Editora dos Editores
São Paulo: Rua Marquês de Itu, 408 - sala 104 – Centro.
(11) 2538-3117
Rio de Janeiro: Rua Visconde de Pirajá, 547 - sala 1121 – Ipanema.
www.editoradoseditores.com.br

Impresso no Brasil
Printed in Brazil
1ª impressão – 2022

Este livro foi criteriosamente selecionado e aprovado por um Editor científico da área em que se inclui. A Editora dos Editores assume o compromisso de delegar a decisão da publicação de seus livros a professores e formadores de opinião com notório saber em suas respectivas áreas de atuação profissional e acadêmica, sem a interferência de seus controladores e gestores, cujo objetivo é lhe entregar o melhor conteúdo para sua formação e atualização profissional. Desejamos-lhe uma boa leitura!

Dados Internacionais de Catalogação na Publicação (CIP)
(Câmara Brasileira do Livro, SP, Brasil)

Monteiro, Yhasmin
    Prato do dia : transgênicos : uma análise comparativa da regulamentação dos transgênicos e agrotóxicos no Brasil e na França / Yhasmin Monteiro. -- 1. ed. -- São Paulo : Editora dos Editores, 2022.

    Bibliografia
    ISBN 978-65-86098-99-0

    1. Agrotóxicos 2. Biotecnologia agrícola 3. Direito internacional 4. Transgênicos 5. Transgênicos - Regularização I. Título.

22-128180   CDD-631.5233

Índices para catálogo sistemático:
1.1. Transgênicos : Engenharia genética agrícola
631.5233
Aline Graziele Benitez - Bibliotecária - CRB-1/3129

PRATO DO DIA: TRANSGÊNICOS

Uma análise comparativa da regulamentação dos transgênicos e agrotóxicos no Brasil e na França

Yhasmin Monteiro

Pesquisadora em Direito Internacional dos Direitos Humanos. Graduada em Direito pela Universidade de São Paulo. Licence en Droit pela Université Jean Moulin Lyon 3 por meio do Partenariat International Triangulaire d'Enseignement Supérieur (PITES). Pós-graduanda em Direito Internacional e Direitos Humanos pela PUC-Minas.

2023

Para Rose, por me
mostrar o que é força, amor,
proteção e ancestralidade.

Agradecimentos

Enquanto estava no processo de escrever este livro, foram diversas as pessoas que estiveram comigo, que me apoiaram, que me deram forças. Também foram diversos os lugares pelos quais passei com ele, acredito que os mais marcantes foram a Sala das Teses, da Faculdade de Direito do Largo de São Francisco, onde passei dias e dias escrevendo; e a biblioteca da Université Lumière Lyon 2, na França, onde passava as tardes de outono lendo a bibliografia. Logo, este livro é fruto de uma trajetória conjunta, de toda a força que recebi de todos aqueles que andam ao meu lado. A vocês deixo aqui o meu muito obrigada.

À minha mãe, Rose, sem a qual não poderia dar início à minha pesquisa. Mãe, você me inspira, me acolhe e me apoia, e esse livro é pra você. Muito obrigada por sempre ter feito de tudo por mim, por ter estado ao meu lado em cada passo, e por ter feito da preocupação com o que comemos uma realidade em minha vida desde a infância. Se hoje publico este livro, é graças ao caminho que você trilhou antes de mim.

Ao meu irmão, Otávio, e à minha cunhada Liliane, por serem pra mim exemplos de seres humanos e de profissionais. Eu admiro e amo vocês, e agradeço por toda a força que me dão sempre, em todos os momentos.

Seria impossível não mencionar também meus avós, que lutaram para que nossa família pudesse ter educação e, assim, para que eu pudesse chegar aqui. À vovó Cema, por ser uma mulher tão forte, tão determinada e por ter exercido a tão nobre profissão de educar, sem a qual nenhum de nós poderia estar lendo este livro. Obrigada vovó, por ser ancestralidade, sorriso fácil, carinho imenso e amor sem fim. E ao vovô Augusto, com quem aprendi que quando você planta algo com amor, aquilo nasce, cresce e floresce. Vovô, te admiro e me orgulho muito do senhor, que sempre foi pra mim um pai.

Ao meu companheiro de vida, Stéfano, por tornar meus dias mais leves e felizes, mostrando-me o que é o amor. Amor, quero construir a vida e alcançar nossos sonhos ao seu lado. Obrigada por me apoiar e acreditar em mim. Te amo.

Às minhas amigas, que caminham ao meu lado, me dando forças para sempre seguir em frente. À minha amiga Cecília, que é minha irmã lyonesa, amor, sorriso, apoio incondicional e que compartilha sonhos comigo; amiga, que seu sorriso tranquilo faça parte da minha vida sempre, e que vivamos muitas aventuras doidas juntas. À minha amiga Natália, por ser fortaleza, leoa que defende, e por ter o melhor abraço do mundo. Amiga, você me ensinou o poder de sonhar e me entende quando nem eu consigo entender, e juntas somos mais fortes. Obrigada por serem parte de mim.

Às minhas amigas queridas, Giovana e Carol, por crescerem junto de mim, por serem constância e amor, provando que não há tempo ou espaço quando a amizade é verdadeira. E à minha amiga internacionalista, que me inspira, me motiva, e está sempre ao meu lado, Bruna; amiga, que possamos crescer cada dia mais juntas, trabalhando em conjunto e tendo, no fim do dia, a leveza de nossa amizade tranquila.

Às minhas tias Dorothy e Nicinha, por serem mulheres fortes, que me ensinam sempre algo novo e valioso; e aos meus primos, Lucas, Vitória e Beatriz, que são para mim, em suas peculiaridades e individualidades, tão especiais, tão únicos, e tão representantes do que significa família.

Ao meu pai, Roberto, por ter sido, na infância, meu herói. Por ser ascendência, e por ter deixado para mim um legado de lições, diretas e indiretas, nas quais, ainda hoje, descubro um novo significado.

Por fim, ao meu professor orientador, Paulo Borba Casella, por ter me apresentado o Direito Internacional Público, através de suas brilhantes aulas, fazendo-me criar um enorme amor pela área. Professor, você para mim é exemplo máximo e referência, e sou grata por ter tido a oportunidade de poder seguir seus ensinamentos. Obrigada por me orientar, me ensinar, e por abrir portas para mim.

Se, na verdade, não estou no mundo para simplesmente a ele me adaptar, mas para transformá-lo; se não é possível mudá-lo sem um certo sonho ou projeto de mundo, devo usar toda possibilidade que tenha para não apenas falar de minha utopia, mas participar de práticas com ela coerentes.

– Paulo Freire

Prefácio

"A própria configuração do agronegócio corporativo, baseada na monocultura, no grande latifúndio e na produção de commodities para a exportação, não permite ao Brasil ter soberania científica ou econômica. Essa dinâmica força o país à posição de 'celeiro do mundo' subordinado às potências econômicas mundiais, tidas como desenvolvidas. No contexto do comércio internacional dessas commodities, foram os países em desenvolvimento que ficaram com a parte mais 'suja' da produção, reforçando um pano de fundo histórico de exploração dos recursos do Sul pelas tecnologias do Norte."

Yhasmin MONTEIRO, na 'Conclusão' do **Prato do dia: transgênicos – uma análise comparativa da regulamentação dos transgênicos e agrotóxicos, no Brasil e na França**

A atualidade e a relevância do tema – **Prato do dia: transgênicos – uma análise comparativa da regulamentação dos transgênicos e agrotóxicos, no Brasil e na França** – sequer precisam ser enfatizadas. Estão na ordem do dia. Estão no noticiário e nos debates, dentro e fora do espaço acadêmico e dos operadores do mercado. E é preciso que esses temas sejam discutidos e conhecidos, para poderem ser avaliados, pelo espectro mais amplo possível da sociedade brasileira.

Cumprindo a sua missão de dar retorno à sociedade, com a produção de conhecimento e pensamento crítico, sobre práticas correntes e rumos tidos como aceitáveis, pela sociedade, que custeia o financiamento da universidade pública, o excelente trabalho de Yhasmin MONTEIRO não somente mereceu aprovação, enquanto pesquisa de iniciação científica, como mereceu a recomendação de ulterior publicação, que ora se faz, nesta coleção de Direito internacional, sob a minha coordenação, com o selo editorial da Editora dos Editores. E tenho a satisfação de prefaciar, esperando tenha a repercussão que merece e sirva de alerta, para o quadro no qual estamos insertos.

A utilização de transgênicos e agrotóxicos é matéria de enorme atualidade e relevância, que precisa ser mais conhecida e mais profundamente debatida entre nós. Por isso, acolhi imediatamente o projeto de Yhasmin, quando esta o apresentou, ainda durante a sua graduação em direito, na Faculdade do Largo de São Francisco, da

Universidade de São Paulo. Em meio a centenas de alunos, que passam pela graduação em direito na nossa Escola, sempre aparecem vocações de pesquisadores(as) e docentes, que virão a ser as próximas gerações desse encadeamento humano e intelectual de criação, desenvolvimento e sucessão de pessoas, engajadas com a produção e o aprimoramento do conhecimento, nas várias áreas do direito, há quase duzentos anos, em nossa Escola, com resultados, que se espraiam pelo Brasil, e por vezes também algum reflexo internacionalmente alcançado.

A proposta de comparar a situação dessas matérias, transgênicos e agrotóxicos, no Brasil e na França permite estabelecer parâmetros comparativos, para a avaliação da situação nestes dois países, cujas realidades são substancialmente diversas, e tendem a se distanciar ulteriormente. Não somente são realidades diferentes, como tem tendência a aumentar o distanciamento entre ambas, diante das premissas substancialmente diversas, que norteiam uma e outra administração nacional.

Além da atualidade e da relevância da temática, o presente estudo é oportuno e necessário como um alerta para o perigoso caminho que parece ter escolhido trilhar o Brasil – cuja ministra da Agricultura, não por acaso, e de modo eloquente, foi cognominada "menina veneno", retomando canção popular, cuja protagonista se faz notar, não por seus encantos sexuais e de sedução, mas pelo descalabro de ter permitido e apoiado o aumento indiscriminado do uso de agrotóxicos e defensivos agrícolas, em níveis muito superiores aos correntes em outros países, e permitindo inclusive o uso de produtos proibidos em outras jurisdições, mais conscientes e cuidadosas da saúde pública e do futuro dos seus cidadãos. E tem encontrado a conivência da sociedade, que se envenena e se cala, sem atentar para os riscos que trazemos, no "prato do dia".

Ao mesmo tempo em que a ministra da agricultura se notabiliza por ser a garota propaganda do agronegócio, cuja rentabilidade tem de ser mantida, ainda que ao custo de danos para a saúde pública, seu colega, o ministro do meio ambiente trabalha para respaldar a destruição do meio ambiente, e chega ao desplante de declarar que se deveria aproveitar a conjuntura da pandemia, durante a qual os meios de comunicação só falam em covid, para fazer a desregulamentação da proteção ambiental, até aqui existente, que já tinha suas lacunas conceituais e seus erros de implementação, e tudo isso sendo potencializado pelo intuito de permitir a apropriação privada de bens públicos, como florestas e recursos hídricos, e agravado pela intenção deliberada de minimizar mecanismos de prevenção, de controle e monitoramento, bem como de punições pelos violadores das normas ambientais.

Outro tanto se poderia falar a respeito da política externa corrente, que se compraz na condição de "paria internacional" – contrariando duzentos anos de política externa nacional, sempre pautada pela busca da inserção internacional competitiva. E cujos frutos amargos, já começam a ser colhidos, com grandes prejuízos para o país, inclusive no acesso dos produtos do agronegócio brasileiro aos mercados externos. O que completa o círculo vicioso de administração pautada por critérios próprios, alheios ao interesse público e a metas de preservação de médio e longo prazo.

Obnubilados pelos resultados econômicos alcançados pelo agronegócio, com peso crescente na balança de pagamentos, especialmente em tempos de retração econômica, por conta da pandemia, em curso no mundo, e cujos efeitos se agravaram, se agravam e ainda mais se agravarão no Brasil, por conta da gestão criminosamente omissa, ineficiente e deliberadamente contraproducente do governo federal, que de maneira grosseira e arrogante mostra seu descaso, diante dessa grande crise sanitária e de saúde pública, enquanto estamos imersos em modelo obsoleto de gestão da saúde pública e dos efeitos deletérios de produtos agrotóxicos e defensivos agrícolas, por conta das receitas auferidas pelo setor: aparentemente o agronegócio pode tudo, porque gera receitas. E quem se preocupar com a saúde pública, terá os efeitos daqui algum tempo, quando, espera-se, já não mais será governo o atual grupo, que ora controla os destinos administrativos do Brasil.

Enquanto vivemos esse descalabro governamental e regulatório, na França, e em considerável medida, também no conjunto da União Europeia, cresce a conscientização quanto à necessidade de controles, de medidas preventivas, e de estudos sobre impactos, presentes e cumulativos para o futuro, na saúde humana e animal, e isso se reflete em restrições a produtos e práticas que, embora alegadamente eficientes, de ponto de vista estritamente econômico, não são considerados aceitáveis, pelo impacto que causam à saúde pública e ao futuro do planeta. E tais práticas são incorporadas pelo mercado, que consegue operar e ser competitivo, mesmo sem adotar práticas tão selvagens de rentabilidade sem parâmetros humanos e socialmente responsáveis.

Por esses motivos, é importante que, depois de cumprir o requisito acadêmico, para o qual se destinava, o que foi alcançado com distinção e com recomendação de publicação, o trabalho de pesquisa de Yhasmin MONTEIRO, cujas qualidades de pesquisadora e estudiosa de temas de Direito internacional, e especificamente do Direito internacional do meio ambiente se mostram, e seu trabalho, a partir de agora, poderá ter alcance maior e divulgação mais extensa, trazendo dados, fazendo comparações entre duas realidades, e mostrando riscos, para ensejar conhecimento, e discussão a respeito destes temas, que nos afetam, literalmente, a todos. E dos quais não podemos nos afastar, sem ser coniventes com os riscos a que estamos expostos: assim, ao menos, podemos estar conscientes dos riscos que corremos sob o presente regime de "porteiras abertas", para deixar "passar a boiada", em detrimento da proteção ambiental, da saúde pública e do futuro deste nosso Brasil, tão maltratado e mal cuidado, como tem sido. Estas matérias merecem mais atenção e definição mais criteriosa dos rumos a serem imprimidos, para orientar políticas públicas em futuro, espera-se, próximo!

São Paulo, 3 de fevereiro de 2021

Paulo Borba CASELLA[1]

---

1 Professor titular de Direito internacional público da Faculdade de Direito da Universidade de São Paulo, presidente do IDIRI – Instituto de direito internacional e relações internacionais de São Paulo, coordenador do CEPIM – Centro de estudos sobre proteção internacional de minorias da USP e do Gebrics – Grupo de estudos sobre os BRICS da USP, ministrou curso sobre **Direito internacional, história e cultura,** na Academia de Direito internacional da Haia, em janeiro de 2020, duas vezes no curso de direito internacional da Organização dos Estados Americanos (em 2009 e 2015) e diversas instituições, no Brasil e no exterior.

Lista de Abreviaturas e Siglas

ABIA	Associação Brasileira das Indústrias da Alimentação
ABIOVE	Associação Brasileira das Indústrias de Óleos Vegetais
Abra	Associação Brasileira de Reforma Agrária
AENDA	Associação das Empresas Nacionais de Defensivos Agrícolas
AESA	Autoridade Europeia para a Segurança dos Alimentos
AFSSA	Agência Francesa de Segurança Alimentar
AFSSA	Agência Francesa de Seguridade Sanitária dos Alimentos
AFSSAPS	Agência Francesa de Segurança Pública e Produtos de Saúde
AFSSET	Agence Française de Sécurité Sanitaire de l'Environnement et du Travail
AIDS	Acquired Immunodeficiency Syndrome
AMM	Autorisations de Mise sur le Marché
ANA	Agência Nacional da Água
ANDEF	Associação Nacional de Defesa Vegetal
ANEC	Associação Nacional dos Exportadores de Cereais
ANVISA	Agência Nacional de Vigilância Sanitária
APAs	Áreas de Proteção Ambiental
BSE	Bovine Spongiform Encephalopathy
BSWG	Open-Ended Ad Hoc Working Group on Biosafety
CDB	Convenção sobre Diversidade Biológica
CDTTMGAs	Corporações Detentoras das Tecnologias de Transformação, Melhoramento Genético e de Agrotóxicos
CEE	Comunidade Econômica Europeia
CGB	Comissão de Engenharia Biomolecular
CGG	Comissão de Engenharia Genética
CIB	Conselho de Informações sobre Biotecnologia
CNA	Confederação da Agricultura e Pecuária do Brasil
CNA	Confederação Nacional da Agricultura

CNBS	Conselho Nacional de Biossegurança
CNTS	Centro Nacional de Transfusão de Sangue Francês
CNUMAD	Conferência das Nações Unidas sobre Meio Ambiente e Desenvolvimento
COFINS	Contribuição para o Financiamento da Seguridade Social
CONAMA	Conselho Nacional do Meio Ambiente
CPHA	Comité Provisoire de la Haute Autorité
CRIIGEN	Comitê de Pesquisa e de Informação Independente sobre Engenharia Genética
CTNBio	Comissão Técnica Nacional de Biossegurança
EIA	Estudo de Impacto Ambiental
EPA	United States Environmental Protection Agency
EUA	Estados Unidos da América
FAO	Food and Agriculture Organization
FDA	Food and Drug Administration
FNE	France Nature Environemment
FNSEA	Fédération Nationale des Syndicats d›Exploitants Agricoles
GATT	Agreement on Tariffs and Trade
GM	Geneticamente Modificado
HCB	Haut Conseil des Biotechnologies
HIV	Human Immunodeficiency Virus
IBAMA	Instituto Brasileiro do Meio Ambiente e dos Recursos Naturais Renováveis
ICMS	Imposto sobre Circulação de Mercadorias e Serviços
IDEC	Instituto Brasileiro de Defesa do Consumidor
INRA	Instituto Nacional de Pesquisa Agrícola
Inserm	Instituto Nacional de Saúde e Pesquisa Médica
ISAAA	Serviço Internacional para Aquisição de Aplicações de Agrobiotecnologia
Iser	Instituto de Estudos da Religião
ISSA	Serviço Internacional para Aquisição de Aplicações de Agrobiotecnologia
Lanagro-RS	Laboratório Nacional Agropecuário do Rio Grande do Sul
MP	Medida Provisória

MST	Movimento dos Trabalhadores Rurais Sem Terra
OCDE	Organização para a Cooperação e Desenvolvimento Econômico
OGMs	Organismos Geneticamente modificados
OMC	Organização Mundial do Comércio
OMS	Organização Mundial da Saúde
ONGs	Organizações Não Governamentais
ONU	Organização das Nações Unidas
OPECST	L'Office Parlementaire d'Évaluation des Choix Scientifiques et Technologiques
OVMs	Organismos vivos modificados
PASEP	Programa de Formação do Patrimônio do Servidor Público
PIB	Produto Interno Bruto
PIS	Programa de Integração Social
PITES	Partenariat International Triangulaire d'Enseignement Supérieur
PL	Projeto de Lei
RIMA	Relatório de Impacto sobre o Meio Ambiente
RR	Roundup Ready
SPS	*Sanitary and Phytosanitary Measures*
TFUE	Tratado de Funcionamento da União Europeia
Timps	Técnica Inovadora de Melhoramento de Precisão
TRF	Tribunal Regional Federal
TUE	Tratado da União Europeia
UE	União Europeia
UFSC	Universidade Federal de Santa Catarina
USDA	United States Department of Agriculture
ZAP	Zonas Agrícolas Protegidas

Lista de Figuras

Figura 1: Empresas com mais transgênicos no mercado Brasileiro

Figura 2: Número de agrotóxicos aprovados por ano no Brasil

Figura 3: Nível de cultivo de transgênicos por país da União Europeia

Figura 4: Mapa dos principais países que cultivaram OGMs, no mundo, em 2018

Figura 5: Principais países que cultivaram OGMs, no mundo, em 2016

Figura 6: Variedades transgênicas mais plantadas, ao longo dos anos, ao redor do mundo.

Sumário

CAPÍTULO 1

Desenvolvimento da Biotecnologia e Surgimento dos Transgênicos, 1

1.1 Definição de OGMs, 1

1.2 Desenvolvimento da biotecnologia nos séculos XIX e XX, 3

1.3 Criação dos OGM e previsões milagrosas pautadas pelo reducionismo científico, 5

1.4 A verdade por trás das promessas reducionistas, 8

1.5 Implementação dos transgênicos e violação da vontade democrática, 11

1.6 Possíveis riscos notados fora de uma interpretação reducionista, 19

1.7 Transgênicos: um forte motor para a economia, 22

CAPÍTULO 2

Normas e Princípios de Direito Internacional, 25

2.1 Regulamentação internacional dos Transgênicos, 25

2.2 Conceito de biodiversidade, 32

2.3 Princípio da precaução, 34

    2.3.1 A adoção do princípio da precaução na Europa, 41

2.4 Precaução ou equivalência substancial?, 47

CAPÍTULO 3

Regulamentação dos Transgênicos e Agrotóxicos no Brasil, 63

3.1 Panorâma histórico dos transgênicos no Brasil, 63

3.2 A produção brasileira de transgênicos nos dias atuais, 80

3.3 Histórico – agrotóxicos, 90

3.4 Regulação e utilização brasileira dos agrotóxicos nos dias atuais, 94

3.5 Direitos fundamentais x agronegócio, 103

3.6 Proteção dos direitos dos povos tradicionais e indígenas, 108

3.7 Principais normas, 111

3.8 Rotulagem dos OGMs e direito à informação, 115

3.9 Brasil, o celeiro do mundo, 120

CAPÍTULO 4

Regulamentação dos Transgênicos e Agrotóxicos na Europa e na França, 123

4.1 Contexto geral da adoção de uma política precaucionária na França, 123

4.2 Articulação de normas europeias e nacionais, 127

4.3 Histórico dos transgênicos na França, 130

4.4 Panorama atual da regulamentação francesa dos transgênicos, 152

4.5 A moratória europeia ao cultivo do milho MON810 e o panorâma atual europeu do cultivo de OGMs, 157

4.6 A responsabilidade pelos danos ambientais ligados aos OGMs na França, 163

4.7 Processo regulatório para liberação de um OGM na EU, 165

4.8 Debate público, 168

4.9 Os agrotóxicos na França, 170

4.10 Principais normas, 174

CAPÍTULO 5

Relações de Comércio de Alimentos entre Brasil e França, 177

5.1 As relações comerciais internacionais e os OGMs – violação de tratados internacionais, 177

5.2 Exploração do sul global, 181

Conclusão, 189

Referências Bibliográficas, 195

Introdução

É muito importante que uma população tenha consciência de todo o processo pelo qual passou a comida que chega em sua casa e em seu prato. A alimentação é uma questão política, que se faz presente desde o começo de nossas vidas e, por isso, é necessário e essencial que as informações sejam fornecidas para que os consumidores possam fazer uma escolha consciente, com base em seus valores, prioridades e saúde.

Atualmente, no Brasil, a questão dos alimentos transgênicos se faz cada vez mais presente no cotidiano da população, tanto no que cabe aos produtores dessas plantas, como no que diz respeito ao consumidor, que faz uso desses alimentos em sua dieta, uma vez que, dia após dia, se faz mais flexível o processo de liberação desta tecnologia no país. Paralelamente a isso, também está intrinsecamente ligada à vida dos brasileiros a questão da liberação dos agrotóxicos no Brasil, uma vez que este país é o maior consumidor desse tipo de insumo agrícola do mundo, permitindo o uso de tipos de agrotóxicos que são proibidos tanto na Europa como nos Estados Unidos.

Dentro desse contexto, o presente livro terá por objetivo realizar uma análise comparativa do processo de regulamentação dos transgênicos e agrotóxicos no Brasil e na França, com o escopo de avaliar as implicações que a liberação dessas tecnologias trouxe, em ambos os países, para a mitigação da democracia e de alguns direitos fundamentais, como o direito de informação do consumidor, o direito a um meio ambiente ecologicamente equilibrado e, mais especificamente, no caso do Brasil, a violação do direito das comunidades autóctones ao acesso e disposição de seu patrimônio cultural-genético.

A escolha da França como segundo país dessa análise se deu em função de sua rigorosa legislação "anti-transgênicos", sendo esse país considerado um modelo no que diz respeito à aplicação de uma legislação baseada no princípio da precaução. Na França, a sociedade civil impôs sua vontade, de modo que – ao menos a princípio – fora respeitada a vontade democrática.

O Brasil, como veremos, é um país que tem uma legislação fortemente fundada, igualmente ao modelo francês, no princípio da precaução. Desta forma, o modelo brasileiro acaba por se aproximar, em seu lado teórico, ao modelo francês. Não obstante, na prática, ele está mais próximo do modelo norte-americano, que é baseado no princípio da equivalência-substancial. As implicações dessa disparidade teórica-prática serão abordadas minuciosamente no capítulo 3.

Antes da realização do apanhado histórico acerca do processo que levou à regulamentação dessa matéria em ambos os países, algumas noções importantes, que tangem ao conteúdo da pesquisa realizada, serão estudadas, com o objetivo de proporcionar uma melhor compreensão do tema. Assim, será abordado como se deu o desenvolvimento da biotecnologia até o momento em que foi possível a criação dos OGMs e, logo, dos alimentos transgênicos. Nessa primeira parte, que corresponde ao primeiro capítulo, serão feitas definições primordiais para a compreensão do restante da matéria e, além disso, será estabelecido um quadro geral das questões que permearam a aprovação dos transgênicos no mundo ocidental.

Nesse ponto, será abordado o papel das empresas ligadas à indústria do agronegócio para o convencimento da população civil com relação à inserção dos alimentos transgênicos em diversos países e como, anos depois, muitas das promessas feitas para conseguir essa aprovação não foram cumpridas. Abordar-se-á, ademais, uma primeira visão, mais geral, sobre a mitigação da democracia gerada pela instauração de um regime alimentar transgênico, com o estudo de algumas situações específicas de alguns países.

Em seguida, serão estudadas as normas internacionais que delimitam essa matéria, as quais têm por escopo instaurar uma homogeneização das regras básicas que devem ser adotadas pelos Estados em seus ordenamentos internos acerca do tema. Serão abordados com maior destaque dois conceitos muito importantes a nível internacional para a regulamentação dos transgênicos: o conceito de biodiversidade, que aparece em várias das leis internacionais que serão estudadas; e o princípio da precaução, muito importante no quadro internacional, pois define as duas principais vertentes de regulamentação adotadas pelos Estados ao tratarem da matéria.

Ao realizar o estudo de cada uma das legislações vigentes na França e no Brasil, com o arrolamento das principais normas de cada ordenamento, procurar-se-á, também, analisar como o processo de regulamentação esteve ligado a debates públicos nos dois países, de maneira a entender como a opinião pública influenciou nessa questão, pois, através de tal análise, será possível compreender em que nível a vontade democrática foi respeitada.

Importante destacar que, na análise da legislação francesa, para compreender como ocorreu a criação das leis nacionais pertinentes ao tema, é necessário, também, o estudo das leis europeias que o regulamentam no nível do bloco econômico europeu, e, ainda, como se dá a relação de comunicação das leis do bloco com as leis internas francesas. Para isso, relevante se faz o estudo do funcionamento das leis europeias e, como veremos, da forma como se dá a articulação entre as normas nacionais e as normas da União Europeia, através do mecanismo do controle de convencionalidade e proporcionalidade.

Por fim, será abordada a relação comercial entre Brasil e França com relação aos produtos transgênicos – produzidos pelo Brasil e importados pela França, com o objetivo de entender o que fundamenta o papel de cada país nos dois polos dessa transação comercial. Para tornar possível esse estudo, será também analisada a relação desses papéis com uma antiga e endêmica exploração do Sul-global em seus recursos, e, ainda, as consequências disso para a economia, política e sociedade dos dois países.

CAPÍTULO 1

Desenvolvimento da Biotecnologia e Surgimento dos Transgênicos

1.1 Definição de OGMs

Os Organismos Geneticamente Modificados (OGMs) são plantas, animais ou seres unicelulares cujo genoma foi intencionalmente manipulado, geralmente com a finalidade de introduzir um ou mais genes estranhos à espécie em questão. A manipulação gênica tem por objetivo atribuir ao OGM novas propriedades, que a evolução, em longo prazo, não conseguiu inventar, uma vez que são altamente improváveis[1].

Os OGMS são plantas cujo genoma possui uma ou mais sequências de DNA manipulado em laboratório mediante técnicas de engenharia genética ou recombinação. Em uma definição alternativa, essas plantas poderiam ser definidas como organismos que sofreram alteração em seu material

---

[1]TESTART, Jacques. Plantas Transgênicas: Inúteis e Perigosas. In: ZANONI, Magda; FERMENT, Gilles. **Transgênicos para quem? Agricultura Ciência Sociedade**. Brasília: Ministério do Desenvolvimento Agrário, 2011, p. 221

CAPÍTULO 1 | Desenvolvimento da Biotecnologia e Surgimento dos Transgênicos

genético pela via de métodos não naturais[2]. Nesse sentido, métodos naturais seriam o acasalamento sexual e a recombinação genética[3].

Já os alimentos transgênicos são aqueles oriundos de uma planta transgênica ou os frutos, cereais e vegetais dela extraídos, que são consumidos diretamente pelos seres humanos ou indiretamente, através dos produtos alimentares produzidos ou elaborados a partir da matéria prima transgênica[4].

O desenvolvimento da expertise necessária para a descoberta e produção dos transgênicos foi possível somente graças à biotecnologia, que, conforme definição dada por Maria Helena Diniz, é a ciência da engenharia genética que busca usar sistemas e organismos biológicos para aplicações em setores como a medicina, a indústria, a agricultura e o meio ambiente. A autora ainda destaca que é através dessa ciência que há manipulação genética dos seres vivos, sendo possibilitada, então, a criação de organismos geneticamente modificados ou transgênicos[5].

É preciso estar atento ao fato de que, apesar de todos os organismos transgênicos serem OGMs, nem todos os OGMs são transgênicos. Isso se explica, por exemplo, quando um gene é inativado em um organismo e, assim, as características genéticas iniciais desse organismo foram modificadas artificialmente por sua exclusão, sem que houvesse a introdução de um novo gene. Esse organismo é geneticamente modificado sem ser transgênico. Essa diferenciação técnica se mostra importante porque algumas leis, como a Diretiva Europeia 2001/18, que governa a comercialização de OGMs – especialmente os regulamentos 1829 e 1830 europeus de 2003 – aplicam-se apenas aos transgênicos, e não aos OGMs não transgênicos.

Em suma, através da biotecnologia, desenvolveram-se técnicas capazes de modificar parcelas do DNA de plantas e outros seres vivos, com o objetivo de inserir nelas características específicas provenientes de genes manipulados em laboratórios (muitas vezes

---

[2]GÉNÉRATIONS FUTURES. OGM et OGM cachés: des risques pour la santé, l'environnement et l'agriculture. 11 de abril de 2017. **Gnrations Futures**. Disponível em: https://www.generations-futures.fr/publications/ogm-ogm-caches/ Acesso em: 05 de agosto de 2020. Em uma definição mais profunda e precisa, oferecida pelo site francês Générations Futures, os genes, personagens essenciais na criação de espécies transgênicas, são longas molculas lineares que são codificadas em uma linguagem chamada linguagem genética, sendo que eles fazem parte dos cromossomos, que constituem o suporte da hereditariedade e são encontrados em todas as células dos organismos vivos. Os genes contribuem direta e indiretamente para a produção de proteínas, que agem em todos os processos biológicos que ocorrem nas células dos organismos vivos. Uma vez que a modificação genética consiste na adição de genes externos (de outra espécie), chamados transgenes, os organismos resultantes são denominados transgênicos.

[3]NODARI, Rubens Onofre; GUERRA, Miguel Pedro. Avaliação de riscos ambientais de plantas transgênicas. **Cadernos de Ciência & Tecnologia**, Brasília, v. 18, n. 1, p. 84, jan./abr. 2001

[4]VIEIRA, A. C. P.; VIEIRA, JUNIOR, **A. Direitos dos consumidores e produtos transgênicos: uma questão polêmica para a bioética e o biodireito**. Curitiba: Juruá, 2008. p. 25-33.

[5]DINIZ, Maria Helena. **O estado atual do biodireito**. 2a ed. São Paulo: Saraiva, 2002. p. 421-422.

oriundos de outras espécies). Acreditava-se, no início, que era possível adicionar a uma planta apenas um atributo proveniente de um gene como se estivesse sendo montado um quebra-cabeças e aquela peça de fora fosse responsável unicamente por uma determinada função. Essa visão era extremamente reducionista e se mostrou, com o passar do tempo, obsoleta e não condizente com a realidade técnica e fática.

Deve-se ter em mente que as plantas são organismos complexos, inseridos em ecossistemas também complexos, e que, assim, não podem sofrer alterações com escopos simplistas, dado que as modificações engendradas podem trazer consequências para além daquela característica almejada. Assim, por exemplo, no que tange às plantas herbicidas, é importante saber que o extermínio das plantas "daninhas" representa a modificação de toda uma cadeia alimentar, cuja base tinha por alimento essas plantas. Isto também ocorre no processo alimentar de todo um ecossistema que tinha por base determinado inseto suprimido de uma dada região em função de uma planta inseticida.

Assim, como veremos ao longo do livro, para compreender os possíveis efeitos da produção das plantas geneticamente modificadas, é preciso pensar a respeito delas fora de uma perspectiva reducionista, uma vez que a técnica proveniente da biotecnologia em questão está relacionada a significativas mudanças ambientais e sua veiculação está ligada a uma série de interesses. Desse modo, não é possível ignorar o fato de que a modificação de um organismo vivo afeta inevitavelmente o equilíbrio ecológico global, razão pela qual os OGMs, bem como os pesticidas contidos em parte destes, têm repercussões em todo o meio ambiente, na fauna e na flora.

Todavia antes de partir para uma análise mais minuciosa acerca das consequências engendradas pela inserção de um organismo geneticamente modificado na natureza, deve-se, primeiro, explorar como se deu o desenvolvimento da biotecnologia até o surgimento dos primeiros OGMs que, inicialmente, sequer eram destinados à alimentação humana. Assim, em seguida, serão estudados os períodos da Revolução Verde e da Revolução Duplamente Verde, para melhor compreender como se deu a linha do tempo da evolução desse campo da ciência, e, ainda, quais interesses e necessidades ensejaram o surgimento das plantas geneticamente modificadas.

1.2 Desenvolvimento da biotecnologia nos séculos XIX e XX

O processo de desenvolvimento da biotecnologia passou por diversas fases antes da descoberta da tecnologia necessária para tornar possível a criação de espécies transgênicas. O melhoramento das variedades agrícolas teve início nos séculos XIX e XX, com

CAPÍTULO 1 | Desenvolvimento da Biotecnologia e Surgimento dos Transgênicos

a criação de clones de homozigotos chamados de variedades de linha pura[6]. Passou-se, então, para a criação das variedades híbridas no século XX, através de clones de heterozigotos e, por fim, houve a introdução dos OGMs no mercado de alimentos no século XXI, através da chamada Revolução Duplamente Verde[7].

Os primeiros produtos comercializados provenientes das tecnologias da engenharia genética não tinham por fim servir de alimento a população, eram "proteínas-medicamentos", na forma de produtos originados a partir de síntese em OGMs, usadas em vacinas ou em tratamentos terapêuticos, como a insulina. A produção desse tipo de OGM sempre foi estritamente controlada, com uma produção em escala industrial realizada em incubadoras, confinada aos laboratórios, ao contrário das plantas transgênicas, que são, atualmente, diretamente liberadas no meio ambiente[8].

O processo da "Revolução Verde", antecessor do processo responsável pela introdução dos alimentos transgênicos nos mercados consumidores, como explica Tom Standage[9], é a denominação dada à introdução de fertilizantes químicos e sementes de alta performance no "mundo desenvolvido", no ano de 1909, com o objetivo do incremento à produção agrícola neste período.

A citada revolução teve seu início marcado pela descoberta, em 1909, por Fritz Haber, de um método eficiente para sintetizar amônia[10]. Assim, foi possível o desenvolvimento de fertilizantes que, aliados a sementes de alta performance resistentes a pragas, geraram um aumento temporário na produção mundial de alimentos básicos, em contradição às previsões malthusianas que ainda eram propagadas nessa poca.

---

[6]BERLAN, Jean-Pierre. "ELE SEMEOU, OUTROS COLHERAM" – A guerra secreta do capital contra a vida e outras liberdades. In: ZANONI, Magda; FERMENT, Gilles. **Transgênicos para quem? Agricultura Ciência Sociedade.** Brasília: Ministério do Desenvolvimento Agrário, 2011. p. 146. Sobre o tema, ver também: VICENTE, Lucía (coord.); ACEVEDO, Carolina (coord.); VICENTE, Carlos (coord.). **Atlas del agronecio transgnico em el Cono Sur: Monocultivos, resistencias y propuestas de los pueblos.** Marcos Paz : Acción por la Biodiversidad, 2020. p. 72.

[7]RAMOS, Rodrigo Ferraz; ANDRIOLI, Antônio Inácio; BETEMPS, Débora Leitzke. Agrotóxicos e transgênicos: uma crítica popular. Paraná: **Revista Extensão em Foco.** v. 17, p. 41-45. 2018.

[8]FERMENT, Gilles. Análise de risco das plantas transgênicas: princípio da precaução ou precipitação? In: ZANONI, Magda; FERMENT, Gilles. **Transgênicos para quem? Agricultura Ciência Sociedade.** Brasília: Ministério do Desenvolvimento Agrário, 2011. p. 96.

[9]Cf. STANDAGE, Tom. **An Edible History of Humanity.** New York: Walker Publishing Company, 2009, p. 181-200.

[10]STANDAGE, Tom. *Loc. Cit.* A amônia, usada como exemplo pelo autor, conta com nitrogênio em sua composição, que é um importante nutriente para o crescimento das plantas, sendo empregada nesse período com o objetivo do incremento da produção agrícola.

CAPÍTULO 1 | Desenvolvimento da Biotecnologia e Surgimento dos Transgênicos

1.3 Criação dos OGM e previsões milagrosas pautadas pelo reducionismo científico

A estabilidade e garantia asseguradas pelas abundantes quantidades de alimentos produzidos após a revolução verde entraram em crise entre os anos de 2007 e 2008, quando muitos dos países desenvolvidos pararam de investir na agricultura como um meio para promoção do desenvolvimento. Aliadas a isso, outras circunstâncias corroboraram para o colapso na produção e distribuição de alimentos básicos nesse período, como a crise do petróleo e a produção de combustíveis a partir de fontes vegetais, além da emergência de novos grandes mercados consumidores de carne, como a China e Índia e, posteriormente, a polêmica europeia com relação às rações-animais. Este contexto gerou um aumento na demanda mundial dos cereais para diversos fins, sem que a produção do período correspondesse às necessidades e à demanda dos diversos países em questão[11].

Essa conjuntura ensejou a erupção de uma nova revolução, conhecida como Revolução Duplamente Verde, que já estava se formando desde a década de 1990, com os primeiros experimentos, e que se traduz na inserção de sementes transgênicas na agricultura de diversos países[12]. Dessa forma, sob o pretexto de acabar com a fome no mundo, deu-se a inserção, nos campos, dessas novas espécies, manipuladas através da alta biotecnologia, pautada por uma visão reducionista e tendenciosa, de acordo com a qual a complexidade biológica dos seres vivos seria equivalente à transferência de características "simples", com a criação de novas espécies melhoradas.

Deu-se então, em vários lugares do mundo, o sinal verde para a produção de variedades transgênicas sob a máscara de desculpas filantrópicas: combate à fome; cura de doenças; e proteção do meio ambiente, quando, na verdade, se tratava da extensão aos campos do processo iniciado pela Revolução Industrial, com o escopo de extrair maiores lucros através da privatização da vida, ante o uso cada vez maior de máquinas e, consequentemente, com uma mecanização do campo. Buscou-se, dessa forma, aplicar à agricultura um modelo de uniformidade industrial, produzindo-se mercadorias normatizadas e padronizadas para mercados anônimos e distantes[13].

Acerca da privatização da vida, que se tornou possível com o desenvolvimento da técnica da transgenia, é importante destacar que aquele que detém o controle sobre as sementes, pode controlar toda a alimentação e, isso, caracteriza-se como uma forma de

---

[11]STANDAGE, Tom. *Op. Cit.* p. 181-200.

[12]FERMENT, Gilles. *Op. Cit.* p. 94-102.

[13]BERLAN, Jean-Pierre. *Op. Cit.* p. 147-151.

CAPÍTULO 1 | Desenvolvimento da Biotecnologia e Surgimento dos Transgênicos

controlar a própria vida. Em frente a isso, tem-se que a luta em defesa das sementes como patrimônio dos povos a serviço da humanidade é uma das bandeiras mais importantes para assegurar a soberania alimentar[14].

Para enfrentar a desconfiança do público, conforme explica Testart[15], os industriais prometeram novos OGMs destinados a aprimorar a saúde da população. De acordo com o citado autor, as academias de medicina, de farmácia e de ciências passaram, então, a assegurar que as plantações transgênicas entregariam hormônios como a insulina, as citocinas, interferons, anticorpos e vacinas[16]. Todavia, essas promessas foram, até hoje, pouco realizadas, uma vez que 99% das plantas modificadas geneticamente são plantas pesticidas, capazes de produzir elas mesmas um inseticida, ou de tolerar a aplicação de herbicidas[17].

Rubens Onofre Nodari e Miguel Pedro Guerra explicam que as plantas que possuem apenas uma propriedade (produção de inseticida **ou** tolerância a herbicidas) são classificadas como OGMs de primeira geração, enquanto aquelas que fazem ambos (produção de inseticidas **e** tolerância a herbicidas), são consideradas OGMs de segunda geração[18].

Quanto aos OGMs que apresentam tolerância a herbicidas, Marie-Monique Robin nos alerta para o fato de que as mesmas empresas desenvolvedoras destas sementes vendem aos produtores rurais todo pacote tecnológico, contendo a planta e o herbicida, lucrando, assim, duplamente[19].

Os OGMs tolerantes a insetos, por sua vez, apresentam transgenes produtores de agrotóxicos, com o escopo de possibilitar a eliminação de pragas agrícolas, sendo, todavia, comum que insetos não-alvo sejam afetados, o que acarreta consequências maléficas a todo o ecossistema envolvido[20].

---

[14]VICENTE, Lucía (coord.); ACEVEDO, Carolina (coord.); VICENTE, Carlos (coord.). *Op. Cit.* p. 78.

[15]TESTART, Jacques. *Op. Cit.* p. 231-235.

[16]Ibid, Loc. Cit.

[17]FERMENT, Gilles. Op. Cit. p. 97-98. A respeito, ver também GUERRA, M. P.; NODARI, R. O. Plantas transgênicas: os desafios da comunidade científica. **O biólogo**, v. 61, n. 2. São Paulo, 1999. De acordo com os autores, a maioria das variedades de OGMs desenvolvidas são de plantas resistentes a herbicidas e que produzem substâncias inseticidas.

[18]GUERRA, M. P.; NODARI, R. Op. Cit. p. 81-116.

[19]ROBIN, Marie-Monique. **Le monde selon Monsanto. De la dioxine aux OGM, une multinationale qui vous veut du bien.** Paris: Alain Stank, 2008. p. 376-377. Mais especificamente, nota-se que os OGMs tolerantes a herbicidas apresentam genes de resistência a herbicidas como o glifosato, o glufosinato de amônio e o 2,4-D, sendo que as plantas modificadas mais comuns desse tipo são a soja, a canola, o milho e o algodão.

[20]Cf. DA COSTA, Leidiane Eulália Chaves; MARTINS, rica Soares. Plantas geneticamente modificadas com toxinas de Bacillus thuringiensis: uma ferramenta para conferir resistência contra insetos praga. **Universitas: Ciências da Saúde**, v. 12, n. 2, p. 99-106, 2015. Segundo a autora, as culturas transgênicas mais comuns do tipo inseticida são: o algodão, o milho e a soja.

CAPÍTULO 1 | Desenvolvimento da Biotecnologia e Surgimento dos Transgênicos

É importante, neste ponto, fazer uma comparação entre as consequências trazidas pelas plantas transgênicas inseticidas para as populações de insetos resistentes, com o comportamento normal esperado destes em plantações convencionais. Segue que, na agricultura convencional, onde a pulverização do inseticida é pontual e, portanto, limitada no tempo, não há um ataque maciço a todas as populações do inseto em questão, a ponto de inverter as proporções dos insetos sensíveis e insetos resistentes. Já no caso de "culturas Bt" onde a utilização do inseticida é permanente, os insetos visados são dizimados em massa. Isso resulta em um enriquecimento, dentro de uma determinada população, de insetos resistentes que, após algumas gerações, se tornarão a maioria nas populações do inseto em uma determinada região geográfica[21].

Nota-se que, o fato da utilização de venenos gerar, ao longo do tempo, populações resistentes de insetos e plantas daninhas não era desconhecido, sendo, na verdade, parte da lógica mercantilista do método exploratório do agronegócio, tendo em vista que as empresas garantem, com isso, o lucro casado, ao vender sementes cada vez mais resistentes a agrotóxicos e, ao mesmo tempo, agrotóxicos diferenciados e mais potentes[22].

Para convencer a população acerca da necessidade da adoção das plantas transgênicas nos campos e, também, nas mesas dos consumidores, algumas empresas passaram a realizar fortes campanhas de promoção dos produtos derivados dessa tecnologia. Particularmente a Monsanto, uma gigante no setor agroquímico, foi responsável por uma enorme maquinação de *lobbying* e propaganda pró-biotecnologia, lançando diversas promessas que invadiram os discursos políticos para liberação dos transgênicos, buscando justificá-la através de necessidades sociais para convencer a sociedade civil a se tornar um mercado consumidor.

Era preciso encontrar necessidades sociais para destinar as plantas transgênicas como soluções milagrosas. Dentre as promessas feitas, podem ser citadas: a diminuição da fome no mundo, em virtude do aumento do rendimento por unidade de superfície; a redução dos custos de produção e do uso de pesticidas; diversos benefícios à saúde, em decorrência do consumo de plantas transgênicas bi fortificadas (vendendo-se a ideia do gene-medicamento, como denominado por Jacques Testart[23], que seria o resultado de uma natureza completamente controlada e a serviço do homem); a possibilidade do

---

[21]GNRATIONS FUTURES. *Loc. Cit.*

[22]OLIVEIRA, Cida de. **Aprovação de organismos transgênicos mais do que duplica no governo de Jair Bolsonaro.** 28 de outubro de 2019. RBA - Rede Brasil Atual. Disponível em: https://www.redebrasilatual.com.br/ambiente/2019/10/aprovacao-de-organismos-transgenicos-mais-do-que-duplica-no-governo-de-jair-bolsonaro/. Acesso em: 01 de janeiro de 2020.

[23]TESTART, Jacques. *Op. Cit.* p. 223.

CAPÍTULO 1 | Desenvolvimento da Biotecnologia e Surgimento dos Transgênicos

cultivo de plantas em ambientes salinos ou de forte estresse hídrico; um forte avanço para o desenvolvimento sustentável e a ausência de impactos para os organismos não alvo. De fato, seria uma maravilha, se não fosse tudo uma farsa[24].

A grande parte das promessas feitas acabou por se mostrar falsa pelo próprio desenrolar do uso mercadológico das plantas transgênicas, dado que 99% da produção atual dessas plantas pode ser reunida em apenas três categorias: (i) plantas que produzem proteínas inseticidas (Plantas Bt); (ii) plantas herbicidas (plantas Ht); e (iii) plantas que reúnem ambas as características[25]. Desta forma, a quase totalidade da produção de plantas transgênicas produzidas nos dias de hoje não condiz e com as promessas feitas anteriormente visando à liberação dessas espécies.

1.4 A verdade por trás das promessas reducionistas

Testart afirma que os OGMs não são, de modo algum, a solução para a fome no mundo, pois esta deriva de uma desigual distribuição dos produtos agrícolas e não de uma produção insuficiente. Ademais, as populações dos países em desenvolvimento, segundo o autor, ao recorrerem às sementes transgênicas, se privarão ainda mais de seus recursos alimentares e agravarão sua dependência em relação aos países mais ricos, dos quais terão que comprar, sempre, as sementes e os herbicidas[26].

Ainda sobre as promessas para acabar com a fome no mundo, Rubens Nodari afirma que transformar um problema complexo caracterizado por muitos fatores (como acesso, distribuição, custo ou preferência) em um ou dois genes inseridos em plantas não poderia chegar a outro resultado que não o fracasso total no cumprimento da promessa[27].

Ademais, a afirmação de que as plantas transgênicas proporcionariam um maior rendimento de unidade de superfície, utilizada com frequência para fundamentar a

---

[24]FERMENT, Gilles. *Op. Cit.* p. 97.

[25]PELAEZ, Victor; TERRA, Fábio Henrique Bittes; SILVA, Letícia Rodrigues da. A regulamentação dos agrotóxicos no Brasil: entre o poder de mercado e a defesa da saúde e do meio ambiente. **Revista de Economia**, v. 36. Paraná: Editora UFPR, p. 30. 2010. Os agrotóxicos produzem seus efeitos esperados em decorrência da presença, em sua composição, de um ingrediente ativo que incide sobre a atividade biológica normal dos seres vivos sensíveis a ele. Assim, o produto final é obtido a partir da mistura do produto técnico com outros produtos químicos auxiliares, correspondendo ao chamado produto formulado, que é aplicado nas lavouras. Importante destacar que a classificação dos agrotóxicos, por finalidade de uso, é definida pelo poder de ação do ingrediente ativo sobre organismos-alvo e que, dentre essas classes, de acordo com Pelaez, Terra e Silva, as três principais, que representam cerca de 95% do consumo mundial de agrotóxicos, são os herbicidas (48%) inseticidas (25%) e fungicidas (22%).

[26]Cf. TESTART, Jacques. *Op. Cit.* p. 229.

[27]NODARI, Rubens Onofre. Ciência precaucionária como alternativa ao reducionismo científico aplicado à biologia molecular. In: Magda ZANONI; Gilles FERMENT. **Transgênicos para quem? Agricultura Ciência Sociedade**. Brasília: Ministério do Desenvolvimento Agrário, 2011, p. 42-44

8

CAPÍTULO 1 | Desenvolvimento da Biotecnologia e Surgimento dos Transgênicos

necessidade da adoção dessa tecnologia na produção agrícola, é questionável. Conforme evidências divulgadas pela agência Reuters, em março de 2009, agricultores da região de Sorriso, no Mato Grosso, colheram 10 sacas de soja convencional a mais do que de soja transgênica, o que representaria uma diferença de 66% na produtividade[28]. Em complementariedade a esses dados, tem-se que, conforme indica Roger Elmore[29], a soja RR cultivada nos Estados Unidos possui um rendimento 5% menor do que sua isogênica convencional. Ainda, é importante notar que, entre os anos de 2000 e 2012, apesar de a área cultivada com soja transgênica no Brasil ter aumentado 124%, o incremento da produção (comparativa e proporcionalmente à área cultivada), foi de apenas 9,5%, a despeito do emprego de agrotóxicos ter aumentado em 310,71%[30].

Uma pesquisa, realizada no ano de 2009, pela Union of Concerned Scientists, demonstrou bem os motivos pelos quais a promessa de que os transgênicos seriam a solução para fornecer alimentos ao mundo todo é inteiramente falsa. Através da análise e revisão de vinte outros estudos acadêmicos a respeito do milho e da soja transgênicos cultivados nos EUA, chegou-se a conclusão de que a soja e o milho tolerantes aos herbicidas e o milho Bt (cultivos mais plantados naquele país) não tiveram nenhum impacto no que cabe a aumentar os rendimentos intrínsecos ou operativos, em comparação aos métodos convencionais de cultivo[31].

Mesmo considerando-se que, hipoteticamente, as plantas geneticamente modificadas oferecessem um maior rendimento por unidade de superfície, isto é, ainda que essas plantas representassem um aumento na produção de alimentos, isso não significaria, imediatamente, a solução para o problema da fome no mundo. Isto porque o problema em questão é demasiadamente complexo, envolvendo diversos fatores presentes nas várias etapas do processo de distribuição desses alimentos.

02Quanto às promessas de que os OGMs permitiriam cultivar plantações em ambientes até então inviáveis, tem-se que a liberação em escala comercial das plantas tolerantes aos ambientes salinos ou ao estresse hídrico, ou de plantas biofortificadas, não chegou a ocorrer, e poucas foram as experimentações de campo realizadas[32]. Isto se deve ao fato destas plantas não serem "as meninas dos olhos" das empresas produto-

---

[28]LEITÃO, 2009. Apud FERMENT, Gilles. *Op. Cit.* p. 100.

[29]ELMORE, Roger W. et al. Glyphosate-resistant soybean cultivar yields compared with sister lines. **Agronomy Journal**, Madison, v. 93, p. 411, 2001. Disponível em: <https://digitalcommons.unl.edu/cgi/viewcontent.cgi?article=1028&context=agronomyfacpub>. Acesso em: 22 de setembro de 2019.

[30]OLIVEIRA, Cida de. *Loc. Cit.*

[31]GURIAN-SHERMAN, Doug. **Failure to yield: Evaluating the performance of genetically engineered crops.** Cambridge, MA: Union of Concerned Scientists, 2009. *Passim.*

[32]FERMENT, Gilles. *Op. Cit.* p. 98.

CAPÍTULO 1 | Desenvolvimento da Biotecnologia e Surgimento dos Transgênicos

ras de sementes, uma vez que se enquadram apenas em situações específicas, que não correspondem à "mina de ouro" encontrada nas plantas produtoras de substâncias inseticidas ou resistentes aos herbicidas, aplicáveis em todas as plantações. Ainda, note-se que, no caso das plantas herbicidas, as sementes e os herbicidas são produzidos pelas mesmas empresas e vendidas na forma de um pacote tecnológico, em um ciclo de lucratividade imensurável, como dito anteriormente.

de grande relevância notar que tampouco se observou, ao longo dos anos, uma diminuição na utilização de agrotóxicos e herbicidas nas plantações. Nesse quadro, o Brasil ocupa uma preocupante posição, pois, desde 2009, assumiu a posição de primeiro consumidor mundial de agrotóxicos. O consumo seria equivalente a 5,5 quilos por brasileiro por ano, de acordo com o diretor da Associação Brasileira de Agroecologia, Paulo Petersen, sendo que, entre os anos de 2000 e 2012 foi observado um aumento de 162% na utilização de agrotóxicos no Brasil[33]. Petersen afirma que:

"Ao contrário do que vinha sendo propagandeado quando os transgênicos foram lançados, que permitiriam que o uso de agrotóxicos diminuísse, porque seriam resistentes às pragas, o que se verificou foi o oposto. Não só se está usando mais, como se está usando agrotóxicos mais poderosos, mais fortes. Nós fomos levados a importar em regime de urgência determinados agrotóxicos que sequer eram permitidos no Brasil para combater pragas na soja e no algodão transgênicos, que foram atacados por lagartas"[34].

De acordo com Benbrook[35], de 1996 a 2008, nos Estados Unidos, a adoção da soja, do milho e do algodão transgênicos acabou resultando no uso de 144 milhões de quilos de pesticidas a mais do que seriam usados se essas plantas transgênicas não fossem adotadas. Somado a esse dado, nota-se com espanto que, no Canadá, o cultivo de OGMs foi acompanhado por um aumento nas vendas de herbicidas de 41% em cinco anos[36]. Isso se justifica porque, além do herbicida para o qual a lavoura transgênica é tolerante, as lavouras HT fomentam o uso de outros

---

[33]ABRASCO; ACTION AID; ASPTA. Carta das entidades da sociedade civil contra o PL 4148/2008, que prevê acabar com a rotulagem. **IDEC**. 30 de março de 2015. Disponível em: <http://www.idec.org.br/pdf/carta-rotulagem-transgenicos.pdf>. Acesso em: 03 de agosto de 2019.

[34]*Ibid. Loc. Cit.*

[35]BENBROOK, Charles M. Impacts of genetically engineered crops on pesticide use in the US -the first sixteen years. **Environmental Sciences Europe**, v. 24, p. 3. 2012.

[36]BROER, I., W. Dröge-Laser; GERKE, M. 1996. Examination of the putative horizontal gene transfer from transgenic plants to Agrobacteria. In: SCHMIDT, E. R.; HANKELN, T. (eds.). **Transgenic organisms and biosafety, horizontal gene transfer, stability of DNA and expression of transgenes.** Berlin: Springer-Verlag, 1996. p. 67-70.

herbicidas ainda mais fortes e extremamente tóxicos, em razão do desenvolvimento de tolerância por parte das pragas. Esse processo se intensifica ano após ano: quanto maior a quantidade de herbicida pulverizado, maior o limite de tolerância das "ervas daninhas" e, consequentemente, mais o spray deve ser pulverizado no ano seguinte[37].

O uso intensivo de agrotóxicos, portanto, tende a gerar a resistência dos organismos-alvo a essas substâncias, sendo necessário empregar, cada vez mais, agrotóxicos mais e mais potentes. Esse dado é incorporado até mesmo no processo de fabricação desses insumos, uma vez que a própria indústria considera que esses produtos têm um rápido ciclo de vida e um elevado índice de obsolescência, sendo necessária sempre a criação de novos modelos e, assim, de novas patentes[38].

Sobre as promessas feitas para demonstrar os benefícios diversos provenientes da adoção das sementes transgênicas nas plantações de diversos países, conclui-se que não passavam de meras falácias que, atualmente, foram desmascaradas pela própria realidade, anos depois da inserção dos OGMs nos campos. Todavia, restou instaurada uma nova e irreversível forma de poluição: a poluição genética, responsável por acelerar o ritmo de destruição da biodiversidade, com um sistema viabilizado pela clonagem e baseado na monocultura de uma única combinação genética multiplicada milhares de vezes em uma larga extensão territorial. Jean-Pierre Berlan refere-se a esse método de plantação como "monocultura industrial monoclonal"[39].

1.5 Implementação dos transgênicos e violação da vontade democrática

Tendo em vista o contexto acima narrado, tem-se que a introdução dos alimentos transgênicos na cultura alimentar de muitos países, a partir dos anos 90, deu-se através do sacrifício da vontade democrática, conforme afirma Gilles-Eric Séralini[40]. Isto se verifica quando observamos que a sociedade civil não foi consultada de modo eficaz sobre a utilização da tecnologia biomolecular para manipulação do ser vivo em nível fundamental, conforme decidido positivamente pela Conferência de Asilomar,

---

[37]GNRATIONS FUTURES. *Loc. Cit.*

[38]PELAEZ, Victor; TERRA, Fábio Henrique Bittes; SILVA, Letícia Rodrigues da. *Op. Cit.* p. 27-48.

[39]BERLAN, Jean-Pierre. *Op. Cit.* p. 149.

[40]SÉRALINI, Gilles-Eric. Transgênicos, Poderes, Ciência, Cidadania. In: ZANONI, Magda; FERMENT, Gilles. **Transgênicos para quem? Agricultura Ciência Sociedade**. Brasília: Ministério do Desenvolvimento Agrário, 2011. p. 36-38.

CAPÍTULO 1 | Desenvolvimento da Biotecnologia e Surgimento dos Transgênicos

e, tampouco, sobre as implicações ticas da passagem do microscópio (os organismos geneticamente modificados) para o macroscópico (as plantas GM)[41]. Utilizou-se como pretexto para tanto a ignorância técnica da sociedade civil. Com as transformações possibilitadas pela biologia molecular, os campos foram transformados em balcões de laboratório e a população em cobaia.

Arnaud Apoteker afirma que, em 1994, quando os primeiros cultivos comerciais de plantas transgênicas iniciaram, a sociedade civil não tinha sido informada, e que os marcos regulatórios até então implementados resultavam do trabalho de corporações político-científicas, sendo bem distantes das preocupações dos consumidores e cidadãos[42].

Foi também sem o consentimento da população que as companhias agroquímicas adquiriram as companhias sementeiras do planeta, formando verdadeiros oligopólios transnacionais do mercado de sementes e agrotóxicos, de modo a ter em mãos os recursos genéticos necessários para o desenvolvimento das variedades transgênicas. Como são poucas as companhias que se tornaram detentoras da base da alimentação mundial, por meio da indústria dos transgênicos, elas acabaram por adquirir uma grande influência, que lhes permitiu incentivar os governos a adotar legislações pouco rigorosas, de forma a tornar viável a comercialização das plantas GM após a realização de meras avaliações de risco superficiais.

Os comerciantes do "material vivo" evitaram cuidadosamente debater os aspectos ticos, as consequências econômicas e sociais dos seus novos produtos e da disseminação de sementes transgênicas patenteadas para os agricultores familiares e orgânicos, uma vez que consideraram apenas os benefícios enormes que as companhias teriam. Entendiam, ademais, que os aspectos técnicos não poderiam ser compreendidos pelo povo e que, dessa forma, este não merecia ter acesso a essas informações[43]. Apoteker defende que a introdução dos OGMs em todo o mundo esclarece a relação entre a ciência e a democracia, de modo que o uso desses organismos se impõe ante a ignorância da sociedade civil[44]. Nota-se, assim, uma mitigação da democracia, com a violação de suas bases fundamentais nos diversos países que foram o cenário desse horrendo espetáculo agro-industrial.

---

[41]APOTEKER, Arnaud. Ciência e Democracia: O exemplo dos OGMs. In: Magda ZANONI; Gilles FERMENT. **Transgênicos para quem? Agricultura Ciência Sociedade**. Brasília: Ministério do Desenvolvimento Agrário, 2011, p. 82-85.

[42]APOTEKER, Arnaud. *Op. Cit.* p. 85

[43]APOTEKER, Arnaud. p. 84-88.

[44]*Ibid. Loc. Cit.*

CAPÍTULO 1 | Desenvolvimento da Biotecnologia e Surgimento dos Transgênicos

Desse modo, a população, que não foi consultada devidamente sobre a inclusão de alimentos geneticamente modificados em sua alimentação, passou a consumir, direta e indiretamente (através, por exemplo, do consumo de carnes cujos animais eram alimentados com rações transgênicas), produtos derivados da tecnologia da transgenia. Mais do que isso, ela foi levada a acreditar que se tratavam de produtos bons, seguros e até mesmo melhores que os produtos de plantações tradicionais, através das amplas propagandas financiadas pelo mercado do agronegócio. A rotulagem posterior de parte desses produtos possibilitou certo poder de escolha por parte dos consumidores, e assim, um reestabelecimento de uma democracia no setor consumerista da alimentação, embora ainda mitigada, tendo em vista a ausência de informações reais acerca dos potenciais riscos destes produtos.

Um exemplo disso é o caso do Brasil, onde, em levantamento recente, verificou-se que 94,2% da soja, 89,4% do milho e 73,3% do algodão cultivados são transgênicos[45]. De acordo com o relatório "Global Status of Commercialized Biotech/GM Crops – 2015", esses cultivos dão origem a subprodutos que são utilizados pela indústria alimentícia como constituintes de muitos alimentos. Considerando a crescente produção de alimentos transgênicos no Brasil, existe uma grande possibilidade de que os ingredientes derivados do milho e da soja, presentes em uma série de produtos, também sejam transgênicos, conforme afirma a professora da UFSC (Universidade Federal de Santa Catarina), Suzi Barletto Cavalli[46].

De acordo com a pesquisa realizada por Cortese, 49,2% dos 496 produtos de origem animal analisados continham, pelo menos, um ingrediente derivado de soja ou milho transgênicos e, nos subgrupos onde se encontravam alimentos como o peito de peru e os patês foi constatada maior presença desses ingredientes transgênicos[47]. Averiguou-se, além disso, que a proteína de soja transgênica foi o ingrediente mais frequente nos alimentos analisados (43,7%), não obstante nenhum deles declarasse a presença de transgênicos no rótulo, apesar da quantidade destes componentes ser frequentemente superior a 1%[48] (em contradição ao estabelecido

---

[45]JAMES, Clive, et al. **Global Status of Commercialized Biotech/GM Crops: 2015.** International Service for the Acquisition of Agri-Biotech Applications (ISAAA) Brief, 51, Ithaca (NY), 2015. Disponível em: <https://www.isaaa.org/resources/publications/briefs/51/download/isaaa-brief-51-2015.pdf>. Acesso em: 23 de setembro de 2019. p. 34-35.

[46]CORTESE, Rayza Dal Molin, et al. Inconformidades na rotulagem de alimentos transgênicos: presença de ingredientes passíveis de serem transgênicos em carnes e preparações à base de carnes. **Cadernos de Agroecologia**, Brasília, v. 13, n. 1, p. 12. 2018.

[47]CORTESE, Rayza Dal Molin, et al. *Loc. Cit.*

[48]*Ibid. Loc. Cit.*

CAPÍTULO 1 | Desenvolvimento da Biotecnologia e Surgimento dos Transgênicos

pela norma nacional no que tange ao dever de informar aos consumidores quanto à presença de transgênicos em quantidade superior a 1% do total do produto alimentício).

Nesse sentido, afirma Gilles Ferment[49] que o milho e a soja transgênicos estão disseminados em cerca de 70% dos produtos alimentares do mercado brasileiro, sendo raros os casos de rótulos que informam a presença de transgênicos. Nota-se que a omissão de informações relevantes sobre a natureza, características, qualidade, quantidade, segurança, desempenho, durabilidade, preço ou garantia de produtos ou serviços é tipificada pelo artigo 66 do Código de Defesa do Consumidor como crime punível com detenção de três meses a um ano e multa[50].

Percebe-se, através da análise desses dados que, no Brasil, o direito à informação, garantido aos cidadãos pelo artigo 6º, III, do Código de Defesa do Consumidor[51], não é amplamente respeitado no que tange à questão da existência de componentes transgênicos em produtos alimentícios diversos, uma vez que, muitas vezes, essa característica do produto não é especificada em seu rótulo. Desse modo, o cidadão tem seu direito de escolha acerca de sua própria alimentação cerceado, pois a omissão de uma informação desse teor, nessa situação, corresponde a enganar o consumidor para o fazer crer que está consumindo um alimento livre de transgênicos.

Nessas circunstâncias, a democracia acaba sendo mitigada em detrimento dos interesses comerciais da indústria dos transgênicos, uma vez que a lei é desrespeitada descaradamente, e a vontade da população não é levada em consideração, assim como seu direito de escolha, atrelado ao direito fundamental da dignidade da pessoa humana[52]. Se a um cidadão não é garantido o direito básico de poder escolher o que consumirá com base em informações claras e precisas, como ele poderia comprar referido produto alimentício de forma consciente, conforme suas necessidades, seus valores, sua integridade física e moral? A omissão nos rótulos dos produtos alimentícios

---

[49]FERMENT, Gilles. *Op. Cit.* p. 95.

[50]Cf. nesse sentido, o artigo 66 do Código de Defesa do Consumidor, *in verbis*: *"Art. 66. Fazer afirmação falsa ou enganosa, ou omitir informação relevante sobre a natureza, característica, qualidade, quantidade, segurança, desempenho, durabilidade, preço ou garantia de produtos ou serviços: Pena – Detenção de três meses a um ano e multa".*

[51]*"Art. 6º São direitos básicos do consumidor: III – a informação adequada e clara sobre os diferentes produtos e serviços, com especificação correta de quantidade, características, composição, qualidade, tributos incidentes e preço, bem como sobre os riscos que apresentem".*

[52]O Princípio fundamental da dignidade da pessoa humana é assegurado na Carta Magna em seu artigo 1º, *in verbis*: *Art. 1º A República Federativa do Brasil, formada pela união indissolúvel dos Estados e Municípios e do Distrito Federal, constitui-se em Estado Democrático de Direito e tem como fundamentos: III – a dignidade da pessoa humana;*

CAPÍTULO 1 | Desenvolvimento da Biotecnologia e Surgimento dos Transgênicos

acerca da presença de ingredientes transgênicos é uma violação grave à democracia brasileira.

No Brasil, há uma marcante proteção legal dos consumidores, com a inclusão da defesa do consumidor entre os direitos e garantias fundamentais e como princípio da ordem econômica na Constituição Federal, respectivamente, em seus artigos 5º, XXXII, e art. 170, V[53]. A tutela do consumidor está assegurada no topo da hierarquia das normas, entre as cláusulas pétreas, sendo insuscetível de alteração legislativa e, ainda, consta como princípio limitador da livre iniciativa, uma vez que apresenta uma inegável função social. Observa-se, desta feita, que a omissão de informações nos rótulos fere em muitos níveis a proteção legal dada aos consumidores brasileiros.

Outra importante questão de violação da escolha do consumidor acerca do que irá consumir diz respeito ao consumo indireto de OGMs, por meio da ingestão de produtos de origem animal, quando esse animal fora alimentado com uma ração transgênica. Conforme afirma Jacques Testart[54], 80% das plantas geneticamente modificadas escapam do controle do cidadão, pois a grande maioria delas serve para alimentar animais, cujos produtos derivados, quais sejam: carnes, leite e ovos, são liberados sem distinção ao consumo humano. Isso significa que esses produtos derivados, oriundos de animais que se alimentavam de ração transgênica, na maioria das vezes, são vendidos com as mesmas informações nos rótulos do que aqueles produtos provenientes de animais que consumiam rações convencionais.

De acordo com matéria escrita por Elibio Rech[55], por volta de 90% das plantas transgênicas (produzidas principalmente nos EUA, no Brasil e na Argentina) são usadas como ração de animais produtores de alimentos em todo o mundo.

No Brasil, apesar de ser amplamente desrespeitada pelos fabricantes de carnes e outros produtos de origem animal, existe uma disposição legislativa no sentido de tornar obrigatória a presença de informação nos rótulos de produtos originários de animais

---

[53]"Art. 5º Todos são iguais perante a lei, sem distinção de qualquer natureza, garantindo-se aos brasileiros e aos estrangeiros residentes no País a inviolabilidade do direito à vida, à liberdade, à igualdade, à segurança e à propriedade, nos termos seguintes: XXXII – o Estado promoverá, na forma da lei, a defesa do consumidor"

"Art. 170. A ordem econômica, fundada na valorização do trabalho humano e na livre iniciativa, tem por fim assegurar a todos existência digna, conforme os ditames da justiça social, observados os seguintes princípios: V – defesa do consumidor"

[54]TESTART, Jacques. *Op. Cit.* p. 229.

[55]RECH, Elibio. **Se animais (como gado, porcos e frangos) comerem soja ou milho transgênico, a carne será transgênica?** CIB - Conselho de Informações sobre Biotecnologia. 21 de Outubro de 2016. Disponível em: https://cib.org.br/faq/se-animais-como-porcos-e-frangos-comerem-soja-ou-milho-transgenico-a-carne-sera-transgenica/. Acesso em: 20 de junho de 2019.

CAPÍTULO 1 | Desenvolvimento da Biotecnologia e Surgimento dos Transgênicos

que consumiam rações transgênicas. Essa disposição legal é encontrada no artigo 3º do Decreto no 4.680 de 2003, que regulamenta o direito à informação – assegurado pela Lei nº 8.078, de 1990, – quanto aos alimentos e ingredientes alimentares destinados ao consumo humano ou animal que contenham ou sejam produzidos a partir de OGMs. Assim, o referido artigo dispõe que:

> Art. 3º Os alimentos e ingredientes produzidos a partir de animais alimentados com ração contendo ingredientes transgênicos deverão trazer no painel principal, em tamanho e destaque previstos no art. 2º, a seguinte expressão: "(nome do animal) alimentado com ração contendo ingrediente transgênico" ou "(nome do ingrediente) produzido a partir de animal alimentado com ração contendo ingrediente transgênico".

Já na França, atualmente, apenas os produtos que contém diretamente OGMs são rotulados, sendo que, se a presença de OGMs for inferior a 0,9%, não é obrigatório o fornecimento da informação acerca da presença desse ingrediente transgênico. Todavia, é importante notar que produtos como carne, ovos e leite, oriundos de animais que consumiram OGM, não estão sujeitos a esta rotulagem. Quanto a isso, a organização Greenpeace denunciou o que considera como uma lacuna na regulamentação europeia[56]. Também um coletivo de cidadãos, denominados de "Consumidores, não cobaias"[57] manifestou-se contrário a isso, pedindo para que todos os alimentos produzidos a partir de organismos geneticamente modificados fossem claramente rotulados. Em 9 de fevereiro de 2016, esse coletivo apresentou uma queixa à Comissão Europeia, exigindo a rotulagem sistemática e obrigatória de produtos derivados de animais alimentados com OGMs.

De acordo com uma estimativa feita pelo eurodeputado José Bov, na França, exceto os orgânicos, 90% dos animais destinados à indústria alimentícia são alimentados com OGMs. No entanto, nenhum rótulo faz menção a isso; tem-se, ademais, que 80% dos OGMs importados pela Europa se destinam a esse fim[58], e que quase metade da proteína consumida pelas fazendas francesas vem da América do Sul, sendo que a maioria dos grãos importados são de soja transgênica[59].

---

[56]DITTA, Marine. **Viande, lait, oeufs: déjà des OGM tous les jours dans vos assiettes?** Sud Ouest. 25 de fevereiro de 2016. Disponível em: https://www.sudouest.fr/2016/02/24/viande-lait-oeufs- deja-des-ogm-tous-les-jours-dans-vos-assiettes-2282810-4696.php. Acesso em: 18 de abril de 2019.

[57]Em tradução livre.

[58]*Ibid. Loc. Cit.*

[59]HECKETSWEILER, Chloé. **Les animaux d'élevage français gavés de soja OGM importé.** L'express l'expansion. 09 de outubro de 2012. Disponível em: https://lexpansion.lexpress.fr/actualite-economique/les-animaux-d--elevage-francais-gaves-de- soja-ogm-importe_1383879.html. Acesso em: 02 de setembro de 2019.

CAPÍTULO 1 | Desenvolvimento da Biotecnologia e Surgimento dos Transgênicos

É contraditório, nesse tópico, o fato de a Europa ter proibido todas as culturas GM em seu território, inclusive a do milho, proibida desde 2008 – enquanto importa toneladas de milho e soja transgênica do Brasil, dos EUA e da Argentina para alimentar seus animais.

Essa situação representa a violação dos compromissos adotados na Convenção d'Aarhus[60], assinada pela União Europeia e pela França, segundo a qual devem ser fornecidas informações suficientes sobre o produto, devendo ser disponibilizadas ao público para que os consumidores possam fazer escolhas ecológicas informadas.

O Greenpeace, com o objetivo de possibilitar o acesso dos consumidores a informações mais precisas acerca desse conteúdo, fornece uma tabela dos principais produtos em questão (carnes, laticínios, ovos), de todas as marcas disponíveis nos supermercados, classificadas de acordo com seu modo de produção, ou seja, usando ou não OGMs.

Mas, afinal, seria um grande problema o consumo de alimentos transgênicos? Muito se questiona, acerca desse assunto, sobre a real probabilidade de que haja alguma consequência com relação ao consumo de produtos transgênicos de origem animal. Algumas pesquisas, nesse sentido, buscam elucidar essa dúvida. Uma delas consiste em um artigo, feito em 2001, por Ralf Einspanier, do Instituto de Fisiologia da Universidade de Munique, que mostrou que sequências de DNA de soja e milho podiam ser detectadas nos linfócitos e no duodeno de vacas alimentadas com milho trangênico. Esta publicação mostrou ainda as possibilidades de transferência de DNA de plantas forrageiras para órgãos de animais de criação[61].

Outra pesquisa, feita pelo professor Chowdhury, do Instituto Nacional de Saúde Animal do Japão, em 2003, destacou a persistência de DNA e de proteínas de origem transgênica nos órgãos de suínos. Realizando um teste em porcos alimentados com milho Bt, esses pesquisadores mostraram que traços do gene que codifica a proteína Bt, bem como os traços de uma forma truncada da proteína transgênica, foram encontrados no estômago, no duodeno, no reto e produtos fecais desses animais[62].

---

[60]Trata-se de uma convenção sobre acesso à informação, participação pública na tomada de decisões e acesso à justiça em matéria ambiental, assinada em 25 de junho de 1998, e que tem por escopo a "democracia ambiental".

[61]EINSPANIER, Ralf et al. The fate of forage plant DNA in farm animals: a collaborative case- study investigating cattle and chicken fed recombinant plant material. **European Food Research and Technology**, Berlin, v. 212, p. 129-134, 2001.

[62]CHOWDHURY, E. H. et al. Detection of corn intrinsic and recombinant DNA fragments and Cry1 Ab protein in the gastrointestinal contents of pigs fed genetically modified corn. **Journal of animal science**, v. 81, p. 2547. 2003.

CAPÍTULO 1 | Desenvolvimento da Biotecnologia e Surgimento dos Transgênicos

Finalmente, os resultados de um estudo realizado diretamente em humanos, publicado em janeiro de 2004, pela equipe do Prof. Netherwood, da Universidade de Newcastle, mostraram que alguns genes introduzidos na soja GM permanecem após a digestão desse alimento no intestino delgado de seres humanos. No entanto, grande parte desses genes desaparecem após a passagem no intestino grosso. Não obstante, segundo o autor, os genes que persistem no intestino podem ser transferidos para microrganismos naturalmente presentes no corpo humano e aumentar o número de microrganismos patogênicos resistentes (podendo ocasionar, por exemplo, resistência a antibióticos)[63].

A Europa é, atualmente, inteiramente dependente das importações da soja GM para poder sustentar sua indústria de criação de animais para consumo humano. Em um estudo veiculado pelo site "L'expansion, l'express", especialistas da Comissão Europeia constataram que, caso a Europa parasse subitamente com essas importações, o preço dos alimentos das carnes aumentaria imediatamente em 600%, sendo que, no ano seguinte, a produção de frango cairia 29% e a de suínos 35%[64]. Outra pesquisa, realizada de 30 a 31 de janeiro de 2008, pelo Greenpeace, mostrou que 72% dos franceses julgaram importante poder consumir produtos sem OGMs, e que 71% exige que um produto "sem OGM" não contenha absolutamente nenhum elemento geneticamente modificado[65].

Sabendo da existência de tamanha dependência dessas importações de soja transgênica e, ao mesmo tempo, tendo consciência das manifestações da sociedade civil contra o consumo de produtos transgênicos na França, a manutenção de rótulos nos quais não conste a informação acerca do modo de produção desses animais é um atentado direto à democracia, uma vez que representa um enorme desrespeito à vontade manifesta da população.

Por mais que nos casos de produtos consumidos diretamente pelos seres humanos haja uma forte cultura de exposição das informações acerca da presença dos OGMs em seus rótulos, a omissão de tais informações, nos casos de produtos indiretamente transgênicos ingeridos por humanos, representa um desvio regulamentar que tem por consequência a mitigação da democracia.

---

[63]NETHERWOOD, Trudy et al. Assessing the survival of transgenic plant DNA in the human gastrointestinal tract. **Nature biotechnology**. vol. 22. N. 2. p. 204. February 2004.

[64]HECKETSWEILER, Chloé. *Loc. Cit.*

[65]GRIOT, Jean-Yves. OGM e o poder dos consumidores: os desafios da rotulagem. In: Magda ZANONI; Gilles FERMENT. **Transgênicos para quem? Agricultura Ciência Sociedade**. Brasília: Ministério do Desenvolvimento Agrário, 2011. p. 311.

CAPÍTULO 1 | Desenvolvimento da Biotecnologia e Surgimento dos Transgênicos

Um último caso, também muito relevante, exemplificativo da ameaça à democracia em função da transgenia, diz respeito às patentes sobre as sementes transgênicas. Arnaud Apoteker[66] oferece um exemplo alarmante, trata-se do caso da condenação de Percy Schmeiser, um produtor de sementes canadense que teve seus campos contaminados pela canola transgênica patenteada. Deve-se destacar que a canola GM foi, nesse país, a variedade transgênica que se expandiu em primeiro lugar, sem um debate científico e sem a informação ao público sobre o tema. A corte Suprema canadense, então, estimou que a canola geneticamente identificada nas lavouras de Schmeiser era de propriedade da Monsanto, de forma que o agricultor deveria pagar royalties para a referida empresa. Nota-se, nesse caso, que o poluído é quem teve que pagar ao poluidor, o que vai totalmente contra o princípio do poluidor-pagador, já consagrado como um dos princípios orientadores do Direito Internacional do Meio Ambiente[67].

Através de práticas como esta, tanto no que cabe à atuação do judiciário, quanto no que cabe à falta de precaução da empresa responsável para evitar a contaminação dos campos não transgênicos, há a mitigação da vontade democrática desses agricultores. Isso se explica pelo fato de que, intimidados, os agricultores veem-se obrigados a comprar as sementes geneticamente modificadas para não correr o risco de serem contaminados e terem que pagar indenizações à empresa proprietária das patentes.

Por meio da análise desses três diferentes casos, cada um em um país diferente, nos quais há a violação da democracia de algum modo em razão do plantio ou do consumo de alimentos transgênicos, pode-se perceber como a tecnologia em questão está intrinsecamente ligada a uma complexidade de fatores que se entrelaçam para formar uma conjuntura na qual a democracia é atacada e mitigada em prol dos interesses da indústria do agronegócio.

1.6 Possíveis riscos notados fora de uma interpretação reducionista

Conforme explica Rubens Onofre Nodari[68], a liberação dos transgênicos foi pautada pela aplicação de uma interpretação reducionista dos riscos vinculados à utilização da biologia molecular em matéria alimentar. O reducionismo seria, conforme o autor, um método científico consistente na decomposição do todo em partes constituintes,

---

[66]APOTEKER, Arnaud. *Op. Cit.* p. 90.

[67]NOVO, Benigno Nuñez. **O direito internacional ambiental.** 2017. Disponível em: https://ambitojuridico. com.br/edicoes/revista-166/o-direito-internacional-ambiental/. Acesso em: 23 de agosto de 2019.

[68]NODARI, Rubens Onofre. **Ciência precaucionária ...** *Op. Cit.* p. 39.

CAPÍTULO 1 | Desenvolvimento da Biotecnologia e Surgimento dos Transgênicos

até chegar às menores partes possíveis. O reducionismo descontextualiza os fenômenos, ignorando todos seus contextos ecológicos, sociais e humanos, de acordo com Hugh Lacey[69].

Fora dessa visão reducionista, muitas são as consequências percebidas advindas da produção e utilização para fins alimentares dos produtos transgênicos, que podem ocorrer tanto na forma de riscos ao meio ambiente como à saúde humana. Dentro do rol referente a esse último campo de risco, podem ser citadas as alergias, a toxicidade e a intolerância. No que concerne ao meio ambiente, as consequências são a transferência de genes entre espécies distintas, a poluição genética acidental através da polinização de espécies convencionais, os efeitos prejudiciais aos organismos não-alvo e a perda da diversidade[70], além dos efeitos pleiotrópicos imprevisíveis, citados por Rubens Onofre Nodari[71].

De acordo com Andrés Carrasco, ex-diretor do Laboratório de Embriologia Molecular da Universidade de Buenos Aires, a tecnologia dos OGMs viola processos biológicos, usando procedimentos rudimentares, perigosos e cujas consequências são incertas. Segundo Carrasco, a transgenia altera não apenas a estrutura do genoma modificado, como também faz com que ele fique instável por um longo período de tempo, produzindo disrupturas ou ativações não desejadas de outros genes, o que afeta, direta ou indiretamente, o estado funcional de todo o genoma. O cientista classifica a tecnologia da transgenia como um produto de uma ciência neoliberal-produtivista, a cargo dos grandes negócios, e que promove uma natureza artificial[72].

A aplicação da referida visão reducionista está intrinsecamente ligada à violação da democracia, por meio da implementação dos transgênicos sem prévia consulta da vontade popular, uma vez que induz a omissão dos potenciais danos que podem ser desencadeados pela introdução dos alimentos transgênicos nos mercados consumidores e, mais, dos potenciais danos causados pela produção dos OGMs, que poderiam reverberar nos ecossistemas, afetando, não apenas os seres humanos, mas, também, animais e o meio ambiente como um todo sistêmico.

---

[69]LACEY, H. **Values and objectivity in science: the current controversy about transgenic crops**. Lanham: Lexington Books, 2005. p. 182-230.

[70]BANCHERO, Carlos B. **Desafios agronômicos asociados a los cultivos transgénicos**. La difusión de los cultivos transgénicos en la Argentina. Buenos Aires: Editorial Facultad Agronomía, Universidad de Buenos Aires, 2003. p. 10.

[71]NODARI, Rubens Onofre. **Ciência precaucionária ...** *Op. Cit.* p. 49-52.

[72]VICENTE, Lucía (coord.); ACEVEDO, Carolina (coord.); VICENTE, Carlos (coord.). *Op. Cit.* p. 24-25.

CAPÍTULO 1 | Desenvolvimento da Biotecnologia e Surgimento dos Transgênicos

Dessa forma, as empresas promotoras e desenvolvedoras dessa tecnologia faziam crer que um gene inserido em uma planta traria como consequências, isoladamente, apenas as boas características esperadas do organismo de origem, sem considerar os diversos outros efeitos que a mutação poderia trazer para o funcionamento biológico daquela planta. Nesse sentido, Bonneuil nos traz que: é comum que se diga que tal gene comanda determinado caráter, no entanto, a ação de qualquer gene tem repercussão sobre toda a fisiologia da planta[73].

Nota-se que a aprovação da inserção de um organismo geneticamente modificado na cultura agrícola de um país deve ser precedida por rigorosos estudos para compreender os riscos que esse organismo pode oferecer. Esse estudo chama-se, mais precisamente, avaliação do risco, que consiste em uma apreciação científica visando quantificar e qualificar os riscos para a saúde e para o meio ambiente. Ele permeia três questões principais, quais sejam: a avaliação da construção genética; dos possíveis impactos ambientais, e do potencial toxicológico e alergênico da nova planta[74].

A análise do risco, dentro da qual se posiciona a avaliação do risco, consiste em uma decisão política, que leva em conta elementos econômicos e sociais. Assim, para a aprovação de um OGM, deve ser realizado não apenas um estudo a respeito dos riscos que ele pode oferecer para o meio ambiente e para a saúde humana, mas, também, deve ser analisado o contexto no qual se dará sua aprovação, levando em consideração aspectos sociais, econômicos e políticos. Observa-se que esse processo de aprovação não se encaixa em um método reducionista de análise dos transgênicos.

Uma das consequências da incorporação da tecnologia da transgenia ao processo de produção de alimentos, nesse sentido, diz respeito à criação de uma dependência entre os pequenos produtores e as empresas detentoras dessa tecnologia. Conforme demonstrado no relatório "Global Status of Commercialized Biotech/GM Crops: 2015"[75], os países em desenvolvimento plantam mais culturas OGMs do que os países industrializados/desenvolvidos, em uma proporção de 54% vs. 46%. Porém, existe uma diferença substancial no que tange aos atores que utilizam essa tecnologia nos dois grupos de países: enquanto nos países desenvolvidos são as grandes empresas que utilizam as sementes transgênicas, nos países em desenvolvimento, são, majoritariamente, os pequenos agricultores os atores que a empregam. Dentre os 18 milhões

---

[73]BONNEUIL, Christophe et al. **Innover autrement? La recherche face à l'avènement d'un nouveau régime de production et de régulation des savoirs en génétique végétale.** Dossiers de l'environnement de l'INRA, n. 30. Paris: INRA 2006. p. 31.

[74]FERMENT, Gilles. *Op. Cit.* p. 109.

[75]JAMES, Clive, et al. *Op. Cit.* p. 5.

CAPÍTULO 1 | Desenvolvimento da Biotecnologia e Surgimento dos Transgênicos

de agricultores que até então plantavam culturas biotecnológicas, em todo o mundo, em 2015, 90% eram pequenos agricultores, com poucos recursos, nos países em desenvolvimento[76].

De acordo com Gilles Ferment, o Comitê dos Direitos Econômicos, Sociais e Culturais da ONU preocupa-se bastante quanto a pobreza extrema dos pequenos agricultores (causada pela falta de terras, de acesso ao crédito, e de uma infraestrutura rural adequada), dado que ela está se agravando diante da introdução de sementes geneticamente modificadas pelas grandes multinacionais e, por conseguinte, do aumento dos preços de sementes, fertilizantes e pesticidas (em especial na indústria do algodão)[77].

É muito importante, assim, que os critérios socioeconômicos da população rural, a qual terá as sementes transgênicas como matéria prima para suas produções, sejam também estudados no processo de liberação comercial dessas sementes em um país, uma vez que a aquisição das referidas sementes implica no uso de todo um pacote tecnológico que inclui herbicidas e materiais técnicos específicos para seu plantio.

1.7 Transgênicos: um forte motor para a economia

A produção e distribuição de alimentos transgênicos, apesar dos possíveis riscos que poderiam desencadear no âmbito da saúde humana e do ecossistema como um todo, foram amplamente liberadas. Essa estratégia teve um grande embasamento econômico para ser posta em prática, uma vez que os transgênicos constituem um forte motor para a economia. De acordo com Paulo Kageyama e Roberto Tarazi[78], há cinco diferentes formas nas quais a engenharia genética faz com que a máquina capitalista gire mais rapidamente: (i) majorando a rapidez em obter lucros; (ii) gerando maior retorno de impostos ao governo; (iii) criando produtos para consumidores de alta renda; (iv) gerando postos de trabalho com altos salários; e (v) aumentando a competição entre as Corporações Detentoras das Tecnologias de Transformação, Melhoramento Genético e de Agrotóxicos (CDTTMGAs).

Os OGMs são a demonstração clara de que os "objetos" científicos e seu desenvolvimento estão estreitamente ligados ao modelo econômico do liberalismo e ao modelo técnico da agricultura industrial. Ademais, são capazes de modificar consideravelmente os ecossistemas, assim como as condições de vida do planeta, gerando consequências

---

[76]Ibid. p. 222.

[77]FERMENT, Gilles. Op. Cit. 101.

[78]KAGEYAMA, Paulo; TARAZI, Roberto. Eucalyptus geneticamente modificados e biossegurança no Brasil. In: Magda ZANONI; Gilles FERMENT. **Transgênicos para quem?** Brasília: MDA, 2011, p. 67.

CAPÍTULO 1 | Desenvolvimento da Biotecnologia e Surgimento dos Transgênicos

irreversíveis. Por fim, a ciência acaba por ser instrumentalizada em nome de interesses comerciais. Sua complexidade não apenas o perfeito álibi para evitar a informação e a educação dos cidadãos como também para favorecer a criação de regulamentações pouco rigorosas[79].

Jean-Pierre Berlan, ao perguntar-se qual seria o objetivo de implementar os clones de Shull, dado que eles não trouxeram melhorias ao milho, concluiu que seria o lucro[80]. O método de clonagem de milho de George Shull foi o primeiro Terminator, trata-se de um tipo de semente, também chamada de "Terminated" que, segundo as explicações do mesmo autor, têm plena normalidade na germinação, crescimento e florescimento. O seu grão se desenvolve do mesmo modo, e a planta produz uma colheita normal, com a ressalva de que um dispositivo transgênico inserido é responsável por destruir o germe do grão[81]. Assim, caso seja plantado, o grão colhido, por ser estéril, não germinará.

Através da esterilização da vida, possibilitada pelas sementes Terminated, tornou-se praticável a separação dos métodos de produção e de reprodução em dois nichos distintos: o primeiro a cargo dos agricultores e o segundo restando como monopólio dos investidores. Berlan afirma que a clonagem do milho de Shull, o primeiro Terminator, não tem o objetivo de o melhorar para os agricultores, mas sim criar direitos de propriedade para os multiplicadores[82].

Esse tipo de variedade é proibido pela Convenção sobre Biodiversidade das Nações Unidas, dado que o gene terminator, ao contaminar as variedades nativas ou as espécies silvestres, destrói suas reservas genéticas e, ainda, todos os seus conjuntos genéticos, sobrando apenas a variedade com o gene terminator[83]. Conforme afirmou Maria José Guazzelli, do Centro Ecológico, uma organização agroecológica com sede no Brasil, "A CDB, acertadamente, rejeitou as tentativas do Canadá, Austrália e Nova Zelândia - apoiados pelo governo dos Estados Unidos e pela indústria da biotecnologia

---

[79]APOTEKER, Arnaud. *Op. Cit.* p. 92.

[80]BERLAN, Jean-Pierre. *Op. Cit.* p. 155.

[81]*Ibid.* p. 143.

[82]BERLAN, Jean-Pierre. *Op. Cit.* p. 155.

[83]Saiba mais sobre a polêmica das sementes terminator. **Green Me - farei bem à Terra**. 12 de março de 2014. Disponíevl em: https://www.greenme.com.br/informar-se/agricultura/95-saiba-mais-sobre-a-polemica-das-sementes-terminator. Acesso em: 26 de maio de 2019.

CAPÍTULO 1 | Desenvolvimento da Biotecnologia e Surgimento dos Transgênicos

- para minar a moratória sobre as sementes suicidas,"[84] referindo-se à decisão tomada na 8ª reunião da Convenção sobre Diversidade Biológica (CDB).

Apesar da moratória da ONU com relação às sementes Terminator, foi lançado um Projeto de Lei, no ano de 2015, no Brasil, que tem por objetivo a liberação dessas sementes no país. O Projeto de Lei nº 1117, se aprovado, fará do Brasil o primeiro país no mundo a legislar em favor do cultivo comercial de plantas propositalmente estreis. Observa-se que, desde 2005, quando da aprovação da Lei de Biossegurança, os parlamentares da bancada ruralista do Congresso tentam liberar o cultivo dessas plantas, sendo esta a terceira tentativa.

Com a liberação das sementes Terminator, passa a existir, mais do que nunca, uma relação de dependência dos agricultores com essas (poucas) empresas detentoras do monopólio das sementes transgênicas e dos insumos agrícolas necessários para cultivá-las (lê-se agrotóxicos e herbicidas), propiciando a essas entidades um ciclo vicioso que sempre as levará ao lucro. De acordo com "O livro cinza do agronegócio", é gerada uma dependência dessas empresas em todos agricultores que fazem uso desse pacote tecnológico (que engloba as sementes transgênicas, os adubos e venenos)[85].

---

[84]A ONU Mantém a Moratória sobre a Tecnologia das Sementes Terminator. **Etc Group - vigilar al poder, monitorear la tecnología, fortalecer la divercidad.** 03 de março de 2006. Disponível em: https://www.etcgroup. org/es/content/onu-mant%C3%A9m-morat%C3%B3ria-sobre-tecnologia-das-sementes-terminator. Acesso em: 02 de julho de 2019.

[85]FEDERAÇÃO DOS ESTUDANTES DE AGRONOMIA DO BRASIL. **O Livro Cinza do Agronegócio.** Curitiba: FEAB, 2010. Disponível em: https://feab.files.wordpress.com/2008/08/2010-livrocinza--121220152015-phpapp02.pdf. Acesso em: 04 de setembro de 2019.

CAPÍTULO 2

Normas e Princípios de Direito Internacional

2.1 Regulamentação internacional dos Transgênicos

Tendo em vista a conjuntura na qual se deu a aprovação da produção dos alimentos geneticamente modificados e, tendo em mente, também, a interconexão desse ato com a ameaça de violação a diversos direitos fundamentais – dentre os quais, o direito a um meio ambiente equilibrado, o direito à saúde e à dignidade da pessoa humana – a regulamentação dessa atividade não poderia se dar conforme a livre vontade das empresas produtoras das sementes transgênicas (até porque a análise dos possíveis riscos já restou, na prática, a cargo delas, no que tange ao caso brasileiro). Logo, deu-se início a regulamentação da matéria nos âmbitos dos Estados e, também, no plano da comunidade internacional, com a positivação de normas capazes de traçar os parâmetros necessários para seu enquadramento jurídico.

CAPÍTULO 2 | Normas e Princípios de Direito Internacional

De acordo com Virgílio Afonso da Silva[86], o direito a um meio ambiente equilibrado se configura como um direito fundamental de terceira geração, pois deve ser preservado, não só para as gerações presentes, como, também, futuras, e se enquadra como um dos direitos da Fraternidade, uma vez que, por eles abarcarem situações que extrapolam os limites fronteiriços das soberanias nacionais, contam com a solidariedade internacional para serem regulamentados e protegidos.

Nesse sentido, a Comissão Mundial sobre Meio Ambiente e Desenvolvimento[87] afirma que a imposição do interesse comum em matéria de meio ambiente acaba sendo prejudicada porque as áreas de jurisdição política não coincidem com as áreas de impacto. Assim, por exemplo, as políticas energéticas de uma jurisdição causam precipitação ácida em outra, enquanto as políticas pesqueiras de um Estado podem afetar a pesca em outro. Deve-se ter em mente, ademais, que não existe uma autoridade supranacional que tenha competência para resolver essas questões, de forma que só é possível fazer valer o interesse comum por meio da cooperação internacional.

Conforme ensina Putnam, através de uma análise partindo do ponto de vista do jogo de dois níveis[88] – que tem por objetivo explicar como se processam e se inter-relacionam os acordos internacionais e os interesses domésticos dos Estados –, é possível observar que existem questões nacionais que não se refletem apenas na esfera doméstica, mas, também, na internacional (e vice-versa). Com base nessa teoria, a ratificação de instrumentos jurídicos internacionais é um importante instrumento que atua como um fio condutor entre a política doméstica e a internacional.

Nas questões relativas à regulamentação dos OGMs e OVMs (organismos vivos modificados, que são capazes de se reproduzir), há uma relação constante entre internacional e nacional, na qual um exerce pressão ou ação sobre o outro, conforme seus interesses. Logo, apesar da matéria da biossegurança ser também de tutela do poder público de cada Nação, algumas normas internacionais foram criadas para que fosse

---

[86]DA SILVA, Virgílio Afonso. A evolução dos direitos fundamentais. **Revista Latino-Americana de Estudos Constitucionais** 6, 541-558. p. 551-552. 2005; Conferir, também, para maior aprofundamento teórico DA SILVA, Virgilio Afonso. **Direitos fundamentais: conteúdo essencial, restrições e eficácia**. São Paulo: Malheiros, 2009.

[87]COMISSÃO MUNDIAL SOBRE MEIO AMBIENTE E DESENVOLVIMENTO. **Nosso Futuro Comum.** Rio de Janeiro: Editora da Fundação Getúlio Vargas, 1991, p. 46-70.

[88]PUTNAM, Robert D. **Diplomacy and Domestic Politics: The Logic of Two-Level Games.** International Organization, v. 42, n. 3, 1988, p. 34. "The politics of many international negotiations can usefully be conceived as a two-level game. At the national level, domestic groups pursue their interests by pressuring the government to adopt favorable policies, and politicians seek power by constructing coalitions among those groups. At the international level, national governments seek to maximize their own ability to satisfy domestic pressures, while minimizing the adverse consequences of foreign developments. Neither of the two games can be ignored by central decision-makers, so long as their countries remain interdependent, yet sovereign".

CAPÍTULO 2 | Normas e Princípios de Direito Internacional

estabelecida uma base regulamentar homogênea sobre o tema. Assim, por tratar-se de um tema diretamente ligado ao direito a um meio ambiente ecologicamente equilibrado – o qual é, por sua vez, um direito fundamental –, ele acaba por ser reconhecido mundialmente, seja através de pactos, tratados, declarações ou outros instrumentos. Importante a percepção, sobre isso, de Alcindo Gonçalves e José Augusto Fontoura[89], para quem a administração de problemas ambientais que extrapolam as fronteiras entre os países, chamada de Governança Global Ambiental, dá ensejo a criação de uma reivindicação internacional.

Assim, a regulamentação internacional referente à biossegurança surgiu em um contexto de crescente abordagem dos temas relativos à conservação do meio ambiente na agenda internacional, quando a comunidade internacional passava a se dar conta da necessidade da regulamentação das questões relativas ao meio ambiente, uma vez que seus efeitos se davam para além das divisões geopolíticas de cada país. Um marco dessa tomada de consciência e da introdução da causa ambiental na agenda internacional, é o Relatório Brundtland, de 1987, no qual foi introduzida a ideia de sustentabilidade.

Conforme teoriza Young[90], a formação dos regimes internacionais sobre determinado tema depende do grau de politização que este alcança, ou de sua presença na agenda internacional. A proposta de regulamentação dos produtos provenientes da biotecnologia em diversas discussões internacionais resultou, não apenas na ação de atores governamentais, como, também, de não-governamentais[91]. Nesse sentido, a participação das ONGs, na qualidade de grupos de interesse, torna-se de grande relevância, uma vez que são importantes atores que detêm a capacidade de influenciar a formulação de políticas públicas estatais, tais como a formulação da política externa de um país. A referida participação tornou-se mais recorrente a partir dos anos 1990, quando se percebeu o fim da ordem bipolar que regia o Direito Internacional Público, dando início a uma agenda internacional mais fragmentada e dispersa, com a comunicação entre diversos atores internacionais.[92]

---

[89]GONÇALVES, Alcindo; COSTA Fontoura, José Augusto. **Governança Global onaise Regimes Interna.** São Paulo: Almedina, 2011. p. 73 a 102.

[90]YOUNG, Oran R. **International governance: protecting the environment in a stateless society.** Ithaca: Cornell University Press, 1994. p. 19.

[91]GUIMARÃES, Bruna Gaudêncio; MORALES, Elias David. A implementação do protocolo de cartagena sobre biossegurança no Brasil: uma análise dos obstáculos existentes para a sua efetividade. **Revista de Estudos Internacionais**, Paraíba, v. 8, p. 137. 2017.

[92]REIS, Rafael Pons. **Estruturas domésticas e a formação da posição brasileira nas reuniões das partes do Protocolo de Cartagena.** Dissertação (Mestrado em Relações Internacionais). Universidade Federal do Rio Grande do Sul, Rio Grande do Sul, 2008. p. 87.

CAPÍTULO 2 | Normas e Princípios de Direito Internacional

A partir das iniciativas em favor da conservação e manutenção da diversidade biológica que emergiram do tratamento da questão ambiental na agenda internacional, várias medidas preventivas passaram a ser adotadas com o fito de regulamentar e fiscalizar o uso de agentes que poderiam causar futuros danos para o meio ambiente e seu funcionamento. Dentre essas medidas, está a proposta de conservação e uso sustentável da biodiversidade por meio da administração, regulamentação e controle dos riscos provenientes do uso de Organismos Vivos Modificados[93].

Dentre os instrumentos normativos internacionais mais relevantes que têm por escopo a regulamentação das questões relativas à biossegurança[94], no quadro de uma noção a nível internacional cada vez mais pungente do uso sustentável dos recursos naturais, está a Conferência das Nações Unidas sobre Meio Ambiente e Desenvolvimento – CNUMAD. Nesta Conferência, representantes de cento e setenta e oito países do mundo, dentre os quais o Brasil (país sede) e a França, reuniram-se para decidir quais medidas poderiam tomar para diminuir o grau de degradação ambiental e garantir a existência de futuras gerações em um contexto de disponibilidade de recursos naturais para uma subsistência saudável. Foi assim introduzida, a nível internacional, pela CNUMAD, a ideia de *desenvolvimento sustentável.*

Conhecida também como Rio 92, a CNUMAD foi responsável pela proclamação da Declaração do Rio que, muito embora não seja juridicamente vinculante para os seus signatários (sendo, assim, um instrumento de *soft law*), goza de enorme prestígio e serviu de inspiração para grande parte das normas que foram produzidas posteriormente[95]. A referida Conferência lançou internacionalmente um dos principais princípios que regem o tema do Direito Internacional do Meio Ambiente: o princípio da precaução, que será abordado mais detalhadamente adiante.

Ademais, a Rio 92 é considerada um marco referencial na solução dos desafios do século XXI, baseando-se na sustentabilidade dos programas e políticas de desenvolvimento e estímulo ao consumo sustentável[96].

---

[93]GUIMARÃES, Bruna Gaudêncio; MORALES, Elias David. *Op. Cit.*, p. 135.

[94]O processo de Governança Global ensejou o deslocamento do poder de orientação nacional para os padrões globais, de modo que diversas instituições e organizações expressassem seus interesses e buscassem soluções que pudessem, de acordo com as categorias estabelecidas no direito internacional, se enquadrar na classe da *soft law*, a qual diz respeito às condutas não obrigatórias e vinculantes de direito internacional, ou na classe da *hard law*, consistente em tratados internacionais vinculantes à ordem nacional (Ibid. p. 147).

[95]DE BESSA ANTUNES, Paulo. **Direito ambiental**. Rio de Janeiro: Editora Lumen Juris, 2008. p. 33-36.

[96]Agenda 21 Global. **Ministério do Meio Ambiente**. Disponível em: https://www.mma.gov.br/responsabilidade-socioambiental/agenda-21/agenda-21-global.html. Acesso em: 13 de agosto de 2019. Acerca do tema, confira também: GODOY, A.M.G. e BIAZIN, C. C. **A rotulagem ambiental no Comércio Internacional**. 4o Encontro da Sociedade Brasileira de Economia Ecológica, 2001, Belém. Anais do Quarto Encontro da Eco-Eco, 2000.

CAPÍTULO 2 | Normas e Princípios de Direito Internacional

Além da proclamação da Declaração do Rio, a CNUMAD teve como resultado a produção de outros documentos oficiais fundamentais, como a Agenda 21. Regulamentada em novembro de 1995, a Agenda 21 pode ser considerada o instrumento mais importante produzido na aludida conferência, pois viabiliza a adoção de um novo padrão de desenvolvimento ambientalmente racional, através da conciliação de métodos de proteção ambiental, justiça social e eficiência econômica. Dentre os temas tratados por esse documento, estava a proposta de implementação de um Guia de Condutas Técnicas de Segurança em Biotecnologia para promover a homogeneização legislativa internacional, objetivando regulamentar o uso, transporte e manipulação de OVMs ao redor do mundo.

A Rio 92 também permitiu a aprovação de um acordo entre 156 países e uma organização de integração econômica regional, chamado de Convenção sobre Diversidade Biológica. Essa Convenção, conforme demonstra o Caderno de debate "Agenda 21 e Sustentabilidade", publicado pela Secretaria de Políticas para o Desenvolvimento Sustentável do Ministério do Meio Ambiente, está estruturada sobre três bases principais: a conservação da diversidade biológica; o uso sustentável da biodiversidade; e a repartição justa e equitativa dos benefícios advindos da utilização dos recursos genéticos entre os países provedores e suas comunidades tradicionais e indígenas (quando estas representam a fonte dos conhecimentos associados a esses recursos)[97].

Criado como um acordo complementar à Convenção sobre Diversidade Biológica, o Protocolo de Cartagena foi aprovado em 29 de janeiro de 2000, em Montreal, e configura-se como o principal marco regulatório referente ao uso adequado de OGMs, tanto em termos de utilização interna, quanto de movimentos transfronteiriços[98].

No artigo 4º do Protocolo, encontram-se as circunstâncias de sua aplicação, *in verbis*:

> Art. 4º. O presente Protocolo aplicar-se-á ao movimento transfronteiriço, trânsito, manipulação e utilização de todos os organismos vivos modificados que possam ter efeitos adversos na conservação e no uso sustentável da diversidade biológica, levando também em conta os riscos para a saúde humana[99].

---

[97]MINISTÉRIO DO MEIO AMBIENTE. **Caderno de debate Agenda 21 e sustentabilidade.** Brasília: Secretaria de Políticas para o Desenvolvimento Sustentável, 2006. Disponível em: https://www.mma.gov.br/estruturas/agenda21/_arquivos/CadernodeDebates9.pdf. Acesso em: 17 de agosto de 2019.

[98]PIZELLA, Denise Gallo; SOUZA Marcelo Pereira de. Regulação de OGMs no Brasil: aproximações com o modelo da União Europeia ou dos EUA. **Desenvolvimento e Meio Ambiente**, Paraná, 2016. p. 78.

[99]Confira, a seguir, o artigo em seu idioma original: *"Article 4. This Protocol shall apply to the transboundary movement, transit, handling and use of all living modified organisms that may have adverse effects on the conservation and sustainable use of biological diversity, taking also into account risks to human health".*

CAPÍTULO 2 | Normas e Princípios de Direito Internacional

Mais especificamente, o objetivo deste instrumento internacional é exposto em seu artigo 1º:

> Art. 1º. De acordo com a abordagem de precaução contida no Princípio 15 da Declaração do Rio sobre Meio Ambiente e Desenvolvimento, [...] contribuir para assegurar um nível adequado de proteção no campo da transferência, da manipulação e do uso seguros dos organismos vivos modificados [...] que possam ter efeitos adversos na conservação e no uso sustentável da diversidade biológica, levando em conta os riscos para a saúde humana, e enfocando especificamente os movimentos transfronteiriços.[100]

Anteriormente à criação deste instrumento internacional, cada país recorria a sua legislação para tratar das questões pertinentes ao comércio de produtos transgênicos[101]. Assim, a partir da edição do Protocolo de Cartagena, houve uma maior homogeneização e padronização dos procedimentos relativos ao manuseio, transporte e uso dos organismos geneticamente modificados. De acordo com Guimarães e Morales[102], houve um avanço significativo na tentativa de padronizar as normas internacionais de biossegurança, de forma a assegurar a proteção da diversidade biológica.

O Brasil confirmou sua adesão ao Protocolo em novembro de 2003, após o período aberto às assinaturas das partes da Convenção sobre Diversidade Biológica, sendo que ele começou a vigorar, internamente, no país, apenas em fevereiro de 2004. Atualmente, fazem parte mais de 130 países[103]. No que diz respeito à França, por sua vez, o protocolo foi aprovado em 07 de abril de 2003 e, pela comunidade europeia como um todo, em 11 de setembro de 2003[104].

---

[100]Confira, a seguir, o artigo em seu idioma original: *"Article 1. In accordance with the precautionary approach contained in Principle 15 of the Rio Declaration on Environment and Development, the objective of this Protocol is to contribute to ensuring an adequate level of protection in the field of the safe transfer, handling and use of living modified organisms resulting from modern biotechnology that may have adverse effects on the conservation and sustainable use of biological diversity, taking also into account risks to human health, and specifically focusing on transboundary movements"*.

[101]FLORIANI, Adriano. Lei sobre rotulagem assegura direito à informação. **Reporter Terra**. Disponível em: https://www.terra.com.br/reporterterra/transgenicos/rotulagem.htm. Acesso em: 20 de setembro de 2019.

[102]GUIMARÃES, Bruna Gaudêncio; MORALES, Elias David. *Op. Cit.* p.136.

[103]AGÊNCIA SENADO. Entenda o que é o Protocolo de Cartagena sobre Biossegurança. **Senado Notícias**. 13 de março de 2006. Disponível em: https://www12.senado.leg.br/noticias/materias/2006/03/13/entenda-o-que-e-o-protocolo-de- cartagena-sobre-biossegurança. Acesso em: 09 de setembro de 2019.

[104]EAUFRANCE. Protocole de Carthagène sur la biosécurité. **Les zones humides**. 10 de setembro de 2015. Disponível em: http://www.zones-humides.org/reglementation/engagements- internationaux/protocole-de--carthagene-sur-la-biosecurite. Acesso em: 04 de setembro.

CAPÍTULO 2 | Normas e Princípios de Direito Internacional

No caso francês, existem também outros instrumentos legislativos externos que regulamentam a questão dos transgênicos, uma vez que o País faz parte da União Europeia (UE), que conta com uma legislação própria sobre o tema[105]. Assim, a legislação nacional, apesar de ser mais rígida sobre o tema, não pode ser contrária às normas implementadas pela União Europeia, conforme ensinam Eck Laurent e Hugues Fulchiron[106], pois devem passar pelo chamado controle de convencionalidade, adotando-se a prioridade da norma internacional sobre a norma interna.

A legislação comunitária relativa aos OGM existe desde o início da década de 90, quando a UE introduziu diplomas específicos a fim de proteger a saúde dos seus cidadãos e o ambiente e, ao mesmo tempo, no intuito de criar um mercado unificado para a biotecnologia[107]. É interessante notar o caráter mais restritivo dessa legislação, bem mais rígida do que aquela adotada em âmbito internacional pelos países signatários da ONU. A legislação europeia é fundada sobre o princípio da precaução, sendo possível notar um maior rigor quanto às exigências para a autorização do cultivo de um OGM em território europeu.

Observa-se, dessa forma, que os instrumentos internacionais que estabelecem os parâmetros segundo os quais deve ser feito o uso da biotecnologia são de suma importância para permitir uma regulação internacional de um assunto que influencia, direta e indiretamente, todos os países, uma vez que seus efeitos não se limitam às fronteiras nacionais, restando-se a cargo da comunidade internacional. Dessa maneira, através da criação de um ordenamento internacional, há o estabelecimento de princípios e obrigações primordiais e, consequentemente, a homogeneização do tratamento básico deste tópico em nível internacional para promover um uso, transporte e comércio seguros desses produtos.

Dois conceitos especialmente importantes, os quais compõem a base desses instrumentos normativos, são: (i) o conceito de biodiversidade, que dá fundamento ao principal – e mais extenso - tópico da Agenda 21 Global, que tem por escopo a manutenção e conservação da diversidade biológica; e (ii) o princípio da precaução, presente tanto no Protocolo de Cartagena, compondo sua base fundamental, como, também, na Declaração do Rio, que foi responsável por seu lançamento internacional. Estes dois conceitos merecem especial atenção e serão analisados mais cuidadosamente a seguir.

---

[105] importante notar que a legislação da União Europeia pode ser complementada por aquela criada por seus Estados membros, mas não contrariada por ela.

[106] LAURENT, Eck; FULCHIRON, Hugues. **Introduction au droit français**. Paris: Lexis Nexis, 2016, p. 115-141.

[107] COMISSÃO EUROPEIA. Perguntas e respostas sobre a regulamentação comunitária em matéria de OGM. **Comission Européenne - Base de données de communiqués de presse**. 19 de maio de 2004. Disponível em: https://europa.eu/rapid/press-release_MEMO-04-102_pt.htm. Acesso em: 02 de julho de 2019.

CAPÍTULO 2 | Normas e Princípios de Direito Internacional

2.2 Conceito de biodiversidade

O conceito de biodiversidade ocupa um papel de centralidade nos debates mundiais atuais, uma vez que está relacionado a temas fundamentais tratados pelas relações internacionais, como a sobrevivência e saúde humana, a conservação do meio ambiente e a implementação de um modelo sustentável de desenvolvimento.

Nesse cenário, pode-se notar que o conceito de biodiversidade é um dos pilares de sustentação de importantes instrumentos normativos internacionais, como a Convenção sobre Diversidade Biológica e a Agenda 21 (na qual compõe sua maior seção, denominada "Conservação da diversidade biológica").

No texto de apresentação da Agenda 21 brasileira, encontra-se a seguinte definição da palavra biodiversidade:

> Biodiversidade é o conjunto de todos os organismos vivos e ecossistemas e refere-se também às relações entre eles. Compreende as variedades de seres em cada espécie. Portanto, biodiversidade é conjunto de toda a vida em nosso planeta. A diversidade biológica refere-se enfim à multiplicidade e ao equilíbrio dinâmico, de acordo com as características de cada região, de ecossistemas, de espécies vivas e de características genéticas destas. Envolve reconhecer e respeitar a integridade de seus processos e componentes"

Já a Convenção sobre Diversidade Biológica, criada a partir da Rio 92, tem como objetivos a conservação da biodiversidade, o uso sustentável dos elementos formadores desta, e a divisão equitativa e justa dos benefícios gerados com a utilização de recursos genéticos, conforme encontra-se disposto em seu artigo 1º, *in verbis*:

> Os objetivos desta Convenção, a serem cumpridos de acordo com as disposições pertinentes, são a conservação da diversidade biológica, a utilização sustentável de seus componentes e a repartição justa e equitativa dos benefícios derivados da utilização dos recursos genéticos, mediante, inclusive, o acesso adequado aos recursos genéticos e a transferência adequada de tecnologias pertinentes, levando em conta todos os direitos sobre tais recursos e tecnologias, e mediante financiamento adequado.

Tais metas devem ser consideradas não como um fim em si próprias, mas como um meio de atingir a justiça social e para gerar uma equidade no acesso aos recursos naturais entre as gerações e entre os Estados.

Deve-se ter em mente, para compreender a menção existente entre os conceitos de biodiversidade e de justiça social, estipulada por Marie-Hélene Parizeau e Andr

Bauchant[108], que a distribuição dos recursos naturais aos Estados não se faz de maneira proporcional, de modo que alguns estados possuem uma variedade e quantidade muito maior que outros. Assim, para que seja possível a distribuição dos recursos naturais pautada em uma maior equidade, seria necessária uma diminuição e flexibilização da soberania estatal e, consequentemente, da concepção forte de fronteiras nacionais.

Assim, a questão da manutenção da biodiversidade e de sua divisão equitativa se enquadra como uma questão de justiça social, uma vez que os recursos naturais são primordiais para a subsistência humana, devendo ser repartidos para oferecer uma boa qualidade de vida e de saúde para todos. A preocupação com a equidade social, conforme afirma a Comissão Mundial sobre Meio Ambiente e Desenvolvimento[109], não se dá apenas com relação às gerações presentes, mas deve ser pensada, também, estendendo-se para abarcar as futuras gerações. A equidade social relativa ao acesso dos recursos biológicos, atualmente, é ainda um pensamento utópico de um futuro longínquo.

Com o desenvolvimento da biotecnologia e o surgimento dos Organismos Geneticamente Modificados, o conceito de biodiversidade adotou outro significado. E, se antes fazia menção apenas a um patrimônio natural, sofreu então um movimento de artificialização. Maria-Hélène Parizeau[110] demonstra que os conceitos de biodiversidade natural e biodiversidade artificial são inversamente proporcionais, de modo que, quanto maior o patrimônio natural, menor o artificial, e vice-versa. Dentro de uma concepção utilitarista de biodiversidade, pouco importaria se a natureza é selvagem (natural) ou artificial, restando a manutenção da biodiversidade como estoque de material genético para o proveito humano.

Nesta linha, dentro de uma concepção utilitarista de biodiversidade, a modificação das espécies através da biotecnologia para o bem-estar humano se torna possível e atrativa. Nesse contexto, um limite moral é imposto para impedir a ampla utilização da biotecnologia nos seres vivos, correspondendo, , esse limite, ao sofrimento dos animais[111].

As modificações genéticas feitas em uma planta não se restringem a produzir seus efeitos apenas com relação àquele espécime, ao contrário do que se acreditaria dentro de uma interpretação reducionista. Toda a cadeia alimentar que tem por

---

[108]PARIZEAU, Marie-Hélene; BAUCHANT, André. **La biodiversité: tout conserver ou tout exploiter?** Louvain-la-Neuve: De Boeck Université, 1997, p. 95-120.

[109]COMISSÃO MUNDIAL SOBRE MEIO AMBIENTE E DESENVOLVIMENTO. *Op. Cit.* p. 49-52.

[110]PARIZEAU, Marie-Hélene; BAUCHANT, André. *Loc. Cit.*

[111]*Ibid. Loc. Cit.*

CAPÍTULO 2 | Normas e Princípios de Direito Internacional

base aquela planta será afetada, como demonstra Gilles Ferment[112]. Os organismos não-alvo predadores podem ser afetados pelas toxinas objeto da modificação das PGM, em um quadro de ingestão indireta – referente ao consumo por predadores de presas que já consumiram as toxinas –, de modo que devem também ser incluídos nas avaliações do risco[113]. Assim, todo o ecossistema acaba por ser alterado quando há a modificação da composição genética de uma planta por métodos artificiais.

Desta forma o conceito de biodiversidade pode ser analisado sob dois diferentes prismas: no primeiro, pode-se adotar uma visão etnocêntrica, dominada pelo utilitarismo e reducionismo científico, na qual a natureza é disposta como um recurso destinado à produção de bem-estar ao homem, estando ao seu mero dispor; já na segunda visão, é possível adotar um prisma biocenótico, no qual o valor intrínseco da natureza é reconhecido e o ser humano é visto como um dos elementos que compõem a rede inter-relacional biológica, e não o seu centro, de forma que os processos naturais têm seu fim neles mesmos[114].

A implementação da biotecnologia relativa à criação dos OGMs está ligada à visão utilitarista da biodiversidade, e tem por objetivo a sua exploração econômica, em vez de uma justiça social de igual distribuição dos recursos naturais. Assim, a biodiversidade é encaixada em uma lógica de mercado na qual ela passa a ser quantificada segundo seu valor monetário. Disto, a preservação do meio ambiente e da diversidade biológica natural é colocada na balança de um lado, enquanto do outro se encontra o desenvolvimento e uso das tecnologias transgênicas, juntamente com o ganho econômico proporcionado por tais tecnologias. O peso dessa balança é também influenciado pelo princípio da precaução, de forma que a adoção mais rigorosa ou mais permissiva das referidas tecnologias dependerá da escolha a ser feita por uma governança politicamente mais ou menos precaucionaria, a ser determinada pelo país em questão.

2.3 Princípio da precaução

O princípio da precaução teve sua origem no direito alemão, nos anos 70. Todavia, apenas nos anos 90 esse conceito se expandiu e se popularizou, tornando-se uma

---

[112]FERMENT, Gilles. *Op. Cit.* p. 102.

[113]*Ibid.* p. 112.

[114]PARIZEAU, Marie-Hélene; BAUCHANT, André. *Loc. Cit.*

CAPÍTULO 2 | Normas e Princípios de Direito Internacional

expressão popular em decorrência do caso da vaca louca na Europa. Em 1992, teve seu lançamento internacional através da Conferência das Nações Unidas sobre Meio Ambiente e Desenvolvimento. A Declaração do Rio trouxe, assim, em seu 15º artigo, o Princípio da precaução, *in verbis*:

> De modo a proteger o meio ambiente, o princípio da precaução deve ser amplamente observado pelos Estados, de acordo com suas capacidades. Quando houver ameaça de danos sérios ou irreversíveis, a ausência de absoluta certeza científica não deve ser utilizada como razão para postergar medidas eficazes e economicamente viáveis para prevenir a degradação ambiental.

Diversos outros instrumentos normativos, internacionais e nacionais, passaram a tratar do referido princípio desde então. Ele é encontrado, por exemplo, no preâmbulo da Convenção sobre Diversidade Biológica, no seguinte excerto: " (...) observando também que, quando exista ameaça de sensível redução ou perda de diversidade biológica, a falta de plena certeza científica não deve ser usada como razão para postergar medidas para evitar ou minimizar essa ameaça".

Já o Protocolo de Cartagena, que é o principal marco regulatório referente ao uso adequado de OGMs, tanto em termos de utilização interna, quanto de movimentos transfronteiriços, adota como premissa o princípio em questão, dispondo, em seu preâmbulo que:

> A ausência de certeza científica devida à insuficiência das informações e dos conhecimentos científicos relevantes sobre a dimensão dos efeitos adversos potenciais de um organismo vivo modificado na conservação e no uso sustentável da diversidade biológica da parte importadora, levando também em conta os riscos para a saúde humana, não impedirá esta parte, a fim de evitar ou minimizar estes efeitos adversos potenciais, de tomar uma decisão, conforme o caso, sobre a importação do organismo vivo modificado em questão (...).

A norma de direito internacional mencionada, portanto, permite que os Estados rejeitem a importação de produtos que contenham OVMs em função da ausência de certeza científica quanto aos potenciais efeitos desses organismos com relação à biodiversidade da parte importadora e a saúde de seus cidadãos. O Protocolo usa o princípio como uma cláusula de salvaguarda na saúde pública.

É importante destacar que cabe a cada Estado dar uma definição do princípio da precaução a ser aplicada em seu ordenamento, de modo a definir soberanamente

35

CAPÍTULO 2 | Normas e Princípios de Direito Internacional

as suas exigências de proteção. Nesse sentido, a diversidade de definições estatais do princípio não é um defeito, e está consagrada até mesmo em seu conceito. Ao mesmo tempo, não se deve ignorar que os Estados se comprometem a respeitar entre si os princípios adotados e a liberdade de comércio, de forma que as restrições devem ser proporcionais aos objetivos perseguidos e não causar discriminação entre os Estados. Além da definição específica, dada por cada Estado, no que toca à aplicação do princípio da precaução, as convenções internacionais especificam a sua implementação caso a caso, sendo que nessas disposições um significado homogêneo do princípio pode ser encontrado.

No mesmo sentido, tem-se que, em nome do princípio da precaução, os estados se comprometem conforme objetivos distintos, o que pode levar à adoção de diferentes políticas de precaução. No fim das contas, o significado prático do princípio é dado pelos dispositivos que o implementam. Nota-se que, nesse contexto, o uso desse ou daquele modo de avaliação de risco é uma escolha eminentemente política[115].

Algumas convenções internacionais que regulam o tema sugerem que os pesos para a adoção de uma política preventiva não precisam ser os mesmos, dependendo do estado do desenvolvimento econômico do país que as adota. Assim, é estabelecida, como uma componente essencial das políticas de precaução, uma hierarquia dos riscos, que leva em conta o custo econômico associado a essa ou àquela escolha. Nesse quadro, a adoção dos critérios de escolha para o desenvolvimento das políticas de precaução em um país deve ser justificada e tornada pública pelo governo em questão[116].

Uma interpretação interessante sobre o princípio aqui tratado é feita no livro "Le Principe de Précaution", segundo a qual a precaução pode ser entendida como o seguro de riscos endógenos. No caso do seguro tradicional, considera-se que o risco está além do controle da vontade – o que seria uma das definições de álea ‑ e, portanto, deve ser suportado, na medida que, na atitude da precaução, estamos cientes de que somos os autores potenciais dos danos. Em síntese, o seguro lida com riscos exógenos (externos), e a precaução diz respeito a riscos endógenos, dos quais sabemos que somos os autores[117].

De acordo com a obra anteriormente citada, no que cabe à implementação de medidas governamentais de proteção, as políticas ambientais podem executar três modelos distintos, quais sejam: um modelo curativo (por exemplo, a responsabilidade

---

[115]EWALD, François; GOLLIER, Christian; DE SADELEER, Nicolas. *Op. Cit.* p. 16.

[116]*Ibid.* p. 23.

[117]*Ibid.* p. 30.

CAPÍTULO 2 | Normas e Princípios de Direito Internacional

civil); um modelo preventivo (poderes policiais da administração) e um modelo anteci-patório, ilustrado pelo princípio da precaução[118].

De acordo com o primeiro modelo, a natureza tem uma capacidade infinita de regeneração, sendo invulnerável. Nesse caso, a poluição será menos combatida porque causa danos à natureza do que porque afeta uma propriedade. O modelo preventivo, por sua vez, baseia-se na constatação de que certas poluições são irreparáveis e que devem ser impedidas, de maneira que sejam objeto de políticas administrativas especiais; supõe-se que tenhamos um conhecimento científico do nível do dano, para evitar que se comprometa a recuperação dos ecossistemas, devendo o dano manter-se a um nível que permaneceria na esfera de reparável (tecnicamente) e compensável (economicamente). Por fim, o modelo ilustrado pelo princípio da precaução, denominado de modelo antecipatório, leva em consideração o fato de não termos essa Ciência conhecedora do nível de perturbações que a natureza pode tolerar. Este modelo visa prever riscos e evitá-los, em vez de reduzi-los[119].

Conforme teoriza Ewald, é importante distinguir o princípio da precaução de uma atitude de precaução, a fim de evitar confusão entre as dimensões jurídica e filosófica/moral do conceito. A filosofia, nesse caso, iria além da esfera das políticas públicas, de modo a envolver todos os tomadores de decisão, do grande industrial ao cidadão mais humilde, se configurando como uma tica preventiva, e não, necessariamente, como uma aplicação do princípio da precaução[120]. Em suma, enquanto a tica da precaução tem aplicação universal, o princípio só é implementável em determinados contextos, pelos governos. Ainda, é sabido que a tica de precaução cria obrigações, mas quais dessas obrigações devem ser legalmente sancionadas? Trata-se de um grande problema, conforme dispõem Ewald, Gollier e Sadeller, a questão de como a tica da precaução pode ser juridicizada. Esta questão será avaliada mais adiante.

Observa-se que a primeira dimensão de uma tica preventiva é expressa na obrigação de antecipação, de modo que a atitude preventiva não dá nenhum privilégio à ignorância. Além disso, a tica da precaução também inclui técnicas de comunicação: um dispositivo de precaução deve buscar diminuir a assimetria de informações entre produtores de risco e cidadãos, de modo que os riscos devem ser previstos e comunicados. O regulador (autoridade responsável pelo licenciamento e liberação de uma tecnologia) será responsabilizado pelas medidas que ele adotou com base nas informações das

---

[118]*Ibid.* p. 28.

[119]EWALD, François; GOLLIER, Christian; DE SADELEER, Nicolas. *Op. Cit.* p. 29.

[120]*Ibid.* p. 27.

37

CAPÍTULO 2 | Normas e Princípios de Direito Internacional

quais deveria dispor, conforme a obrigação da antecipação. Posteriormente à liberação o consumidor compromete sua responsabilidade, escolhendo sua exposição ao risco, sendo que uma condição para isso é que todas as informações relevantes sejam a ele disponibilizadas devida e previamente[121].

Uma importante questão, nesse ponto, é como determinar a consistência das informações a serem divulgadas. A comunicação de risco é uma questão política, pois oferece grande influência ao livre funcionamento do mercado, apresentando-se como um critério capaz de manipular grandemente a concorrência. Assim, pergunta-se: a que grau de maturidade uma hipótese científica merece ser publicada? De acordo com a Declaração do Rio, quando houver ameaça de danos sérios ou irreversíveis, deve haver mobilização no sentido de acionar o princípio da precaução. Percebe-se que a aplicabilidade do princípio da precaução envolve um conflito entre diferentes valores fundamentais, uma vez que representa a contraposição existente entre o princípio da livre concorrência (dado que os Estados poderão impor barreiras comerciais a certos produtos) e os direitos fundamentais a um meio ambiente ecologicamente equilibrado, o direito à saúde e à dignidade humana.

Uma questão de grande relevância, no que diz respeito à aplicação do princípio da precaução, diz respeito às suas consequências para a economia nacional. De acordo com Gilles- Eric Séralini[122], o princípio da precaução permite repensar a economia, o crescimento e o comércio, pois tem como parâmetro e objetivo os interesses superiores da saúde e do meio ambiente. Nesse sentido, a aplicação do princípio está intrinsecamente ligada ao conceito de desenvolvimento sustentável, sendo que os dois conceitos são, em verdade, complementares.

Cabe, aqui, destacar que o conceito de desenvolvimento sustentável sofreu uma elevada aderência da comunidade internacional nos anos 80. No entanto, deve-se atentar para o fato de que, mesmo anteriormente, durante a década de 1960, disseminou-se o entendimento de que a humanidade não poderia continuar com os padrões de crescimento que marcaram a industrialização, sendo preciso encontrar uma forma de desenvolvimento compatível com o longo prazo: "Um desenvolvimento que atenda às necessidades do presente sem comprometer a capacidade das gerações futuras de atender às suas próprias necessidades" conforme definiu a Comissão Mundial de Meio Ambiente e Desenvolvimento[123]. Esse conceito foi endossado, então, como uma filosofia universal do desenvolvimento, pela ONU, na Rio 92. A partir de então,

---

[121]EWALD, François; GOLLIER, Christian; DE SADELEER, Nicolas. *Op. Cit.* p. 30-38 e 67.

[122]SÉRALINI, Gilles-Eric. *Op. Cit.* p. 38.

[123]COMISSÃO MUNDIAL SOBRE MEIO AMBIENTE E DESENVOLVIMENTO. *Op. Cit.* p. 46.

CAPÍTULO 2 | Normas e Princípios de Direito Internacional

qualquer decisão econômica passou a ser avaliada com relação as suas consequências – a longo prazo – para a vida do homem na Terra. Trata-se de uma obrigação de precaução.

A questão da implementação dos organismos geneticamente modificados implica em um atentado contra a adoção de uma política condizente com o desenvolvimento sustentável, uma vez que mitiga a capacidade de adaptação no futuro, conforme o conceito de "valor da opção" disposto no livro "Le Príncipe de Précaution"[124]. Isto se justifica porque a introdução de plantas geneticamente modificadas é uma decisão de difícil reversão, dado que seria extremamente complicado voltar atrás, tendo em vista a rápida propagação das sementes na natureza. Isso implica que a decisão de introduzir, hoje, um OGM, reduz os graus de liberdade de ação para o futuro[125].

Conforme teorizam Ewald, Gollier e Sadeller, a filosofia da precaução não é contra o desenvolvimento. Ela não condena o poder tecnológico, mas espera que ele seja concretizado juntamente a outros objetivos. Se a atitude de precaução fosse amplamente implementada, longe de reduzir a atividade econômica, ela avançaria na direção do uso de novas tecnologias, limpas e respeitadoras do meio ambiente[126]. Desta forma, apesar de muitos países alegarem que a adoção de uma lógica precaucionária teria como consequência uma limitação de seu campo econômico, isso não condiz com a realidade, pois é preciso pensar em um modelo de desenvolvimento econômico sustentável, sem que isso signifique, necessariamente, uma redução dos lucros do mercado.

Como já mencionado, as situações que envolvem a necessidade da aplicação de uma conduta precaucionária caracterizam-se, na maioria das vezes, por uma forte assimetria de informações entre quem produz o risco e quem deve suportá-lo. Nesse contexto, uma política de precaução é uma maneira de compensar, *a priori*, essa desigualdade. O risco tem uma dimensão política decisiva, já que o industrial precisa tanto do compromisso do governo quanto o cidadão precisa ter confiança nele. O governo, nessa situação, acaba atuando como um garantidor dos mecanismos de decisão e controle

---

[124]EWALD, François; GOLLIER, Christian; DE SADELEER, Nicolas. **Le principe de précaution**. Paris: Ed. Techniques Ingénieur, 2001. p. 119. "Le concept de valeur d'option – un concept central de toute gestion dynamique des risques est la flexibilit. Quand nos connaissances du risque sont susceptibles de changer à travers le temps, notre capacit à s'adapter à ces nouvelles situations peut avoir une valeur importante. Toute action immdiate qui rduit cette capacit d'adaptation future doit être pnalise. Dans le cadre des OGM, l'introduction de plantes gntiquement modifies constitue une dcision irrversible. Il serait extrêmement difficile de revenir en arrière, tant donn la dissmination rapide des graines dans la nature. Cela implique que la dcision d'introduire un OGM aujourd'hui rduit les degrs de libert d'action pour l'avenir".

[125]*Ibid. Loc. Cit.*

[126]*Ibid.* p. 33.

39

do risco[127]. Assim, a lógica da precaução torna-se uma condição de aceitabilidade social do risco.

Na "sociedade do risco", há a formação de uma consciência social específica: o cidadão percebe sua dependência e toma consciência de estar inserido nas relações de poder que apresentam ameaças a sua própria vida e são marcadas por fortes desigualdades de conhecimento. O risco é experimentado como uma relação social assimétrica, tendo em vista que alguns colocam outros em risco, em prol de interesses privados. A "sociedade do risco" torna necessária a implementação de uma governabilidade que forneça uma proteção contra os riscos e o respeito à dignidade dos cidadãos possivelmente afetados[128].

Nesse contexto, é de grande relevância compreender se seria possível sancionar as formas de assumir riscos, por parte do governo ou dos industriais, mesmo antes de causar algum dano a uma vítima, ou antes que esta viesse a reclamar acerca do dano sofrido. Em outras palavras: é possível a responsabilização estatal ou de um ator privado pela adoção de medidas contrárias ao princípio da precaução?

A respeito disso, François Ewald, Christian Gollier e Nicolas de Sadeleer situam que, mudar para um direito de responsabilidade, a partir de uma tica de precaução, faria com que fosse necessária uma nova relação de lei e moralidade. Como resposta a essa questão, duas vertentes distintas manifestam-se. A primeira afirma que os riscos não podem ser sujeitos a uma responsabilidade *a priori*, uma vez que não houve nenhum dano, de modo que a única possibilidade seria a responsabilização *a posteriori*, pois, do contrário, seria instaurado um quadro de insegurança jurídica muito grande, dado que nem mesmo o significado de "falta de precaução" é definido. A outra linha teórica, por sua vez, entende que o mero risco de dano futuro autoriza que a responsabilidade civil seja aplicada antecipadamente ao dano, se pautada pelos princípios da prevenção e da precaução[129].

Necessária se mostra, aqui, a distinção dos dois princípios anteriormente citados, quais sejam: o da prevenção e o da precaução. Enquanto o primeiro diz respeito a perigos desconhecidos, no entanto prováveis, o segundo se aplica aos casos em que há um risco conhecido e um perigo concreto. Assim, ambos os princípios têm por objetivo evitar danos. O princípio da precaução eleva o grau de proteção ambiental acima de um perigo concreto e comprovado, evitando que o dano chegue a ocorrer (ou, se mostre, efetivamente, iminente e possível) para que haja um mecanismo de interdição da atividade danosa.

---

[127]EWALD, François; GOLLIER, Christian; DE SADELEER, Nicolas. *Op. Cit.* p. 65.

[128]*Ibid.* p. 38.

[129]EWALD, François; GOLLIER, Christian; DE SADELEER, Nicolas. *Op. Cit.* p. 42. e 65.

CAPÍTULO 2 | Normas e Princípios de Direito Internacional

O princípio da precaução, a nível internacional, aparece em diversos instrumentos de *hard law,* de forma que está disposto em tratados e convenções internacionais que vinculam seus Estados signatários a observá-lo. É o caso do Protocolo de Cartagena, que é um acordo complementar da Convenção sobre Diversidade Biológica, ratificado tanto pelo Brasil quanto pela França[130]. Ademais, o princípio em questão é também pronunciado diversas vezes em instrumentos de *soft law,* tornando sua aplicabilidade ainda mais forte e abrangente.

2.3.1 A adoção do princípio da precaução na Europa

Tendo em vista que o modelo de licenciamento europeu de biotecnologias é fortemente pautado pelo princípio da precaução, representando uma das extremidades com relação à rigidez adotada para liberação dos OGMs (enquanto os EUA se encontram na outra ponta, dada sua demasiada flexibilidade com relação à adoção de tais tecnologias), torna-se relevante, aqui, o estudo de como se deu a implementação desse princípio na legislação europeia.

O princípio foi, pela primeira vez, positivado na Europa, em 1990, em Bergen, no quadro da Comissão Econômica das Nações Unidas para a Europa. Nessa reunião, foi feita uma disposição normativa que relacionou o princípio da precaução ao desenvolvimento sustentável, dispondo que, para servirem ao desenvolvimento sustentável, as políticas deveriam repousar sobre o princípio da precaução, sendo que as medidas ambientais deveriam permitir prever, prevenir e reduzir as causas de deterioração ambiental. Ainda, de acordo com o disposto nessa Declaração, se existisse risco de danos graves ou irreversíveis, a falta de certeza científica absoluta não deveria servir de pretexto para postergar medidas que visassem à prevenção da degradação ambiental.

Ainda na poca da existência da Comunidade Econômica Europeia (CEE), esta adotou uma política que visava ao estabelecimento de um nível de proteção do meio ambiente elevado, levando em conta a diversidade dos ecossistemas encontrados nas diferentes regiões desta Comunidade. Essa política era fundada sobre os princípios da precaução, da prevenção, da correção dos atentados contra o meio ambiente e do poluidor-pagador. Ainda, a CEE deu ao princípio da precaução o valor de cláusula de salvaguarda. Assim, as regras da OMC passaram a ser acompanhadas de um acordo sobre medidas sanitárias e fitossanitárias como condição de aceitação política da

---

[130]A vinculatividade desse instrumento de Direito Internacional não é imediata à sua assinatura, sendo necessária a adoção de uma série de procedimentos formais para que tenha aplicabilidade interna. Todavia, uma vez ratificado, o Estado deve passar a observá-lo em seus procedimentos internos.

CAPÍTULO 2 | Normas e Princípios de Direito Internacional

liberdade de comércio. Todavia, os Estados não poderiam usar tais disposições para restabelecer barreiras ou discriminações comerciais em relação aos outros Estados[131].

No ano de 1992, com a criação do Tratado de Maastricht, o princípio da precaução passou a integrar oficialmente a ordem jurídica comunitária. O tratado em questão foi assinado pelos membros da até então existente Comunidade Europeia e criou a União Europeia, sendo que entrou em vigor em 1 de novembro de 1993. O novo bloco substituiria, mais tarde, a Comunidade Europeia e o instrumento estabeleceu metas para facilitar a circulação de pessoas, de produtos, serviços e capital pelo continente, com o objetivo de determinar a estabilidade política na Europa. Foi no capítulo sobre política ambiental do tratado que o princípio foi consagrado.

Como o princípio da precaução passou a ser disposto nas regras comunitárias, cabia aos Estados membros internalizar esta norma em seus sistemas jurídicos nacionais, sem, todavia, infringir as liberdades econômicas consagradas no Tratado de Roma e de Maastricht. De acordo com o caso C-127/02, Waddenzee[132], quando o princípio da precaução foi incluído no direito comunitário derivado, ele passou a ter aplicabilidade direta nos Estados-Membros.

Também a conclusão dos Acordos de Marrakesh, em 1994, relacionados à progressiva liberalização do comércio mundial, produziu efeitos na UE quanto à aplicação do princípio em questão. Esses acordos determinaram a adoção de diretivas e regulamentos com o objetivo de facilitar a livre circulação de mercadorias. Assim, conforme o artigo XX do GATT (*Agreement on Tariffs and Trade*, ou Acordo Geral de Tarifas e Comércio), apenas considerações específicas autorizariam os Estados a restringir o comércio, como saúde, ordem pública e proteção de espécies animais. Nos termos deste instrumento, as restrições deveriam ser proporcionais aos objetivos perseguidos e não causar discriminação. Todavia, deve-se ter em conta que os níveis de proteção no campo da saúde, meio ambiente e proteção ao consumidor variam consideravelmente de um Estado para outro e, dessa forma, os Estados que adotam um nível mais alto de segurança são mais suscetíveis a restringir a importação de determinados produtos.

No Tratado da Comunidade Europeia, tem-se estabelecido que um alto nível de proteção da saúde humana deve ser assegurado em todas as políticas e ações empreendidas

---

[131] EWALD, François; GOLLIER, Christian; DE SADELEER, Nicolas. *Op. Cit.* p. 26.

[132] Landelijke Vereniging tot Behoud van de Waddenzee, Nederlandse Vereniging tot Bescherming van Vogels v. Staatssecretaris van Landbouw, Natuurbeheer en Visserij, App nº C-127/02 (ECtHR, 7 septembre 2004). Disponível em: http://curia.europa.eu/juris/document/document.jsf?text=&docid=49452&pageIndex=0&doclang=EN&mode=lst&dir=&occ=first&part=1&cid=13396927. Acesso em: 11 de agosto de 2019.

pela Comunidade Europeia. Importante notar, nesse sentido e, complementarmente, a jurisprudência europeia estabelecida através do processo C-180/96[133], no qual restou decidido que o princípio da precaução é estendido ao campo da segurança alimentar. Esse seria um importante passo para a posterior aplicação do princípio nos casos relativos à regulamentação dos OGMs na Europa.

O entrelaçamento das questões de saúde pública e do meio ambiente através da aplicação do princípio da precaução foi objeto de diversos projetos de lei, relativos aos OGMs, após a aprovação das diretivas europeias n.º. 98/81/CE e 2001/18/CE (que serão abordadas ao longo desse subcapítulo). Desses projetos resultaram duas formas de aplicação do princípio: a criação de uma Alta Autoridade sobre os OGMs, assegurando uma expertise independente e pluridisciplinar (composta por especialistas e membros da sociedade civil), e a necessidade de ligar a hipótese de risco a um dispositivo de seguro para fornecer alguma garantia aos consumidores[134].

A diretiva nº. 98/81/CE não menciona, explicitamente, o princípio da precaução, mas afirma que os micro-organismos geneticamente modificados devem ser classificados conforme os riscos que podem representar para a saúde ou para o meio ambiente. Nesse sentido, devem ser adotadas medidas proporcionais a essa classificação para assegurar uma maior proteção.

No que se refere ao sopesamento dos interesses envolvidos, o Tribunal de Primeira Instância (anterior, na hierarquia, à Corte de Justiça), no processo *T-13/99 Pfizer*[135], considerou que a proteção da saúde humana deve ser considerada de importância preponderante em relação às considerações econômicas.

A partir da década de 1990, a aplicação do princípio da precaução envolvia a consideração das ameaças imediatas às gerações existentes e, nesse contexto, seria necessário saber como responder a essas ameaças em uma situação de emergência. Isso fez com que medidas de precaução fossem tomadas na forma de ataques extremamente pesados, brutais, contra as grandes liberdades, por parte dos Estados e suas administrações, para acabar com a ameaça e restaurar a confiança. Assim, em nome da precaução, uma moratória foi decretada em 1999 com relação à concessão de autorizações para a colocação no mercado de novos OGMs. Após inúmeras brigas entre os defensores da inovação tecnológica e os defensores da prudência, uma

---

[133]United Kingdom of Great Britain and Northern Ireland v. Commission of the European Communities, App. 180/96 (ECtHR, 5 May 1998).

[134]EWALD, François; GOLLIER, Christian; DE SADELEER, Nicolas. *Op. Cit.* p. 21.

[135] Caso Pfizer Animal Health SA v. Council of the European Union. Disponível em: https://eur-lex.europa.eu/legal-content/PT/TXT/HTML/?uri=CELEX:61999TJ0013&from=FR. Acesso em 11 de agosto de 2020.

CAPÍTULO 2 | Normas e Princípios de Direito Internacional

nova diretiva foi adotada em fevereiro de 2001. Além de proclamar expressamente o princípio da precaução, esta diretiva pretendia reforçar o rigor dos mecanismos de controle *a priori* e *a posteriori*[136].

No início dos anos 2000, uma série de intervenções realizadas pela Comissão europeia, pelo Parlamento europeu e pelo Conselho europeu foi responsável por demonstrar um compromisso do conjunto das instituições europeias em promover o princípio da precaução no âmbito dos Estados membros e, também, em nível internacional (particularmente face aos EUA, no quadro da OMC). Nesse contexto, a Comunicação realizada pela Comissão Europeia, em 02 de fevereiro 2000, aprovada pelo Parlamento e pelo Conselho, constituiu um documento importante na formulação do princípio da precaução como um princípio de aplicação geral do Direito Internacional. Trata-se de um compilado de regras que devem ser observadas para a aplicação deste princípio, além de determinar quais outros princípios norteiam a tomada de uma decisão precaucionária.

Nesse sentido, conforme a referida Comunicação da Comissão Europeia, uma decisão precaucionária deve ser

> [...] proporcional no nível de proteção buscado; não introduzir discriminação em sua aplicação; ser consistente com as medidas de saúde já adotadas; basear-se no exame dos possíveis benefícios e ônus da ação ou falta de ação; ser revisado à luz de novas evidências científicas.

Essas regras descrevem as condições de legalidade de uma medida precaucionária. Além destas condições, a Comissão reconhece tanto a dimensão política do risco quanto sua prevalência nas dimensões técnica, social e econômica. Importante atentar-se para os objetivos perseguidos pela Comunicação, explicitados em seu próprio texto, *in verbis*:

> [...] traçar as linhas gerais da abordagem da Comissão para o uso do princípio da precaução; estabelecer as diretrizes da Comissão para a sua aplicação nos Estados-membros; construir um entendimento comum quanto à análise, avaliação, gestão e comunicação de riscos que a ciência ainda não é capaz de avaliar plenamente; e evitar o recurso irregular ao princípio da precaução, como forma disfarçada de protecionismo. Procura, ainda, contribuir para o debate em curso sobre este assunto, tanto na Comunidade como a nível internacional.

---

[136]EWALD, François; GOLLIER, Christian; DE SADELEER, Nicolas. *Op. Cit.* p. 87.

CAPÍTULO 2 | Normas e Princípios de Direito Internacional

Em suma, ela tem como papel explicar o princípio da precaução e garantir um elevado nível de proteção do meio ambiente por meio da tomada de decisões preventivas em caso de risco.

A Comunicação garante o direito aos Estados-membros de impedir, através do recurso ao princípio da precaução, a distribuição ou, ainda, promover a retirada do mercado daqueles produtos suscetíveis de serem perigosos, quando os dados científicos não permitirem uma avaliação completa do risco. Todavia, destaca que "o referido princípio só pode ser invocado na hipótese de um risco potencial, não podendo justificar a tomada de uma decisão arbitrária". Dessa forma, estabelece três condições que devem ser preenchidas para a aplicação do princípio em questão: a identificação dos efeitos potencialmente negativos; a avaliação dos dados científicos disponíveis; e a extensão da incerteza científica.

Por sua vez, a diretiva 2001/18/CE, anteriormente mencionada, também se apoia sobre o princípio da precaução, com o fim de uniformizar os procedimentos de autorização, avaliação dos riscos e de proibições ligadas à disseminação dos OGMs na Comunidade Europeia.

Baseada na vontade de assegurar um nível de proteção elevado quanto à saúde e segurança dos consumidores, uma norma europeia (regulamento nº 178/2002) instituiu os princípios gerais da segurança alimentar no nível da comunidade da UE, criando, também, a Autoridade Europeia de Segurança Alimentar, que consagrou um importante desenvolvimento do princípio da precaução e seus usos, com a criação de entraves à livre circulação de alimentos no bloco. O princípio da precaução foi instrumentalizado pela referida norma para criar obstáculos à livre circulação de gêneros alimentícios em território europeu (ao passo que o livre comércio é um dos pilares principiológicos sobre os quais o bloco se sustenta).

O princípio da precaução aparece, ainda, no regulamento nº 1946/2003, do Parlamento Europeu e do Conselho, de 15 de julho de 2003, relativo ao movimento transfronteiriço de organismos geneticamente modificados, de aplicação no território europeu.

Destaca-se, aqui, que, como já explicitado anteriormente, no âmbito da União Europeia, cabe a cada Estado dar uma definição do princípio da precaução a ser aplicada em seu ordenamento, de modo a definir soberanamente as suas exigências de proteção.

Mas não apenas no campo das normas gerais restou prevista a aplicação do princípio da precaução. Nos anos 2000, uma nova moratória tomou lugar em diversos países da União Europeia, quando o princípio foi invocado, à luz de dúvidas sérias quanto a fatos novos, para ativar uma cláusula de salvaguarda para o caso do milho

45

CAPÍTULO 2 | Normas e Princípios de Direito Internacional

Bt MON810[137]. A crise foi considerada, por esses países, grave o suficiente para que aceitassem a ideia de que, sem a adoção de certa prudência em questões científicas, tecnológicas e industriais, o progresso seria recusado, com a proibição da produção e comercialização dos OGMs em seus territórios.

Vê-se, por conseguinte, que o princípio da precaução foi introduzido na legislação comunitária e aplicado, por parte dos países, para adotar medidas mais cautelosas frente às inovações tecnológicas que não se provaram devidamente seguras para serem inseridas no meio ambiente do território europeu. Assim, o princípio passou a figurar tanto na lei interna europeia, como em medidas adotadas por seus países para prevenir danos ambientais.

As políticas de precaução exigem a construção de instrumentos da democracia de risco e os tribunais administrativos são os locais onde o cidadão irá contestar esta ou aquela autorização no âmbito da União Europeia. De acordo com os procedimentos, uma decisão de precaução se estabelece em um conflito de valores por certo modo de ponderação dos argumentos que os sustentam. Dá-se a vantagem aos valores de proteção e conservação. Nesse sentido, a proteção da saúde aparece como um valor superior e absoluto, pois no caso de uma ameaça à saúde, nenhuma margem de erro será tolerada[138].

Logo, no contexto da União Europeia, a responsabilidade em razão de um tema ligado ao princípio da precaução se dá pelas jurisdições administrativas europeias, seja quando o caso é posto em nível internacional, comunitário ou nacional. A responsabilidade em nível europeu, relativa ao princípio da precaução, pode ocorrer em três casos: (i) quando um cidadão reclama um prejuízo sofrido que poderia ter sido evitado caso a administração tivesse usado seus poderes de polícia de maneira precaucionaria; (ii) quando um cidadão ou um grupo de cidadãos censuram o Estado quanto a uma autorização que ele não poderia ter dado, caso aplicasse o princípio; ou (iii) quando um industrial reclama a excessividade das medidas realizadas pela administração em nome do princípio[139].

Outras normas de aplicação na comunidade europia dispõem acerca do princípio da precaução, dentre elas, pode-se citar: (i) as disposições sanitárias e fitossanitárias (SPS – *Sanitary and Phytosanitary Measures*), concluídas no âmbito da Organização Mundial do Comércio (OMC); (ii) a política dos consumidores e a legislação europeia relativa aos alimentos e à saúde humana, animal e vegetal; e (iii) o Tratado de

---

[137]EWALD, François; GOLLIER, Christian; DE SADELEER, Nicolas. *Op. Cit.* p. 21-22.

[138]*Ibid.* p 53.

[139]EWALD, François; GOLLIER, Christian; DE SADELEER, Nicolas. *Op. Cit.* p. 23-24.

Funcionamento da União Europeia, também conhecido como Tratado de Lisboa, assinado em 2007, que reformulou o funcionamento da União[140].

Nota-se que, a aplicação do princípio da precaução na União Europeia se deu através de uma construção normativa progressiva, que foi vinculando, aos poucos, seus Estados-Membros ao princípio em questão. Em razão da aplicação rígida desse princípio, a regulamentação europeia acerca da liberação dos transgênicos em seu território acaba sendo extremamente rígida.

Portanto, através da análise empreendida, é possível concluir que.o princípio da precaução se faz sobremaneira presente na regulamentação instituída no Bloco Europeu, havendo uma delimitação rígida de sua aplicação, que não abre margens para a sobreposição do interesse econômico sobre a saúde pública e sobre a preocupação da preservação ambiental no território europeu.

2.4 Precaução ou equivalência substancial?

São dois os modelos regulatórios principais que atuam na situação dos OGMs no mundo, influenciando diversas nações na elaboração de procedimentos de gestão dos transgênicos. O primeiro deles, e mais flexível quanto à liberação dos OGMs, tem como expoente principal os Estados Unidos, sendo baseado no princípio da Equivalência Substancial. Esse princípio considera as variedades transgênicas e convencionais como equivalentes, para fins de aprovação e regulação. A transgenia, nesse modelo, não é considerada um método capaz de gerar prejuízos à saúde humana e animal, impactos ambientais e modificações nas práticas agrícolas; sendo sua regulamentação branda com relação à autorização do cultivo, comércio e uso dos alimentos transgênicos.

Já o segundo modelo, mais rígido, é baseado no princípio da precaução, tendo por expoente principal a União Europeia, como fora explicado no tópico anterior. Em decorrência disso, é possível enquadrar a norma advinda do ordenamento europeu em uma das extremidades (a mais rígida) de uma linha imaginária que representasse o rigor científico necessário para a aprovação do cultivo dos OGMs, ao passo que os EUA estariam no lado oposto. A União Europeia não reconhece os alimentos transgênicos como sendo equivalentes aos exemplares cultivados pelos métodos tradicionais, de modo que realiza, caso a caso, um estudo dos possíveis riscos da liberação comercial de um produto transgênico.

---

[140]Confira, nesse sentido, o artigo 191 do Tratado de Lisboa, *in verbis*: *"Art. 191, parágrafo 2º: A política da União no domínio do ambiente terá por objetivo atingir um nível de proteção elevado, tendo em conta a diversidade das situações existentes nas diferentes regiões da União. Basear-se-á nos princípios da precaução e da ação preventiva, da correção, prioritariamente na fonte, dos danos causados ao ambiente e do poluidor-pagador."*.

CAPÍTULO 2 | Normas e Princípios de Direito Internacional

No entanto, nem sempre foi esse o posicionamento adotado pelos países em questão (EUA e países membros do bloco da União Europeia) no que tange à adoção do princípio da precaução. Esse princípio foi objeto de uma instrumentalização, de forma a ser aplicado tanto pela Europa, quanto pelos Estados Unidos, ao longo do tempo, seletivamente, com o escopo de atender às demandas da população. Dessa forma, como se verá adiante, os EUA adotavam fortemente esse princípio nas décadas de 60 e 70, enquanto a UE passou a incorporá-lo em seu ordenamento apenas a partir dos anos 80[141].

Durante o período entre os anos 60 até meados da década de 80, a regulamentação dos riscos à saúde, segurança e meio ambiente era geralmente mais rígida nos Estados Unidos do que na Europa. Em vários aspectos importantes a política regulatória europeia se assemelhava à dos Estados Unidos de hoje em dia, sendo politizada, altamente controversa e caracterizada por uma grande suspeita, por parte da população, com relação à ciência, além da existência de uma grande desconfiança com relação ao governo e à indústria[142].

Uma característica forte do modelo regulamentar então adotado pela Europa era a de que havia uma cooperação entre o legislativo e as indústrias, o que fornecia um grande apoio às inovações tecnológicas. No entanto, a partir da década de 1980, algumas normas mais restritivas passaram a ser adotadas no âmbito da então vigente Comunidade Europeia com relação aos consumidores e ao meio ambiente (inclusive normas concernentes aos OGMs). Estas normas começavam a ser mais restritivas do que aquelas que eram promulgadas pelos EUA, havendo uma inversão dos papis[143]

Durante os anos 80, na Europa, apesar da adoção de uma linha regulamentar mais restritiva e protetiva, as decisões políticas sobre riscos permaneceram fechadas ao público. As ONGs tinham acesso limitado ao processo regulatório e os funcionários públicos tendiam, ainda, a trabalhar em cooperação com as empresas – isso refletia um consenso científico entre as empresas e os especialistas do governo responsáveis pela liberação das tecnologias em território nacional[144]. Nesse período, nota-se uma mitigação da democracia, tendo em vista a falta de transparência dos procedimentos adotados e a ausência de participação pública nas decisões.

---

[141]LYNCH, Diahanna; VOGEL, David. **The regulation of GMOs in Europe and the United States: A case-study of contemporary European regulatory politics**. Council on Foreign Relations, Nova Iorque, v. 5, 2001. p. 9.

[142]*Ibid.* p. 2-4.

[143]*Ibid. Loc. Cit.*

[144]*Ibid.* p. 2.

No que diz respeito às fortes críticas norte-americanas quanto à adoção, por parte da União Europeia, de uma política pautada pelo princípio da precaução (que levou a impedir ou atrasar a aprovação dos OGMs em seu território), tem-se que se trata de uma crítica pautada por certo grau de hipocrisia. Isso é justificado pelo fato de que os EUA tinham adotado, de um modo intenso, anteriormente, a essência do princípio em questão, consagrando-o em seu ordenamento na cláusula *Delaney*, na Lei de Medicamentos e Cosméticos, que proibia o uso de qualquer aditivo alimentar se os testes revelassem que esse causava câncer em animais ou em seres humanos. No que tange a essa matéria, as agências reguladoras norte-americanas muitas vezes não eram obrigadas a esperar por provas científicas que comprovassem o dano antes de impor restrições.

A regulamentação dos produtos agrícolas produzidos pela biotecnologia começou de maneira semelhante nos dois lados do Atlântico mas, rapidamente, tomou diferentes caminhos. Voltaremos então aos primórdios desse momento da regulação de ambos para entender os posteriores desdobramentos jurídicos e políticos que se deram acerca do tema. Cabe, primeiramente, aqui, analisar como se deu o processo de regulamentação dessas biotecnologias no país que lhes deu origem – os Estados Unidos; para, posteriormente, passarmos a uma análise do desenvolvimento da regulamentação europeia.

Os primeiros passos em direção à regulamentação desses produtos agrícolas, produzidos a partir do emprego da biotecnologia, nos EUA, foram cautelosos. Tanto que, em 1974, um grupo de cientistas de alto nível pediu uma moratória temporária em pesquisas envolvendo a engenharia genética, posição que foi reafirmada na conferência de biólogos em Asilomar[145].

Duas questões críticas foram enfrentadas pelo governo federal dos EUA em sua abordagem regulatória quanto aos organismos geneticamente modificados. A primeira diz respeito ao questionamento se o governo já possuiria autoridade legal suficiente para regular a biotecnologia e, se esta era considerada uma forma única e nova de tecnologia agrícola, de modo que seriam necessárias novas legislações para tratar do tema. Uma segunda questão indagava se as regulamentações deveriam governar *o processo* pelo qual os produtos geneticamente modificados eram produzidos, ou apenas *os produtos* produzidos por meio do emprego dessa tecnologia. A respeito dessa última questão, acabou-se por adotar uma abordagem que partia do pressuposto de que não haveria nada de único no emprego de sementes geneticamente modificadas para produzir um alimento, uma vez que o produto final era essencialmente idêntico ao cultivado a partir de sementes convencionais. Todavia, como se deu a adoção dessa abordagem? É o que analisaremos a seguir.

---

[145]LYNCH, Diahanna; VOGEL, David. *Op. Cit.* p. 5.

Em 1984, a Casa Branca sugeriu que o Conselho de Assuntos Econômicos do Gabinete fosse responsável pela regulamentação da biotecnologia relativa aos OGMs. Ao convocar um grupo de trabalho sob seus auspícios, a Casa Branca conseguiu evitar a supervisão pública, pois as reuniões não eram abertas publicamente. Nota-se que, até então, a opinião pública exercia forte influência no processo de regulamentação das questões ligadas à saúde pública e ao meio ambiente. O Grupo de Trabalho composto por várias agências diferentes formou uma estrutura coordenada para o regulamento da biotecnologia, que estabeleceu o Comitê de Coordenação de Ciências da Biotecnologia – mais especificamente: a EPA (Agência de Proteção Ambiental dos Estados Unidos); a USDA (Departamento de Agricultura dos Estados Unidos); e a FDA (*Food and Drug Administration* – Agência Reguladora de Alimentos e Medicamentos), que se tornaram, assim, as três principais agências reguladoras a respeito das questões relativas à biotecnologia[146].

Dentro dessa estrutura, conforme explicam Lynch e Vogel, a FDA tornou-se responsável por produtos médicos derivados de biotecnologia; a USDA pelas plantas transgênicas e a EPA pelas plantas pesticidas. De acordo com o Quadro Coordenado, novos regulamentos não eram considerados necessários, pois as leis existentes já forneceriam autoridade estatutária adequada para a regulamentação das biotecnologias em questão[147].

Um relatório subsequente do Conselho Nacional de Pesquisa concluiu que "o produto da modificação e seleção genética constitui a base principal das decisões, e não o processo pelo qual o produto foi obtido", sendo que isso se tornou a base da política regulatória norte-americana[148]. Assim, no modelo adotado pelos EUA, não seria necessário adotar um sistema de análise que procurasse regulamentar desde os métodos de produção desses alimentos transgênicos, passando por todo o processo produtivo, mas, apenas, o resultado desses métodos, qual seja, o produto final.

Além disso, a FDA propôs a adoção de um procedimento simplificado para a aprovação de alimentos produzidos a partir do emprego da bioengenharia, em maio de 1994, quando determinou que o tomate FLAVR SAVRTM, da Calgene, Inc. era "tão seguro quanto o tomate produzido por meios convencionais". Essa determinação significava que os processos de liberação subsequentes de alimentos geneticamente modificados não precisariam passar por uma revisão científica abrangente devido ao fato de serem produzidos através do emprego de engenharia genética. Essa decisão também

---

[146]LYNCH, Diahanna; VOGEL, David. *Op. Cit.* p. 6.

[147]*Ibid. Loc. Cit.*

[148]*Ibid.* p. 6-7.

CAPÍTULO 2 | Normas e Princípios de Direito Internacional

afetou os requisitos de rotulagem de alimentos: a FDA determinou que a rotulagem não era necessária com base no método adotado para a produção (isto é, a engenharia genética), mas, apenas, se o alimento em si apresentasse uma ameaça à segurança dos consumidores[149].

O método de avaliação dos riscos oferecidos pelas plantas transgênicas adotado pela FDA, que, como já mencionado, observa o entendimento de que elas não são distintas daquelas não-transgênicas, acabou por gerar um princípio que se expandiu nas esferas dos órgãos de avaliação de risco tanto nacionais como internacionais. Trata-se do chamado princípio da equivalência substancial, um caminho para poupar a análise de risco complexa e rigorosa, determinada pela Organização Mundial do Comércio e pelo *Codex Alimentarius*[150].

Ferment explica que o princípio da equivalência substancial é baseado na comparação quantitativa de componentes biológicos encontrados nas plantas transgênicas e não-transgênicas, podendo estas não serem, nem mesmo, da mesma variedade[151]. Se os valores encontrados estiverem dentro dos padrões, conclui-se, conforme tal princípio, que essas plantas são iguais, exceto pelos genes inseridos pela transgenia. Assim, adota-se o entendimento de que essas plantas não apresentam mais riscos do que as plantas convencionais[152].

O conceito em questão se baseia na ideia de que os alimentos/cultivares produzidos de forma convencional (ou seja, por hibridação) podem servir como elementos de comparação para os cultivares transgênicos, desde que as primeiras apresentem uma utilização historicamente segura, do ponto de vista da saúde ambiental, animal e humana[153].

Uma crítica ao princípio da equivalência substancial é feita por Ferment[154]. Segundo esse autor, o princípio em questão é fruto da visão reducionista atinente à programação genética, que tem por pilar a crença de que um gene inserido em uma planta terá por consequência apenas a possibilidade de que tal planta passe a desenvolver determinada e específica função. Como já explicado anteriormente, essa visão reducionista não leva em conta as possíveis consequências que um gene estranho àquela espécie poderia ocasionar,

---

[149]LYNCH, Diahanna; VOGEL, David. *Op. Cit.* p. 7.

[150]FERMENT, Gilles. *Op. Cit.* p. 106.

[151]*Ibid. Loc. Cit.*

[152]MILLSTONE, Erik; BRUNNER, Eric; MAYER, Sue. Beyond Substantial Equivalence. **Nature**, v. 401, p. 525-526. out. 1999.

[153]KUIPER, H. A. et al. Substantial equivalence – an appropriate paradigm for the safety assessment of genetically modified foods? **Toxicology**. v. 181. p. 427-431. 2002.

[154]FERMENT, Gilles. *Op. Cit.* p. 107.

seja no âmbito do próprio funcionamento das funções orgânicas dessa planta, como, também, no âmbito externo a ela, ou seja, as consequências disso para o meio ambiente, para o ecossistema como um todo e para a sociedade.

Acerca de todo esse processo de regulamentação norte-americana resta, ainda, uma questão: como a opinião pública participou do processo decisório e aceitou os procedimentos adotados? A respeito disso, tem-se que muitas das questões atinentes à liberação de alimentos transgênicos no mercado consumidor não foram levadas ao conhecimento da sociedade civil. A participação pública no processo regulatório limitou-se a indagações e comentários durante períodos definidos na avaliação de risco. Um estudo realizado pelo *National Research Council* sobre as ações da FDA apresentou a falta de transparência durante a definição dos critérios de análise de riscos realizadas, em função das reiteradas aceitações dos pedidos de confidencialidade pelos órgãos reguladores da informação para a proteção das patentes comerciais das empresas envolvidas[155].

Em agosto de 1999, apenas 33% dos americanos estavam ciente de que alimentos geneticamente modificados estavam sendo vendidos em supermercados, enquanto menos de 3% estavam ciente de que a soja consumida no país era geneticamente modificada[156]. Nota-se, assim, que a liberação dos Organismos Geneticamente Modificados nos EUA, para produção e consumo, deu-se de forma velada, sem que a sociedade civil fosse consultada sobre isso. Desse modo, é possível concluir que o referido processo de inserção dos transgênicos nos EUA foi antidemocrático.

Voltando ao contexto europeu, a adoção, por parte da União Europeia, de uma regulamentação mais rígida, pautada pelo princípio da precaução, após os anos 1980, foi justificada não por razões ligadas à cultura ou à economia específicas do bloco, mas sim pelo surgimento de uma nova abordagem regulamentar dos riscos, em função da pressão exercida pela sociedade civil. Para entender como se deu esse quadro, é preciso prosseguir a uma análise histórica do desenvolvimento legislativo e político europeu acerca dessa matéria.

Essa análise temporal começa com o estabelecimento do Comitê Interserviço de Regulamentações de Biotecnologia, por parte do Comitê Diretor de Biotecnologia da UE, em 1985, com o escopo de servir como o principal fórum para o desenvolvimento de regulamentos de biotecnologia na Comissão Europeia. Ao elaborar uma diretiva sobre a regulamentação da liberação de OGMs no meio ambiente, ele escolheu uma abordagem que tratava do processo de produção em vez do produto final.

---

[155]National Research Council. Environmental effects of transgenic plants: The scope and adequacy of regulation. **National Academy Press**, p. 9. 2002.

[156]LYNCH, Diahanna; VOGEL, David. *Op. Cit.* p. 9.

CAPÍTULO 2 | Normas e Princípios de Direito Internacional

Posteriormente, em 1990, o Conselho Europeu adotou a Diretiva 90/220/CEE, relativa à liberação deliberada de organismos geneticamente modificados em campos externos. Essa diretiva se baseava no princípio da precaução, e determinou que os candidatos que desejassem realizar testes de OGMs em campo fossem obrigados a aplicar e enviar uma avaliação de risco ambiental à "autoridade competente" do país onde os testes ocorreriam. Exigiu-se, ainda, outro requerimento, de cada Estado-Membro, para comercializar produtos geneticamente modificados, e concedeu-se a cada Estado-Membro o direito de se opor a essa comercialização dentro de suas fronteiras.

Nos termos do artigo 16 da referida Diretiva: "quaisquer Estados-Membros da UE podem 'restringir ou proibir provisoriamente' o uso da venda de um produto se tiver 'razões justificáveis de que um produto aprovado represente um risco para a saúde humana ou o meio ambiente'".

Por sua vez, o Tratado da União Europeia, que entrou em vigor em 1993, tornou a precaução um princípio orientador da política ambiental da UE, estabelecendo que a política comunitária deveria ter um alto nível de proteção, levando em consideração a diversidade de situações ambientais nas várias regiões da Comunidade.

interessante, aqui, perceber como se dava a influência legislativa dos órgãos europeus dentro dessa temática. Posteriormente aos fatos até aqui narrados, alguns outros tratados da UE expandiram o papel a ser desempenhado pelo Parlamento Europeu, o qual, na elaboração da legislação europeia, levou em conta os interesses do consumidor e do meio ambiente. O Parlamento e o Conselho Europeu têm um importante papel de redação da legislação elaborada, através da adoção do procedimento de cooperação e co-decisão, estabelecidos pelo Tratado de Maastricht. Nesse contexto, tem-se que, até hoje, a UE atua, principalmente, como um estado regulador, emitindo regras para moldar as políticas públicas na Europa. As instituições da União Europeia, nesse sentido, exercem um importante papel no fortalecimento da representação de interesses cívicos difusos, com um fortalecimento da democracia no âmbito do bloco.

Conforme os procedimentos de cooperação e co-decisão, os Estados-Membros da UE passaram a desempenhar um papel importante na regulamentação dos assuntos relativos aos consumidores e ao meio ambiente. Esse papel foi reforçado pelo princípio da subsidiariedade. Assim, uma vez que a União Europeia é responsável pela criação de leis homogêneas de aplicação geral aos Estados-membros, estes têm competência para criar leis suplementares (desde que não contradigam àquelas), para os casos que julgarem relevante. No caso dos OGMs, destaca-se que muitas das políticas regulatórias mais restritivas foram emitidas em nível nacional.

53

CAPÍTULO 2 | Normas e Princípios de Direito Internacional

Com a criação de um mercado único, instituído pelo Tratado de Maastricht, através da adoção da livre circulação de mercadorias nos países membros da União Europeia, a dinâmica da elaboração das políticas regulatórias no bloco foi afetada, pois, como os consumidores europeus se tornaram mais dependentes e vulneráveis às políticas regulamentares dos Estados-membros, os governos desses países e, também, a UE, sentiram- se pressionados a adotar normas mais rigorosas.

O pedido de uma empresa britânica, em 1994, para comercializar um tipo de canola geneticamente modificada, serviu como um dos primeiros testes da abordagem regulamentar da UE. Esse pedido teve como resposta uma forte oposição por parte da Dinamarca, Áustria e Noruega, que rejeitaram o marketing dessa canola em toda a UE, baseando sua oposição em pesquisas científicas realizadas internamente, as quais demostravam problemas com a contaminação de culturas naturais locais de canola em seus próprios países. Embora o referido pedido tenha sido apoiado por maioria qualificada, em fevereiro de 1995, devido às contínuas controvérsias na UE sobre a rotulagem de OGMs, a aprovação da canola foi adiada até meados de 1997, quando a empresa concordou em rotular, voluntariamente, seu produto como geneticamente modificado[157].

Outra controvérsia derivada da Diretiva 90/220/CEE ocorreu com a decisão, por parte da Comissão Europeia, em dezembro de 1996, de permitir a comercialização do milho suíço geneticamente modificado. Em abril de 1997, o Parlamento Europeu contestou a decisão da Comissão de permitir a venda do milho, e instou a Comissão a suspender sua decisão até que mais investigações pudessem ser concluídas. Embora a permissão para comercializar o milho tenha sido concedida, a controvérsia ajudou a promover uma grande revisão da política da UE em relação aos alimentos geneticamente modificados[158].

No mesmo ano de 1996, com a exportação, pela primeira vez, por parte dos EUA, de soja e milho geneticamente modificados para a UE (tratava-se da primeira safra norte-americana a conter soja geneticamente modificada, que consistia em, aproximadamente, dois por cento da colheita total), ocorreu outro caso emblemático. Embora a UE tenha aprovado a importação de soja geneticamente modificada, a associação comercial EuroCommerce, juntamente com os varejistas europeus de alimentos, exigiu que os EUA separassem a soja geneticamente modificada da soja convencional. A divisão alemã da empresa Unilever cancelou seu pedido de 650.000 toneladas de soja, a menos que se pudesse garantir que não contivesse soja geneticamente modificada. Esse comportamento do setor comercial europeu se deu pois, com a chegada da soja e milho geneticamente modificados dos Estados Unidos, no final de 1996 e início de 1997, a

---

[157]LYNCH, Diahanna; VOGEL, David. *Op. Cit.* p. 10.
[158]LYNCH, Diahanna; VOGEL, David. *Op. Cit.* p. 9-10.

54

atenção da mídia foi fortemente atraída para o tema, o que aumentou significativamente a conscientização e a preocupação do público em toda a Europa. As empresas passaram a desrespeitar um acordo comercial anteriormente feito em prol de uma atitude condizente com a opinião pública[159].

O resultado disso foi uma mudança acentuada nas avaliações de risco empreendidas pelas autoridades reguladoras em vários Estados-Membros da União Europeia. Nota-se que a Diretiva 90/220 não exigia precauções na fase de mercado. Porém, em resposta aos protestos públicos, a França e a Grã-Bretanha reinterpretaram o escopo da Diretiva para incluir os efeitos das práticas agrícolas em sua avaliação de riscos, ampliando e fortalecendo, ainda mais, a aplicação do princípio da precaução às mercadorias produzidas através do emprego da transgenia[160].

A pressão decorrente dos pedidos de comercialização interna de OGMs, por parte das empresas do agronegócio, e o aumento da produção e exportação de culturas geneticamente modificadas, pelos EUA, levaram a demandas crescentes pela rotulagem de alimentos transgênicos vendidos na UE. Em dezembro de 1996, o Parlamento Europeu e o Conselho de Ministros concordaram, provisoriamente, através de um compromisso, que novos alimentos seriam rotulados se houvesse alguma alteração em sua "característica ou propriedade alimentar", em comparação aos alimentos produzidos de maneira convencional. No entanto, de acordo com esse instrumento legal, misturas de alimentos geneticamente modificados e convencionais não precisariam ser separadas e rotuladas[161].

O Regulamento de Alimentos Novos, assim chamado, entrou em vigor em 15 de maio de 1997, e não abrangeu alimentos que já haviam sido aprovados, como soja e milho geneticamente modificados. Todavia, uma segunda diretiva, adotada em 26 de setembro do mesmo ano, exigiu a rotulagem daquela soja e milho como "geneticamente modificados", um rótulo ainda mais exigente que o estipulado pelo Regulamento de Alimentos Novos, o qual prescrevia a inserção dos termos "pode conter" nos rótulos de alguns produtos[162].

Nota-se que o Regulamento de Alimentos Novos não se aplicava a todos os produtos que contivessem OGMs, mas, apenas, àqueles que apresentassem alguma alteração em sua característica ou propriedade alimentar, dando, ainda, margem de manobra para que não houvesse obrigatoriedade expressa da rotulagem de produtos compostos por transgênicos.

---

[159]*Ibid.* p. 10-11.

[160]*Ibid.* p. 11.

[161]LYNCH, Diahanna; VOGEL, David. *Loc. Cit.*

[162]*Ibid. Loc. Cit.*

CAPÍTULO 2 | Normas e Princípios de Direito Internacional

Em maio de 1998, por sua vez, a maioria qualificada do Conselho de Ministros da UE adotou uma proposta sobre a rotulagem obrigatória de alimentos que contivessem milho e soja geneticamente modificados. Assim, em janeiro de 2000, a UE emitiu um padrão relativamente rigoroso, exigindo a rotulagem de alimentos dos quais, pelo menos, 1% da composição fosse geneticamente modificada. Cabe, aqui, todavia, fazer uma ressalva: poucos dos alimentos disponíveis no mercado europeu são rotulados nos moldes dessa diretiva dado que eles não têm demanda de compra e, por isso, não costumam ser comercializados no mercado europeu.

Essas políticas regulatórias, adotadas na década de 1990, refletem um aumento, nessa poca, da preocupação pública sobre os perigos dos alimentos geneticamente modificados em grande parte da Europa, configurando-se como uma verdadeira oposição pública aos transgênicos. Denota-se, através dessas medidas, uma grande preocupação, por parte do setor legislativo europeu, em atender as preocupações e temores da sociedade civil.

Nesse contexto, para resgatar sua imagem pública e a dos alimentos geneticamente modificados, a Monsanto iniciou uma campanha publicitária, com o investimento de US$ 1,6 milhão, no Reino Unido e na França, em 1998, todavia, seus resultados foram desastrosos. No Reino Unido, antes do início da campanha, 44% dos consumidores britânicos pesquisados tinham opiniões negativas a respeito dos OGMs e, após a conclusão da campanha, esse número passou para 51%. Na França, o número de consumidores que disseram que não comprariam alimentos contendo OGMs também aumentou durante a campanha, embora em uma margem menor[163].

Nesse ponto, o Reino Unido anunciou sua oposição ao plantio e comércio dos transgênicos no território europeu, pedindo uma moratória aos OGMs. Assim, em 24 de junho de 1999, os ministros do meio ambiente da UE manifestaram seu apoio a essa moratória com relação aos produtos biotecnológicos. A partir de então, a UE não aprovou novas espécies de sementes transgênicas por mais de dois anos, e a comercialização de novos produtos alimentares, sob o Regulamento de Novos Alimentos, também foi efetivamente interrompida.

É possível observar que, nesse período, a oposição pública aos OGMs assumiu um posicionamento antiamericano e anti-globalização. Isso tem por base o fato de que as primeiras colheitas de OGMs a chegarem na Europa vieram dos Estados Unidos, em vez de serem cultivadas em solo europeu. Ademais, o fato da Monsanto ter optado por

---

[163]LYNCH, Diahanna; VOGEL, David. *Op. Cit.* p. 13.

CAPÍTULO 2 | Normas e Princípios de Direito Internacional

não rotular esses produtos provocou um amplo antagonismo, por parte de grupos de consumidores europeus, que alegaram que estavam sendo privados de sua liberdade de escolha[164].

Além disso, a compra, pela Monsanto, de um grande número de empresas de sementes, bem como os rumores em torno da introdução de um "gene *terminador*" (posteriormente proibido), geraram um tabu em torno do tema, surgindo um mito segundo o qual a comercialização de sementes de OGMs pela empresa era parte de uma estratégia americana para controlar a agricultura europeia.

A partir da análise, feita até então, do processo de adoção, por parte da União Europeia, do princípio da precaução em suas leis, algumas questões surgem e devem ser respondidas para uma melhor compreensão dessa matéria. A primeira delas é: todo o embargo feito pela União Europeia das sementes transgênicas norte americanas não poderia ter por justificativa, no fundo, um objetivo de maior lucro econômico?

Como resposta a essa pergunta tem-se que, se as políticas reguladoras europeias refletissem os interesses dos produtores agrícolas europeus, então, a França, Estado-Membro da UE mais sensível aos interesses agrícolas, deveria estar, logicamente, na vanguarda da oposição aos OGMs. No entanto, não foi isso o observado, já que, no início dos anos 90, o governo do primeiro-ministro Juppe foi um dos mais fortes defensores da biotecnologia agrícola na UE. A respeito da liberação dos transgênicos em 1996, com o apoio da associação da indústria de sementes e do principal sindicato dos agricultores, o Ministério da Agricultura Francês aprovou a venda de um milho resistente a insetos (Bt) e, na reunião do Conselho Europeu de junho de 1997, a França foi o único país que votou pela autorização de seu cultivo. Já em 1998, o governo francês, apesar dos protestos da união radical de agricultores de Jose Bov, liberou, formalmente, o milho Novartis bt, além de produtos concorrentes da Agrevo e Monsanto[165].

Por outro lado, a ministra do Meio Ambiente da França, sob o governo de Juppe, Corinne Lepage, era uma grande crítica dos OGMs, opondo-se à posição do Ministério da Agricultura[166]. Em 1996, o governo francês adotou, formalmente, o princípio da

---

[164]LYNCH, Diahanna; VOGEL, David. *Op. Cit.* p. 16.

[165]*Ibid. Loc. Cit.*

[166]Em 1997, após a eleição do Primeiro Ministro Jospin, o Partido Verde ingressou no governo francês pela primeira vez e, o ministro do Meio Ambiente da França, Dominique Voynet, criticou fortemente o plantio e a comercialização de OGM na França e na Europa, desempenhando um papel importante na reversão da posição da França em relação aos OGM, inclusive recusando-se a dar consentimento por escrito a dois produtos alimentares GM que já tinham sido previamente aprovados.

57

CAPÍTULO 2 | Normas e Princípios de Direito Internacional

precaução e, três anos depois, estabeleceu uma agência quase independente de segurança de alimentos. Atualmente, a opinião pública francesa está entre as mais hostis aos transgênicos na Europa.

Assim, nota-se que a França nem sempre foi contrária ao plantio e comercialização de sementes transgênicas em seu território e em solo europeu, o que descaracteriza uma possível ação europeia planejada contra essas sementes com o objetivo de aferir lucros econômicos, com uma possível concorrência aos produtos norte-americanos.

Uma segunda pergunta que se vislumbra seria, então, se a oposição ao cultivo GM, por parte dos países europeus, em seu território, seria fundada em razões culturais. Como resposta temos que, apesar do imaginativo europeu de agricultura corresponder à adoção de métodos tradicionais de produção, representados por pequenas fazendas familiares, não é essa, já a longo termo, a realidade do agronegócio europeu. Grande parte da produção agrícola europeia é altamente intensiva, confiando no uso extensivo de pesticidas, em outras técnicas modernas de agricultura e em sofisticados modos de criação animal. Logo, apesar de haver uma fundamentação da opinião pública, quanto a sua firme oposição aos OGMs, em razão de uma cultura de agricultura de base familiar e tradicional, há anos, na Europa, esse método de cultivo não é majoritário, de forma que não poderia representar uma fundamentação suficiente para impulsionar os órgãos regulatórios a acatarem os temores da sociedade civil e bolar uma legislação condizente com eles[167].

Por último, nos deparamos com a terceira e mais importante questão: Por que, afinal, houve uma mudança no posicionamento da regulamentação europeia com relação à adoção do princípio da precaução?

Esta pergunta está relacionada a uma série de falhas regulatórias que acabaram por minar a confiança do público na capacidade das autoridades reguladoras em nível nacional e no âmbito da EU, quando suas capacidades de proteger adequadamente a saúde e a segurança dos cidadãos. A falha regulatória de segurança alimentar mais importante, nesse contexto, foi aquela que envolveu a doença da vaca louca. A chamada BSE (bovine spongiform encephalopathy)[168] foi detectada, pela primeira vez, em bovinos, no Reino Unido, em 1982.

Conforme explicam Lynch e Vogel, mesmo sabendo da existência da doença que acometia o gado inglês, a Comissão Europeia e seu órgão de consultoria científica certificaram a carne britânica como segura para consumo humano. Logo, o fracasso da UE em reconhecer os riscos à saúde da população afetou severamente a confiança do

---

[167]LYNCH, Diahanna; VOGEL, David. *Op. Cit.* p. 18.

[168]A doença, quando traduzida para o português, é conhecida como encefalopatia espongiforme bovine.

CAPÍTULO 2 | Normas e Princípios de Direito Internacional

público nos regulamentos de segurança alimentar da UE e nos conhecimentos científicos em que estes se baseavam. Essa situação também aumentou, significativamente, a conscientização pública sobre questões de segurança alimentar e, no momento em que os alimentos geneticamente modificados foram introduzidos pela primeira vez na Europa, a opinião pública já desacreditava demasiadamente das regulamentações europeias sobre assuntos de risco[169].

A mencionada falha regulatória, associada à BSE, causou um impacto indescritível na atitude do público europeu em relação aos alimentos GMs. Assim, entre 1996 e 1998, a porcentagem de pessoas que se opuseram aos alimentos geneticamente modificados aumentou de 29% para 40%[170]. Passou-se, a partir de então, a adotar um posicionamento segundo o qual não bastava analisar o produto final como seguro ou não, sendo preciso verificar todo o processo pelo qual aquele alimento fora produzido.

O fracasso regulatório associado à doença da vaca louca expôs drasticamente o fosso existente entre o mercado único e a incapacidade das instituições europeias de garantir a segurança dos produtos vendidos nesse mercado. Para remediar tal situação, a nível europeu, tomou-se a decisão de criar uma agência europeia de segurança alimentar. Essa situação também afetou as instituições reguladoras e a formulação de políticas em nível nacional, levando, por exemplo, à criação de agências nacionais de segurança alimentar na Grã-Bretanha e na França.

Entre os anos de 2000 e 2001, foram constatados casos de vacas doentes na França e na Alemanha. Frente a isso, a França proibiu o uso de ração animal para todos os animais de criação, uma decisão com grandes consequências econômicas para a agricultura francesa. A referida decisão foi tomada antes mesmo de qualquer comprovação científica por parte da AFSSA (Agência Francesa de Seguridade Sanitária dos Alimentos) do nexo de causalidade existente entre a doença da vaca louca e sua alimentação através de rações animais, em uma demonstração de uma aplicação incisiva do princípio da precaução[171].

A pressa com que o governo francês respondeu ao aumento do número de casos de BSE em seu território, com a referida proibição da alimentação animal por ração feita a partir de resíduos de animais, não se deu, simplesmente, em decorrência daquele caso. Anteriormente, a França havia protagonizado, também, o chamado escândalo "Le sang contaminé" (sangue contaminado), que teve repercussões domésticas bastante significativas. Enquanto os hemofílicos receberam, no mesmo período, sangue contaminado

---

[169]LYNCH, Diahanna; VOGEL, David. *Loc. Cit.*

[170]*Ibid.* p. 26.

[171]LYNCH, Diahanna; VOGEL, David. *Op. Cit.* p. 26-27.

CAPÍTULO 2 | Normas e Princípios de Direito Internacional

em vários países, a taxa de inflexão do HIV foi significativamente maior na França. A falha regulatória do governo foi amplamente atribuída à colocação de interesses econômicos à frente da preocupação com a saúde pública. Assim, quando se deparou com mais um escândalo regulatório, o governo francês lançou mão de todos os recursos precaucionários que dispunha para tentar amenizar os efeitos dos problemas que enfrentava, e, também, para tentar recuperar um pouco a confiança pública.

O caso da vaca louca na Europa acabou por moldar a forma pela qual os europeus definiram os riscos potenciais associados aos OGMs, pois a questão da segurança alimentar foi alocada na vanguarda da consciência pública europeia, tornando a aceitação pública dos alimentos transgênicos muito mais problemática.

A larga adoção do princípio da precaução na Europa, após a ocorrência do caso da vaca louca, trouxe uma mudança significativa na formulação das políticas regulatórias europeias, tornando possível a adoção de políticas adversas ao risco, mesmo quando não existissem, ainda, comprovações científicas acerca das ameaças ao meio ambiente ou à saúde humana.

A adoção dessa nova forma de política regulamentar europeia foi intensamente pautada pela opinião pública, que passou a agir como uma bússola no que cabe à adoção ou não de medidas precaucionárias em certas situações. Há, então, um forte declínio no papel da ciência como guia para a formulação de políticas, como afirmam Lynch e Vogel[172]. De acordo com a ex-ministra francesa do Meio Ambiente, Corinne Lepage, "o princípio da precaução é preciso ao responder à necessidade de prudência no que toca às consequências do progresso tecnológico, as quais são exponenciais e desconhecidas"[173].

Uma situação que tem grande relevância, para os fins deste livro, no que cabe à adoção do princípio da precaução ou da equivalência substancial, é o caso brasileiro, uma vez que este acaba apresentando uma mescla dos dois princípios, em momentos diferentes do processo de licenciamento. Nesse sentido, nota-se que o Brasil adotou formalmente o princípio da precaução em sua legislação, tanto quando ratificou o Protocolo de Cartagena, como quando promulgou sua Lei de Biossegurança. Todavia, seu órgão de licenciamento e liberação comercial dos OGMs, denominado CTNBio (Comissão Técnica Nacional de Biossegurança), acaba sendo fortemente pautado pela aplicação do princípio da equivalência substancial, em convergência com os interesses norte-americanos imperialistas relacionados à venda do pacote tecnológico.

---

[172]LYNCH, Diahanna; VOGEL, David. *Op. Cit.* p. 30-31.

[173]LEPAGE, Corinne; GUÉRY, François. **La Politique de Precaution**. Paris: Presses Universitaires de France, 2001. p. 144.

CAPÍTULO 2 | Normas e Princípios de Direito Internacional

Observa-se que o descumprimento do estabelecido no Protocolo de Cartagena não é uma prática exclusiva brasileira. Apesar da ratificação desse Protocolo por uma grande gama de nações, diversas vêm adotando uma abordagem não precaucionista em relação aos OGMs, valendo-se, para isto, do critério da Equivalência Substancial como premissa para a necessidade ou não de se avaliar os potenciais riscos trazidos por estes organismos[174].

Um grande exemplo da aplicação brasileira, na prática, do princípio da equivalência substancial, é o caso do plantio do algodão RR em 2005. A CTNBio considerou a variedade equivalente substancialmente ao algodão convencional, baseando-se nas análises fenotípicas e de desempenho agronômico apresentadas pela Monsanto[175].

Realizando uma observação acerca do processo de liberação comercial do algodão RR da Monsanto, percebe-se que, dentre os aspectos considerados para subsidiar a tomada de decisão acerca de sua liberação ambiental, presentes no Parecer Final da CTNBio, não houve qualquer consideração acerca das incertezas científicas abordadas por pareceristas e pelos participantes da audiência pública anteriormente realizada[176]. Nesse processo decisório, o princípio da precaução não foi, de modo algum, levado em consideração, o que representa uma ilegalidade, dada a disposição desse princípio como régio da Lei de Biossegurança brasileira. Em uma tomada de decisão e, em uma gestão dos plantios condizentes com o princípio em questão, haveria uma análise de risco mais criteriosa antes de sua liberação ambiental, assim como um monitoramento pós-comercial efetivo.

Analisando-se, também, os Extratos de Pareceres da CTNBio referentes as outras variedades agrícolas geneticamente modificadas liberadas no Brasil, como o feijão, outras variedades de algodão, milho e soja, observa-se que todos foram considerados equivalentes substancialmente as suas contrapartes convencionais, o que lhes conferiu o status de "seguros", do ponto de vista da saúde animal e humana, e inócuos ao meio ambiente[177]. O rigor científico com que as avaliações de risco, apresentadas pela própria empresa proponente, com relação aos impactos tóxicos e alergênicos potenciais das plantas transgênicas, são feitas, é muito abaixo do esperado (e do necessário), tendo em vista que a liberação desses produtos tem consequências diretas

---

[174]PIZELLA, Denise Gallo; DE SOUZA, Marcelo Pereira. *Op. Cit.* p. 79.

[175]*Ibid.* p. 88. Conforme explicam os autores, esse algodão foi modificado a partir da variedade comercial Coker 312, por meio do sistema Agrobacterium tumefaciens, o que confere uma resistência da linhagem ao herbicida glifosato. A única diferença seria a expressão do gene que confere resistência ao herbicida glifosato, mas que, segundo a Comissão, não seria um fator suficiente para diferenciar o algodão transgênico do convencional

[176]LYNCH, Diahanna; VOGEL, David. *Op. Cit.* p. 89.

[177]*Ibid. Loc. Cit.*

CAPÍTULO 2 | Normas e Princípios de Direito Internacional

no que cabe à saúde pública e à manutenção de um meio ambiente ecologicamente equilibrado.

No processo de liberação comercial das sementes transgênicas no Brasil, o argumento mais utilizado, por parte das empresas de biotecnologia e dos órgãos de avaliação de risco – inclusive a CTNBio –, com relação à segurança oferecida por aquelas, era o "longo histórico de uso seguro". No entanto, como poderia ser observado qualquer efeito adverso, durante os anos de consumo de plantas geneticamente modificadas nos Estados Unidos, se não houve nenhum estudo que acompanhasse um grupo controle de pessoas que consumissem transgênicos há vários anos em comparação a um outro grupo controle de pessoas que nunca tivessem consumido OGMs? Nota-se que esse estudo seria de difícil execução, uma vez que, nos EUA, os alimentos transgênicos não são segregados e diferenciados dos convencionais[178].

Tem-se, assim, que, o argumento do longo histórico de uso seguro, sistematicamente aceito pela CTNBio como justificativa para dispensar a realização de estudos de toxicidade multigeracional, exigidos pela Normativa nº 5 – que define as informações necessárias para a avaliação do risco das plantas transgênicas desde 2008 –, é um mecanismo para contornar, ainda mais, o princípio da precaução, que acaba por ser totalmente violado.

É de incrível contraditoriedade, portanto, o sistema brasileiro, híbrido no que diz respeito à adoção de princípios que o gerenciem. Se, na teoria, há uma vigorosa disposição legal que afirma e reafirma o princípio da precaução, na prática, isso não é, de forma alguma, respeitado, uma vez que há uma aplicação ostensiva do princípio da equivalência substancial por parte, até mesmo, dos órgãos reguladores brasileiros.

---

[178]FERMENT, Gilles. *Op. Cit.* p. 102.

CAPÍTULO 3

Regulamentação dos Transgênicos e Agrotóxicos no Brasil

3.1 Panorâma histórico dos transgênicos no Brasil

Desde 1995, o Brasil possui uma legislação ligeiramente completa de biossegurança, a qual foi sancionada no governo de Fernando Henrique Cardoso. A Lei nº 8.974, de 1995, regulamentava os incisos II e V, do § 1º do artigo 225, da Constituição Federal, de modo a estabelecer normas acerca do uso das técnicas de engenharia genética e da liberação, no meio ambiente, de OGMs. Autorizava, ademais, o Poder Executivo a criar, no âmbito da Presidência da república, a Comissão Técnica Nacional de Biossegurança.

Conforme seu artigo 1º, a referida lei procurou "estabelecer normas de segurança e mecanismos de fiscalização no uso das técnicas de engenharia genética na construção, cultivo, manipulação, transporte, comercialização, consumo, liberação e descarte de organismo geneticamente modificado (OGM)". Além disso, ela atribuiu a fiscalização, o controle

CAPÍTULO 3 | Regulamentação dos Transgênicos e Agrotóxicos no Brasil

e a emissão de registro e autorização para a entrada de OGMs ao Instituto Brasileiro do Meio Ambiente e dos Recursos Naturais Renováveis (IBAMA), ao Ministério da Agricultura e ao Ministério do Meio Ambiente, respectivamente.

Ademais, como já mencionado, criou a CTNBio – a Comissão Técnica Nacional de Biossegurança -, com o objetivo do fornecimento de apoio técnico e assessoramento ao governo federal nas questões relativas ao uso dos OGMs, além da criação de normas técnicas de segurança para a proteção da saúde humana (como a necessidade da realização da avaliação de riscos). Posteriormente, nota-se, a CTNBio sofreu diversas alterações estruturais em função de modificações legislativas.

Nessa poca, contava, também, o ordenamento nacional, com outra regra aplicável à questão dos transgênicos, qual seja: o artigo 225 da Constituição Federal de 1988, *in verbis*:

> Art. 225. Todos têm direito ao meio ambiente ecologicamente equilibrado, bem de uso comum do povo e essencial à sadia qualidade de vida, impondo-se ao Poder Público e à coletividade o dever de defendê-lo e preservá-lo para as presentes e futuras gerações: § 1o Para assegurar a efetividade desse direito, incumbe ao Poder Público: II – *Preservar a diversidade e a integridade do patrimônio genético do País e a integridade do patrimônio genético do País e fiscalizar as entidades dedicadas à pesquisa e manipulação de material genético*; [...] IV – exigir, na forma da lei, para instalação de obra ou atividade potencialmente causadora de significativa degradação do meio ambiente, *estudo prvio de impacto ambiental*, a que se dará publicidade [...] (grifos nossos).

Até então, não havia, no ordenamento jurídico nacional, clareza sobre de quem era a competência para emitir a decisão final da liberação comercial dos OGMs: se seria do Ministério do Meio Ambiente ou da CTNBio, o que acarretou certos embates jurídicos. Um caso emblemático sobre o tema foi a aprovação da soja Roundup Ready (RR), da empresa Monsanto, pela CTNBio, em 1988, sem a realização do estudo prvio de impacto ambiental, designado como critério obrigatório pela Constituição Federal[179].

O estudo de impacto ambiental é um importante instrumento para a avaliação dos riscos que um determinado investimento pode oferecer ao meio ambiente e à sua realização está diretamente ligada ao respeito ao princípio da precaução. Sua previsão é embasada em um instrumento anterior à promulgação da Carta Magna de 1988, que

---

[179]GUIMARÃES, Bruna Gaudêncio; MORALES, Elias David. *Op. Cit.* p. 142.

CAPÍTULO 3 | Regulamentação dos Transgênicos e Agrotóxicos no Brasil

é a Lei nº. 6.938/81, chamada Lei da Política Nacional do Meio Ambiente, que prevê, como instrumento da Política Nacional do Meio Ambiente, a avaliação de impactos ambientais, a ser realizada diante de qualquer atividade com potenciais riscos ao meio ambiente, procedendo-se, assim, ao licenciamento. Ainda, a Resolução nº. 237, de 19 de dezembro de 1997, do Conselho Nacional do Meio Ambiente (CONAMA), exigia, expressamente, a licença ambiental em caso de introdução de espécies geneticamente modificadas no meio ambiente.

No caso retro mencionado, quanto à aprovação da soja Roundup Ready, de acordo com Guimarães e Morales[180], esta se deu sem a realização do estudo de impactos ambientais, em contradição às normas constitucionais e aos decretos anteriormente estabelecidos pelo CONAMA. A referida aprovação foi justificada pela afirmação da CTNBio da ausência de riscos de impacto ao meio ambiente e à saúde humana (afirmação embasada em aspectos teóricos-ideológicos, e não nas necessidades e particularidades do ecossistema envolvido).

Essa situação acabou por gerar reações da sociedade civil, de forma que duas ações civis públicas foram formuladas, entre dezembro de 1997 e junho de 1998, por atores como o Greenpeace, o Instituto de Defesa do Consumidor (IDEC), além de órgãos do Executivo como o IBAMA, sendo que o resultado dessas ações foi a determinação da obrigatoriedade da realização do EIA (Estudo de Impacto Ambiental) como condição necessária e indispensável para a liberação nacional dos OGMs, tanto no que cabe ao seu plantio e produção, quanto no que diz respeito a sua comercialização. Restava proibida, assim, a autorização, por parte da União, do plantio da soja RR sem o devido licenciamento ambiental, a ser emitido pelo Ministério do Meio Ambiente.

No entanto, a Monsanto e a União recorreram da sentença para o Tribunal Regional Federal (TRF), o qual proferiu decisão que lhes foi favorável, em junho de 2004, reconhecendo a competência da CTNBio para decidir sobre a necessidade ou não da realização do EIA/RIMA. O Tribunal compreendeu que não haveria conflito entre a Lei nº 8.974, de 1995, a qual garante à CTNBio autonomia para decidir sobre a necessidade ou não de realização de EIA/RIMA para a liberação de OGMs, e a Lei nº. 6.938, de 1981, que trata da Política Nacional do Meio Ambiente, uma vez que são duas leis ordinárias e não há hierarquia entre elas, permanecendo a regra mais específica da lei posterior[181].

---

[180]GUIMARÃES, Bruna Gaudêncio; MORALES, Elias David. *Loc. Cit.*
[181]REIS, Rafael Pons. *Op. Cit.* p. 40.

CAPÍTULO 3 | Regulamentação dos Transgênicos e Agrotóxicos no Brasil

Nesse período, de 1997 a 2004, marcado por incertezas e pela inexistência de um posicionamento jurídico contundente a respeito da regulamentação do processo de aprovação das plantas geneticamente modificadas no Brasil, houve a disseminação ilegal, pelos campos brasileiros, sem nenhuma fiscalização, controle ou rotulagem, da soja Roundup Ready, cujas sementes eram contrabandeadas da Argentina, onde seu cultivo era liberado[182]. Assim, chegava à mesa do brasileiro a soja transgênica, de forma totalmente sorrateira, violando, de todas as formas, o direito de escolha e de informação do consumidor e, logo, mitigando, de maneira grave, a democracia.

Dessa forma, desde 1998, era possível encontrar plantações ilegais de soja geneticamente modificada no Brasil, principalmente no Rio Grande do Sul, pois grandes, médios e pequenos agricultores passaram a cultivar a espécie, em função da promessa de menor custo e maior lucro. Com isso, entre os anos de 1999 e 2000, um terço da área cultivada com soja no RS era destinada às sementes transgênicas. A partir de então, surge uma dicotomia no sistema decisório sobre o tema, que representa o choque de duas visões e objetivos principais: um comercial e outro ambiental. Nos anos seguintes, o cultivo da soja transgênica se espalhou para os estados do Paraná, do Mato Grosso, da Bahia e do Tocantins[183].

Dentro desse quadro de insegurança jurídica e alimentar, a sociedade civil passou a realizar diversos movimentos contrários à implementação de tecnologias transgênicas em produtos alimentícios e, com o escopo de organizar e resolver a questão, o então Presidente, Luís Inácio Lula da Silva, publicou a Medida Provisória nº. 113/03, que autorizou a comercialização dos grãos transgênicos até então plantados, embora a venda das sementes transgênicas continuasse proibida. A edição desta MP foi justificada pela necessidade de preservar as centenas de pequenos agricultores familiares que, tendo sido convencidos das vantagens da biotecnologia em questão, haviam semeado a soja RR[184]. Ademais, o texto da Medida Provisória determinava a necessidade da rotulagem da soja transgênica, com o prazo final de até o dia 31 de janeiro de 2004 para sua comercialização. A Medida

---

[182]CASTRO, Biancca Scarpeline de. **Organismos geneticamente modificados: as noções de risco na visão de empresas processadoras, organizações não governamentais e consumidores.** Tese (Doutorado em Ciências Sociais). Instituto de Filosofia e Ciências Humanas, Universidade Estadual de Campinas, Campinas, 2012. p. 33-40. É importante observar que, na Argentina, a soja em questão foi liberada após 81 dias do pedido de autorização para disseminação da espécie na natureza, com base em estudos fornecidos, exclusivamente, pela empresa Monsanto. Ademais, não apenas no Brasil foi disseminada ilegalmente a soja RR através do contrabando de sementes provenientes da Argentina, o mesmo movimento também se verificou no Paraguai e na Bolívia. (VICENTE, Lucía (coord.); ACEVEDO, Carolina (coord.); VICENTE, Carlos (coord.). *Op. Cit.* p. 12).

[183]CASTRO, Biancca Scarpeline de. *Op. Cit.* p. 41.

[184]ZANONI, Magda, et al. 2011. O Biorrisco e a Comissão Técnica Nacional de Biossegurança: lições de uma experiência. In: Magda ZANONI; Gilles FERMENT. **Transgênicos para quem? Agricultura Ciência Sociedade.** Brasília: Ministério do Desenvolvimento Agrário, 2011. p. 244.

CAPÍTULO 3 | Regulamentação dos Transgênicos e Agrotóxicos no Brasil

Provisória nº 113/03 foi transformada na Lei nº 10.688, de 13 de junho de 2003, apesar do levantamento da população contra seu conteúdo.

Percebe-se, a partir de então, a adoção de uma política recorrente que, não apenas não restringe, como, também, apoia e reforça a irregularidade, com a adoção de uma linha decisória que tem por resultado final a impunidade daqueles atores que obtiveram lucros através do plantio de sementes ilegais[185]. Dessa forma, a partir dessa primeira Medida Provisória, que tinha por escopo permitir a comercialização, unicamente, das plantas semeadas e colhidas naquela safra, foi-se reproduzindo esse modelo de decisão como uma forma de dar ensejo à continuidade do cultivo das sementes transgênicas irregulares no país.

Não obstante, a adoção dessa política de suporte à irregularidade não foi desacompanhada de uma grande resistência por parte da sociedade civil. Ao mesmo tempo em que os decretos presidenciais eram divulgados, com o objetivo de facilitar a comercialização de plantios transgênicos irregulares, cresciam as denúncias e manifestações de organizações sociais, intelectuais e sindicatos, que pediam por uma maior transparência e por esclarecimentos à população, bem como pela realização das avaliações de risco e o freio das propagandas enganosas[186].

Dando continuidade à linha do tempo da regulamentação dos transgênicos no Brasil, tem-se que, um pouco mais tarde, em setembro do mesmo ano, o então Presidente Interino, José de Alencar, editou outra Medida Provisória, de número 131, a qual autorizava o plantio da soja transgênica no Brasil para a safra de 2003/2004, permitindo, assim, que sementes salvas do cultivo anterior (ilegal) fossem plantadas pelos agricultores (a venda das sementes transgênicas era ainda proibida). Foi exigida a assinatura de um Termo de Compromisso, Responsabilidade e Ajustamento de Conduta por parte do agricultor, não havendo a liberação, entretanto, do crime cometido anteriormente. Nota-se que, esse agricultor, além de estar sujeito ao pagamento de *royalties* para a Monsanto, poderia ser responsabilizado por eventual dano ambiental provocado por essa soja transgênica, inclusa a contaminação de lavoura vizinha. Destaca-se que o plantio dessas sementes transgênicas em áreas indígenas próximas a mananciais e de áreas de conservação da biodiversidade restava proibido.

A MP nº 131 foi convertida na Lei nº 10.814, em 15 de dezembro de 2003, com uma importante alteração: passava a permitir que empresas licenciadas pela Monsanto

---

[185]*Ibid*. p. 244-245.
[186]ZANONI, Magda, et al. *Op. Cit.* p. 245.

67

CAPÍTULO 3 | Regulamentação dos Transgênicos e Agrotóxicos no Brasil

multiplicassem as sementes certificadas de soja transgênica (ainda que sua comercialização fosse proibida), o que indicava a pretensão de uma futura legalização definitiva da comercialização das sementes geneticamente modificadas[187].

Até que fosse promulgada a nova lei de Biossegurança Brasileira (Lei nº. 11.105/2005), foi adotada uma estratégia para contornar a lei e, assim, atingir o objetivo final da liberação comercial das espécies transgênicas. Assim, passaram a ser lançadas, ano após ano, novas Medidas Provisórias que tinham por escopo autorizar o cultivo e a comercialização de sementes geneticamente modificadas salvas das safras anteriores. Essa estratégia, adotada pelo Governo Federal, desrespeitou muitos dos trâmites legais, até então definidos como necessários e obrigatórios para a aprovação de plantas transgênicas no país e, além disso, violou as ações jurídicas que estavam até então em andamento, as quais buscavam definir a indispensabilidade da realização de Estudos de Impacto Ambiental para a liberação desses cultivos.

Diante desse quadro, a responsabilização e penalização dos agricultores que produziram, anteriormente, os OGMs, de modo ilegal, acabou sendo abandonada, em uma demonstração da força do setor agropecuário, em contraposição à vulnerabilidade das organizações não governamentais e outros atores contrários à implementação dos transgênicos, que tinham por escopo a proteção da sociedade em caso de eventuais riscos. Dessa forma, a retirada da pauta da questão da responsabilização pela difusão e possível contaminação de outras terras e plantações convencionais por esses transgênicos representou uma tomada, por parte do governo, de uma posição segundo a qual não existiriam responsáveis diretos pelos danos que os OGMs poderiam causar à coletividade e aos agentes privados.

Nesse meio tempo, em um contexto de des(regulamentação), os estados e municípios passaram a criar leis próprias para tentar suprir a falta de uma norma nacional completa. Nesse sentido, a cidade de São Paulo aprovou a Lei nº 10.467/99, que obrigava o fabricante a informar a existência de OGMs nas embalagens de seus produtos (essa lei foi alvo de uma ação direta de inconstitucionalidade, ajuizada pela Associação Brasileira das Indústrias de Alimentos, no Supremo Tribunal Federal). Além disso, em Belo Horizonte (MG) e em Florianópolis (SC), a produção e venda de produtos transgênicos foram proibidas através de leis que determinavam o recolhimento de produtos que contivessem OGMs dos estabelecimentos comerciais. Ainda, no Pará, a Assembleia Legislativa aprovou uma lei que proibia, por dois anos, o plantio, para fins comerciais, de plantas transgênicas. Já em 2001, o Rio Grande do Sul se tornou o primeiro estado

---

[187]CASTRO, Biancca Scarpeline de. *Op. Cit.* p. 45.

CAPÍTULO 3 | Regulamentação dos Transgênicos e Agrotóxicos no Brasil

do Brasil a aprovar uma lei exigindo a rotulagem com termos específicos para os alimentos que contivessem OGMs[188].

Observa-se, aqui, uma pressão da sociedade pela criação de normas que fossem capazes de suprir a demanda legislativa até então deficitária, em razão dos embates jurídicos que ocorriam em nível federal. Para tentar dar fim à insegurança jurídica, e poder acalmar os ânimos populares, em meio a um contexto de desconhecimento quanto àquela nova tecnologia que estava já tão inserida no cotidiano do povo brasileiro, os estados passaram a lançar leis próprias sobre o tema, com o escopo de organizar, minimamente, a questão dos OGMs e proteger, localmente, sua população dos temidos efeitos desconhecidos provenientes do emprego daquela tecnologia.

Faz-se necessário, nesse ponto, deixar um pouco de lado a regulamentação nacional dos transgênicos para observar como se deu sua regulamentação internacional nesse momento da linha do tempo aqui traçada, analisando-se como o Brasil se posicionou frente às normas internacionais de direito ambiental que foram adotadas sobre o tema.

Nota-se que, nesse período, a questão dos transgênicos, por ser um assunto que tem o potencial de causar efeitos extensos que ultrapassam as barreiras geopolíticas Estatais, passou a ganhar, em nível internacional, uma atenção cada vez maior. Assim, entrou para a agenda internacional, que buscou delimitar parâmetros para uma regulamentação homogênea do assunto nos diversos países produtores/consumidores de produtos advindos dessa nova tecnologia. Nesse contexto, foi formulado o Protocolo de Biossegurança, também chamado de Protocolo de Cartagena, que foi aprovado pela Conferência das Partes da Convenção sobre Diversidade Biológica (CDB), em janeiro de 2000, sendo amplamente baseado no Princípio da Precaução.

O Protocolo de Cartagena permitia a um país não aceitar a importação de OGMs, ou de produtos que contivessem, em sua formulação, ingredientes transgênicos, em virtude dos riscos que poderiam trazer ao meio ambiente e à saúde humana. Nota-se que o Brasil ratificou o referido protocolo apenas em maio de 2003, em função de divergências internas de duas vertentes acerca dos interesses que permeiam a questão da liberação dos transgênicos. Aqui, importante se faz analisar como se deu o processo de criação do referido Protocolo e como o Brasil se posicionou ao longo das tratativas internacionais.

As primeiras iniciativas para a elaboração do Protocolo de Cartagena se deram na primeira Conferência das Partes da CDB (Convenção sobre Diversidade Biológica) realizada em Nassau, em 1994, quando foi estabelecido o *Open-Ended Ad Hoc Working Group*

---

[188]CASTRO, Biancca Scarpeline de. *Op. Cit.* p. 42.

CAPÍTULO 3 | Regulamentação dos Transgênicos e Agrotóxicos no Brasil

on Biosafety (BSWG)[189]. O BSWG tinha por escopo organizar as necessidades e especificações para a elaboração do protocolo e se deu em seis reuniões, realizadas entre 1996 e 1999, sendo que as quatro primeiras serviram como pré-negociações, em que foram esclarecidas as necessidades que o protocolo deveria suprir e quais eram os posicionamentos das delegações frente às principais questões. Na sexta reunião e, a partir disso, tomou-se por critério, para definir os grupos, os interesses em comum das delegações, sendo que o Brasil se posicionou junto ao *Like-Minded Group*[190].

O *Like-Minded Group* constituía o maior grupo nas negociações, sendo formado, basicamente, pelos países em desenvolvimento, dentro dos quais constavam a China e o Brasil. Esse grupo tinha entre seus principais objetivos: a ampliação do escopo do protocolo, que deveria abranger todas as categorias de OVMs/OGMs; a inclusão de assuntos socioeconômicos como itens necessários nas análises de risco das plantas transgênicas; e a manutenção do princípio da precaução no protocolo[191].

Um dos principais impasses dos grupos de discussão era a respeito da necessidade de rotulação dos produtos que contém OVM/OGMs ou seus derivados, sendo que restou decidida a adoção, por fim, da expressão "pode conter", em vez de "contém", nas embalagens desses produtos. O Protocolo foi adotado com a presença de 133 delegações, além de ONGs, atores da comunidade científica e indústrias biotecnológicas[192].

No entanto, o processo de ratificação desse instrumento normativo internacional pelo Brasil só teve início em 22 de maio de 2003, quando o Presidente Luís Inácio Lula da Silva entrou com pedido de ratificação para o Congresso Nacional. A incorporação do Protocolo de Cartagena pelo Brasil se deu, finalmente, em 16 de fevereiro de 2006, através do Decreto n°. 5.705. A adesão do Brasil ao Protocolo era muito importante e, nesse sentido, foi dada uma declaração, no Diário do Senado Federal, no ano de 2003, por parte dos Ministros das Relações Exteriores, da Agricultura, da Saúde, da Ciência e Tecnologia, do Desenvolvimento, Indústria e Comércio Exterior, segundo a qual:

> (...) a adesão (...) ao Protocolo reveste-se de grande importância para o Brasil, haja vista sua enorme biodiversidade – que deve ser protegida – e sua condição de grande exportador de alimentos. É importante ressaltar que o Brasil está impedido de

---

[189]INOUE, Cristina; SCHLEICHER, Rafael. Conhecimento científico e formação de regimes internacionais ambientais: o caso do regime de biossegurança. **Cena Internacional**, Brasília, ano 6, número 1, p. 13-35. Junho de 2004,

[190]GUIMARÃES, Bruna Gaudêncio; MORALES, Elias David. *Op. Cit.* p. 138.

[191]*Ibid. Loc. Cit.*

[192]*Ibid.* p. 139.

70

CAPÍTULO 3 | Regulamentação dos Transgênicos e Agrotóxicos no Brasil

ver suas preocupações e necessidades atendidas se não for Parte do Protocolo quando da realização da Primeira Reunião das partes, ocasião em que serão definidos não só o mecanismo de votação dos países, senão também os requisitos para manuseio, transporte e rastreabilidade dos OGMs, todos assuntos de enorme relevância para o país[193].

A delegação do Brasil não desenvolveu uma participação ativa nas negociações do Protocolo de Biossegurança e isso se deu por uma série de fatores. Primeiramente, as questões socioeconômicas, importante tema para o Brasil, foram recusadas pelo resto dos membros do *Like-Minded Group*. Ademais, a delegação brasileira se dividia em duas principais vertentes: uma contrária ao princípio da Precaução, pois acreditava que poderia ser utilizado instrumentalmente para o aumento de barreiras alfandegárias, e outra que defendia a aplicação desse princípio. Essa divergência ocasionou o distanciamento do Brasil de seu grupo e, também, das discussões acerca da inclusão do Princípio em questão no Protocolo[194].

Assim, nota-se um verdadeiro choque interno na delegação brasileira entre duas visões e objetivos diversos, quais sejam: um ambiental e outro comercial. Enquanto o lado dos ambientalistas defendia uma preocupação governamental para a preservação da fauna e flora brasileira, assumindo a posição da defesa da inclusão do princípio da precaução no protocolo, a outra vertente, representada pelo lado dos comercialistas, buscava não permitir que os comprometimentos pela liberalização do comércio, assumidos pelas Partes, tivessem interferência das normas do Protocolo de Cartagena, adotando o posicionamento a favor de um sistema simplificado de importação e exportação de OGMs, dado o interesse brasileiro em se tornar um potencial agroexportador desses organismos[195].

As divergências entre a delegação brasileira e o *Like- Minded Group* decorreram da influência de setores governamentais e não governamentais em conflito na política externa brasileira, o que gerou uma situação de fragilidade institucional, com uma grande diferença de opinião dos ministérios envolvidos[196]. Na formulação da posição brasileira no BSWG e, consequentemente, no Protocolo de Cartagena, marcou presença a grande diferença nas posições do Ministério da Ciência e da Tecnologia e do Ministério do

---

[193]CÂMARA DOS DEPUTADOS. **Decreto Legislativo nº 908, DE 2003 - Exposição de Motivos.** Brasília. 12 de junho de 2003.Disponível em: https://www2.camara.leg.br/legin/fed/decleg/2003/decretolegislativo--908-21-novembro-2003-491245-exposicaodemotivos-142812-pl.html. Acesso em: 12 de agosto de 2020.

[194]GUIMARÃES, Bruna Gaudêncio; MORALES, Elias David. *Op. Cit.* p. 144.

[195]GUIMARÃES, Bruna Gaudêncio; MORALES, Elias David. *Op. Cit.* p. 144.

[196]REIS, Rafael Pons. *Op. Cit.* p. 42.

CAPÍTULO 3 | Regulamentação dos Transgênicos e Agrotóxicos no Brasil

Meio Ambiente, o que levou a uma participação passiva nas reuniões. Apesar disso, o Brasil teve a maioria das pretensões e interesses de seus ministérios satisfeitos pelas determinações finais do Protocolo[197].

A efetividade da aplicação das regras estabelecidas por esse instrumento internacional do direito se viu dificultada, ao longo dos anos, em razão da grande politização dos setores e órgãos internos brasileiros responsáveis pela administração dos temas ligados à produção e ao comércio dos OGMs e, nesse sentido, nota-se a existência de uma grande influência política na atuação da CTNBio que, com a posterior aprovação da Lei de Biossegurança brasileira, ganhou um papel protagonista no que diz respeito à aprovação dos transgênicos nos Brasil.

Ainda, no que tange ao âmbito internacional da regulamentação dos OGMs, no começo dos anos 2000, na reunião do *Codex Alimentarius* – órgão subordinado à FAO (*Food and Agriculture Organization of the United Nations*) e à OMS (Organização Mundial da Saúde), cujo escopo era estabelecer os padrões internacionais de segurança para os alimentos –, o Brasil se posicionou, junto a Austrália e a Nova Zelândia (grupo liderado pelos EUA), contra a rotulagem dos alimentos transgênicos[198]. Percebe-se uma forte inconsistência do posicionamento externo brasileiro quanto ao tema, fruto dos embates internos, em que, como já explicado, dois posicionamentos diferentes se chocavam.

Voltando à análise temporal dos acontecimentos internos brasileiros a respeito do tema dos transgênicos, no começo dos anos 2000, ainda não havia qualquer regulamentação consistente estabelecida a nível nacional, em um quadro de ampla insegurança jurídica. Apesar disso, uma coisa era certa: existiam lavouras transgênicas clandestinas no Rio Grande do Sul, esses produtos estavam sendo comercializados e os atores desse crime ambiental não estavam sendo penalizados ou responsabilizados (e sequer havia uma pretensão de fazê-lo). Na verdade, essas lavouras clandestinas acabaram por ganhar legitimidade em razão de uma alegada provisoriedade de sua proibição, feita tanto pela mídia quanto pelos agentes pró-transgênicos, além das possíveis vantagens econômicas advindas dessa tecnologia proibida (como especulado na poca) e, também, em função da omissão do Governo Federal diante dessa situação[199].

---

[197]GUIMARÃES, Bruna Gaudêncio; MORALES, Elias David. *Op. Cit.* p. 145.

[198]CASTRO, Biancca Scarpeline de. *Op. Cit.* p. 47.

[199]MENASCHE, Renata. **Os grãos da discórdia e o risco à mesa: um estudo antropológico das representações sociais sobre cultivos e alimentos transgênicos no Rio Grande do Sul.** Tese (Doutorado em Antropologia). Universidade Federal do Rio Grande do Sul, Rio Grande do Sul, 2003. p. 199-224.

CAPÍTULO 3 | Regulamentação dos Transgênicos e Agrotóxicos no Brasil

Já nos anos de 2001 e 2002, foram realizadas denúncias pelo Greenpeace e pelo IDEC (Instituto Brasileiro de Defesa do Consumidor) a respeito da presença, nos supermercados brasileiros, de produtos alimentícios nos quais havia sido detectada a presença de ingredientes transgênicos. Nesse mesmo período, grandes empresas, como a Nissin, Carrefour, Unilever, Perdigão e Makro, começaram a se declarar livres de transgênicos, o que poderia ser uma campanha de marketing interessante, dada a sensibilidade que o tema engendrava na população, que pouco era informada acerca do assunto[200].

Em 2001, O IDEC entrou com uma Ação Civil Pública contra a União, com o escopo de exigir a obrigatoriedade do fornecimento, por parte das empresas, de informações claras nos rótulos dos alimentos acerca do uso de transgênicos em sua produção, independente da quantidade percentual de OGMs no produto final[201]. No mesmo ano, foi lançado o Decreto nº 3.871, que disciplinava a rotulagem de transgênicos no Brasil, buscando oferecer aos consumidores um mínimo direito à informação quanto à procedência genética dos alimentos comercializados. Este instrumento exigia a rotulagem obrigatória para alimentos que contivessem mais de 4% de OGMs em sua composição. Esse decreto foi alterado, em 2003, pelo Decreto nº 4.680, que entrou em vigor em abril de 2004, e que passou a exigir a rotulagem de alimentos que contivessem mais de 1% de matéria transgênica, tanto para o consumo humano, como para o animal.

Até a edição desses instrumentos, produtos transgênicos já estavam sendo comercializados há muito tempo no país, sem qualquer controle ou informação. Alguns atores, após a aprovação desses decretos, dentre os quais, principalmente, o Ministério da Agricultura, buscavam uma flexibilização do Decreto nº 3.871 (norma de rotulagem acima citada), o que levou à isenção da rotulagem dos produtos derivados de animais alimentados com rações transgênicas (como carne, leite, ovos)[202].

---

[200]CASTRO, Biancca Scarpeline de. *Op. Cit.* p. 42.

[201]Esta ação foi julgada procedente em 2007, quando foi acolhido o pedido do IDEC, obrigando-se, portanto, à rotulagem de alimentos transgênicos independentemente do teor de OGMs presente no produto final. Todavia, a União e a ABIA (Associação Brasileira de Indústria de Alimentos) entraram com recurso, o qual, julgado pelo TRF-1, rejeitado, mantendo-se a sentença favorável aos consumidores, em 2009. Novamente, a União e a ABIA recorreram ao STF, que, em 2012, por decisão liminar, acatou o pedido para suspender a decisão do TRF-1 até que o recurso fosse julgado, aceitando o argumento de que o TRF-1 teria ultrapassado a competência do STF ao julgar a matéria. Finalmente, em 2016, em decisão proferida pelo ministro Edson Fachin, a decisão do TRF-1 foi mantida, garantindo-se, novamente, a indicação no rótulo de alimentos que contenham OGMs, independentemente da quantidade presente. Por fim, em 2017, foi julgado improcedente o recurso extraordinário, por meio do Agravo Regimental na Reclamação 14.859 do Distrito Federal.

[202]CASTRO, Biancca Scarpeline de. *Op. Cit.* p. 50.

O símbolo inserido nos produtos para indicar a presença de componentes transgênicos foi definido pela Portaria nº. 2.658, de 22 de dezembro de 2003, correspondendo a um triângulo equilátero, de fundo amarelo, com a letra "T" no centro, com bordas na cor preta. Restou, também, definida a obrigatoriedade da menção do nome científico da espécie doadora do gene responsável pela modificação. Outrossim, os alimentos que não contivessem OGMs poderiam declarar em seus rótulos "livre de transgênicos", nos casos em que produtos similares no mercado fossem produzidos a partir de transgênicos.

No ano de 2003, a empresa Monsanto deu início a uma campanha de marketing, direcionada aos consumidores, na qual vinculava a imagem dos transgênicos com um mundo ecologicamente melhor, com menos poluição ambiental, maior produção de alimentos e menor uso de agrotóxicos[203]. Era uma estratégia para desmistificar os transgênicos como alimentos perigosos, imagem causada pela inserção do referido símbolo de alerta nos produtos alimentícios que continham OGMs. Buscava-se mudar a imagem desses alimentos perante a sociedade civil, para poder, assim, angariar maiores lucros com suas vendas.

Ainda nesse contexto de tensões entre o Executivo, Legislativo e os grupos de interesse a respeito da condução da política de biossegurança doméstica, deu-se, por iniciativa do Poder Executivo, a criação de um Projeto de Lei de Biossegurança, de nº. 2.401, em 2003, com o objetivo de modificar os padrões e procedimentos até então adotados para o uso e a liberação dos transgênicos no Brasil, além de pretender regulamentar, também, a pesquisa com células-tronco embrionárias humanas.

A aprovação desse Projeto de Lei representou uma grande vitória dos grupos de interesse favoráveis aos transgênicos e ainda, a ampliação dos poderes da CTNBio. Para lograr essa aprovação, a estratégia de juntar, em um só projeto de lei, dois temas tão relevantes, quais sejam, a questão dos alimentos transgênicos e, ao mesmo tempo, a questão das pesquisas com células-tronco, foi essencial. Isso porque, conforme explica Reis[204], na segunda tramitação do PL na Câmara dos Deputados, toda a discussão girou em torno da questão da liberação do uso de embriões humanos para a produção de células-tronco, em uma votação até mesmo emocional, com a presença orquestrada de diversos cidadãos acometidos por doenças degenerativas, que poderiam obter uma melhora significativa em seus tratamentos através da aprovação do projeto. Assim, a atuação dos grupos de interesse, a atenção da mídia e os discursos dos parlamenta-

---

[203]MONSANTO. **Mundo melhor.** YouTube. 2003. Disponível em http://www.youtube.com/watch?v=7y4EnsSW814. Acesso em: 22 de julho.

[204]REIS, Rafael Pons. *Op. Cit.* p. 98.

CAPÍTULO 3 | Regulamentação dos Transgênicos e Agrotóxicos no Brasil

res estavam todos orientados para a questão das células-tronco, restando o tema dos transgênicos um assunto marginal. Quando o Presidente Lula sancionou a lei, apesar de ter instituído sete vetos em seu texto, seu teor foi mantido.

A Lei de Biossegurança, que entrou em vigor em 2005, conferiu amplos poderes decisórios para a CTNBio, que era composta, até então, por 12 cientistas, 9 representantes de Ministério e 6 representantes da sociedade civil, todos obrigatoriamente com grau de doutor e com destacada atividade profissional nas áreas de biossegurança, biotecnologia, biologia, saúde humana e animal ou meio ambiente[205]. A Comissão ficou responsável por determinar as regras e autorizar liberações de caráter experimental e comercial de OGMs no Brasil. Todavia, a nova lei deixou de lado questões como o processo de escolha de cientistas e especialistas para compor a CTNBio, o quórum para as deliberações da comissão e o seu funcionamento.

Para assegurar a participação dos cidadãos tanto na definição dos membros da CTNBio, quanto em suas decisões, ONGs que integravam a campanha "Por um Brasil Livre de Transgênicos"[206] entregaram uma carta com reivindicações ao Governo[207].

Algumas questões previstas na nova Lei de Biossegurança geraram disputas jurídicas e institucionais. O IDEC e o Partido Verde questionaram sua constitucionalidade, através do encaminhamento de representações ao Procurador Geral da República, em razão das disposições que conferiam à CTNBio a competência de decidir, em última e definitiva instância, a respeito da liberação de espécies geneticamente modificadas. Também foi questionada a competência da Comissão para dispensar estudos prvios de impacto ambiental, pois tal disposição iria contra o disposto no artigo 225 da Constituição Federal, que torna obrigatória a realização de tais estudos para qualquer atividade potencialmente causadora de significativa degradação do meio ambiente[208].

Ainda, no mesmo ano de 2005, foi publicado, no Diário Oficial da União, o Decreto nº 5.591, que regulamentava a Lei de Biossegurança e adotava um posicionamento favorável às demandas dos atores que compunham uma posição mais ambientalista

---

[205]Com a entrada em vigor da Lei de Biossegurança, a comissão passou a ser formada por 27 membros titulares e 27 suplentes, conforme disposto no artigo 11 da referida Lei. Assim, passaram a ser 12 representantes titulares (com seus respectivos 12 suplentes) da comunidade científica, nove representantes titulares (e nove suplentes) do Poder Executivo e seis representantes titulares (e seis suplentes) da sociedade civil (FONSECA, Paulo F.C.; GUIVANT, Julia S. A dramaturgia dos peritos na ciência regulatória brasileira: o caso da Comissão Técnica Nacional de Biossegurança. **História, Ciências, Saúde – Manguinhos**, Rio de Janeiro, v.26, n.1, p.123-144, jan.-mar. 2019).

[206]POR UM BRASIL LIVRE DE TRANSGÊNICOS. **Boletim da Campanha por um Brasil livre de transgênicos**. Disponível em: http://pratoslimpos.org.br/?p=615. Acesso em: 13 de setembro de 2019.

[207]CASTRO, Biancca Scarpeline de. *Op. Cit.* p. 56.

[208]*Ibid.* p.56-57.

CAPÍTULO 3 | Regulamentação dos Transgênicos e Agrotóxicos no Brasil

e protetiva. O Decreto em questão obrigava os membros da CTNBio a assinar uma "declaração de conduta" que explicitaria eventuais conflitos de interesse. Para além disso, determinou que, nos processos de liberação comercial de OGMs, seria necessário, para a aprovação, votos favoráveis de 2/3 dos seus membros e, nos demais casos, as decisões seriam tomadas por maioria absoluta. Estabeleceu, também, que o Conselho Nacional de Biossegurança (CNBS) decidiria sobre os aspectos de conveniência e oportunidades socioeconômicas na liberação, para uso comercial, de transgênicos e seus derivados. No caso de recursos contra as decisões da CTNBio, este conselho de Ministros decidiria, em última instância, sobre a liberação comercial de organismos geneticamente modificados.

Após a aprovação dessa nova Lei de Biossegurança, em 2005, houve um aumento considerável da produção de grãos transgênicos, o que amplia ainda mais a importância da informação como meio de garantir aos cidadãos o seu poder legítimo de escolha. De acordo com diversas pesquisas, nesse mesmo período, a rejeição dos consumidores aos OGMs era expressiva. Conforme constatou o Ibope, em 2001, 74% dos brasileiros optariam por um alimento não transgênico, sendo que, em 2005, conforme constatou o Iser (Instituto de Estudos da Religião), esse número era ainda majoritário, correspondendo a 70,6% dos brasileiros[209].

O movimento de regulamentação da questão dos transgênicos no Brasil se deu de forma quase pendular, uma hora tendendo a uma proteção mais forte do meio ambiente e, em outro momento, flexibilizando as normas anteriores para poder agradar o setor interessado, sempre variando entre os dois polos: o ambiental e o comercial. Como prova disso, em outubro de 2006, o Presidente Lula sancionou a Medida Provisória nº 327, convertida na Lei nº 11.460, que permitiu reduzir a distância mínima obrigatória de 10 km para 500 metros entre os plantios de transgênicos e as Unidades de Conservação Ambiental, alterando, também, o quórum necessário para a aprovação comercial dos organismos geneticamente modificados na CTNBio de dois terços dos seus membros para maioria simples.

É importante, nesse ponto, destacar que, de acordo com pesquisas realizadas na França, grãos de pólen do milho foram identificados a uma altura de mais de mil metros de distância da plantação[210]. Esse dado demonstra que a redução da distância mínima, instituída pelo ato do Poder Executivo, em 2003, não cumpre com os requisitos de prote-

---

[209]ISER, 2005, Apud SALAZAR, Andrea Lazzarini. A informação sobre alimentos transgênicos no Brasil. In: Magda ZANONI; Gilles FERMENT. **Transgênicos para quem? Agricultura Ciência Sociedade**. Brasília: Ministério do Desenvolvimento Agrário, 2011. p. 295.

[210]ZANONI, Magda, et al. 2011. *Op. Cit.* p.267.

CAPÍTULO 3 | Regulamentação dos Transgênicos e Agrotóxicos no Brasil

ção ao meio ambiente e de manutenção da diversidade do patrimônio genético nacional, previstos na Carta Magna como valores constitucionalmente protegidos. Ainda, conforme o autor do livro "*Seeds of Deception – Exposing Industry and Government Lies About the Safety of the Genetically Engineered Foods You're Eating*", Jeffrey M. Smith, afirmou em uma entrevista realizada pela ONG Extra Classe[211], um relatório realizado pelo Conselho Nacional de Pesquisa dos Estados Unidos confirmou que não há nenhuma maneira adequada de proteger contra a contaminação gênica. O referido autor mencionou, na mencionada entrevista, um relatório realizado pela União de Cientistas, o qual verificou que sementes não-transgênicas são amplamente contaminadas por sementes transgênicas, de forma que a coexistência a longo prazo seria um mito.

Interessante, aqui, abrir um parênteses para destacar que a contaminação por transgênicos pode se dar tanto das plantações quanto com relação aos grãos já colhidos. Conforme cartilha publicada pelo IDEC, a mistura entre os grãos pode acontecer ainda nas plantações e, também, nas fases posteriores, como no transporte, na armazenagem e na comercialização[212].

Dando continuidade à linha temporal da regulamentação aqui estudada, tem-se que, na contramão dos atos permissivos até então aprovados, com um vis mais protetivo, na edição da nova Lei, Lula vetou a emenda proposta pela bancada ruralista que previa a liberação da comercialização do algodão resistente ao herbicida Roundup Read, que havia sido, até então, plantado ilegalmente em diversas regiões do país. Desde meados de 2006 havia denúncias de cultivos ilegais de algodão RR da Monsanto nos Estados de Mato Grosso, Goiás Bahia, Mato Grosso do Sul e Minas Gerais.

Todavia, como já comentado, ao final de junho de 2007, a CTNBio iniciou o debate para definir a possibilidade de liberação comercial desse algodão transgênico, que foi autorizado, em setembro de 2008, através da aplicação do princípio da equivalência substancial. A partir de então, o referido princípio passou a ser aplicado reiteradamente por esse órgão licenciador, com o escopo de aprovar variedades transgênicas sem a realização de estudos mais profundos dos possíveis impactos ambientais.

A avaliação de riscos conduzida pela CTNBio se afasta dos princípios democráticos básicos, segundo os quais os interesses maiores da sociedade deveriam ser avaliados

---

[211]FRAGA, César. **TRANSGÊNICOS: as sementes da enganação**. Extra Classe ONG. 25 de maio de 2004. Disponível em: https://www.extraclasse.org.br/geral/2004/05/transgenicos-as- sementes-da-enganacao/. Acesso em: 07 de abril de 2019.

[212]CONSUMERS INTERNATIONAL; FNECDC (FÓRUM NACIONAL DAS ENTIDADES CIVIS DE DEFESA DO CONSUMIDOR); POR UM BRASIL LIVRE DE TRANSGÊNICOS; IDEC. **Transgênicos: feche a boca e abra os olhos**. Disponível em: https://www.idec.org.br/ckfinder/userfiles/files/Cartilha%20Transgenico.pdf. Acesso em: 11 de novembro de 2020.

CAPÍTULO 3 | Regulamentação dos Transgênicos e Agrotóxicos no Brasil

desde uma perspectiva ampla, levando em conta as opções quanto ao modelo agrícola, a qualidade da alimentação e do meio ambiente. Além disso, as decisões se restringem a um nicho restrito de conhecimentos e de formação especializada, considerando, como prioridade, os interesses do setor do agronegócio e não da população consumidora. Não há qualquer metodologia seguida pela CTNBio para avaliar os riscos da liberação dos transgênicos no Brasil, pois a maioria das deliberações é baseada em estudos produzidos pela própria empresa transnacional interessada[213].

Tendo em vista esse quadro, as decisões da referida comissão acabam sendo vistas com grande desconfiança pela sociedade, ainda mais em razão da escassa transparência com a qual são tomadas. Para além disso, é alarmante a constatação de que apenas sete, dos 27 votos que compunham a CTNBio na década passada, eram pautados pelo Princípio da Precaução, sendo os outros dirigidos pelo modelo da equivalência substancial[214], pois isso contraria as normas estabelecidas pelo nosso ordenamento jurídico, estabelecido com base no princípio da precaução, e direcionado pelas normas determinadas pelo Protocolo de Cartagena. Trata-se de uma atuação maculada pela ilegalidade, uma vez que desrespeita o princípio legitimado pelos instrumentos normativos nacionais, adotando um modelo externo que é oposto ao adotado formalmente pelo ordenamento jurídico pátrio.

Segundo Zanoni, é preocupante a constatação de que há uma forte rejeição, por parte dos membros da posição majoritária da CTNBio, ao Princípio da Precaução. Este órgão, responsável pela liberação de plantas pesticidas sobre milhões de hectares de um dos países mais megadiversos do planeta, nem mesmo reconhece a possibilidade de existência dos impactos dessas plantas (e de suas tecnologias associadas) sobre organismos não alvo, presentes nos ecossistemas envolvidos[215].

É importante destacar que as análises referentes às questões sociais, econômicas e culturais restaram como competência do Conselho Nacional de Ministros da Biossegurança (CNB), formando-se um sistema de licenciamento através do crivo de dois órgãos. Todavia, esse sistema não funciona como deveria, pois não há uma articulação entre as argumentações apresentadas no seio da CTNBio e as discussões ocorridas,

---

[213]FEDERAÇÃO DOS ESTUDANTES DE AGRONOMIA DO BRASIL; ASSOCIAÇÃO BRASILEIRA DE ESTUDANTES DE ENGENHARIA FLORESTAL.In: Magda ZANONI; Gilles FERMENT. **Transgênicos para quem? Agricultura Ciência Sociedade**. Brasília: Ministério do Desenvolvimento Agrário, 2011. p. 452.

[214]ZANONI, Magda et al, *Op. Cit.* p. 251.

[215]*Ibid.* p. 255-264. A referida autora afirma que o posicionamento majoritário da CTNBio é caracterizado pela adoção de uma posição ideológica, uma vez que as ideias assumidas pela maioria dos membros da comissão são calcadas, fortemente, no positivismo de Augusto Comte, que tanto valorizava a ciência a ponto de torná-la quase uma nova f; e o tecnicismo que o acompanha transformou o saber científico numa ideologia que poderia solucionar todos os problemas.

CAPÍTULO 3 | Regulamentação dos Transgênicos e Agrotóxicos no Brasil

em caso de conflito, no CNB[216]. Enquanto o CNB se caracteriza como uma instância política de decisão, a CTNBio deveria representar uma instância estritamente técnica, como afirma Marco Aurlio Pavarino, todavia, a Comissão tende, há alguns anos, a um posicionamento também político[217]. É imprescindível destacar a gritante omissão do CNB, demonstrada pelo fato de que, desde sua criação, em 14 anos de existência, o conselho apenas se reuniu duas vezes[218].

A análise final, realizada em um processo de aprovação da liberação de algum organismo geneticamente modificado, acaba por se restringir às proteínas identificadas pelo proponente da tecnologia como objeto da manipulação genética, não sendo levada em consideração sua relação com todos os possíveis impactos que a liberação pode ocasionar no âmbito social, econômico, político, ecológico e da saúde pública. Trata-se de uma atuação pautada pelo reducionismo científico, como já foi apontado ao longo do presente livro.

A partir dessa linha histórica, traçada desde os primeiros plantios de soja transgênica em território brasileiro, proporcionados via contrabando das sementes oriundas da Argentina, é possível estabelecer algumas conclusões acerca do sistema de licenciamento consolidado no Brasil.

Primeiramente, percebe-se uma forte articulação entre o setor governamental responsável pela aprovação dessa biotecnologia e o setor industrial interessado. Dessa forma, o órgão licenciador acaba agindo não em função dos interesses da população e em proteção à saúde dos cidadãos brasileiros e ao meio ambiente, mas, sim, em prol dos interesses privados que são atendidos com a liberação comercial desses produtos. Em segundo lugar, acaba por ser efetivada a aplicação de um princípio que não condiz com o previsto tanto em leis internas, quanto em compromissos externos firmados pelo Brasil, de modo que o princípio da precaução acaba tendo seu papel restrito a uma mera disposição legal, enquanto o princípio da equivalência substancial é verdadeiramente aplicado.

A maneira como a regulamentação das plantações transgênicas se deu no Brasil representa a adoção de um sistema de legitimidade do fato consumado ilícito, havendo, ao longo dos anos de insegurança jurídica, uma violação paulatina dos direitos constitucionais de proteção ao meio ambiente ecologicamente equilibrado, e da manutenção da diversidade biológica Brasileira, sem falar dos direitos à saúde e à informação, também

---

[216]ZANONI, Magda et al, *Op. Cit.* p. 259.

[217]PAVARINO, Marco Aurélio. A Convenção sobre Diversidade Biológica da ONU: o cenário internacional e as agendas internas no Brasil. I n: Magda ZANONI; Gilles FERMENT. **Transgênicos para quem? Agricultura Ciência Sociedade**. Brasília: Ministério do Desenvolvimento Agrário, 2011. p. 355-356.

[218]OLIVEIRA, Cida de. *Loc. Cit.*

amplamente desrespeitados ao longo desse processo. Os atos ilícitos que engendraram a plantação e comercialização de produtos transgênicos em território brasileiro não apenas não obtiveram uma resposta do Estado, com a esperada responsabilização dos atores envolvidos, como foram, gradualmente, descriminalizados e incorporados na legislação nacional e na atuação dos órgãos licenciadores. Os interesses privados venceram a queda de braço com os direitos constitucionalmente protegidos, dando ensejo a um sistema inconstitucional sobre o qual, hoje, a aprovação dos transgênicos está assentada.

Em decorrência de todo esse processo, consequências internas e externas acabaram por ser ocasionadas, em função do papel assumido pelo Brasil como produtor de transgênicos. Assim, o caminho seguido pelo Brasil, como expoente do agronegócio, acaba sendo pautado por um modo de exploração predatória da natureza, em função de interesses comerciais posicionados no contexto de uma globalização hegemônica conduzida pelo imperialismo norte americano. O Brasil, como grande produtor rural, vê-se intensamente dependente da tecnologia proveniente dos EUA e do mercado consumidor que encontra na Europa e na China, grandes importadores da soja transgênica. A forma como esse papel influencia o país internamente (através da violação de direitos, tantos dos consumidores, como de comunidades autóctones) e externamente (através de uma dependência bilateral da produção de soja pelo Brasil) será abordada mais adiante.

3.2 A produção brasileira de transgênicos nos dias atuais

Grande parte das plantações transgênicas em solo brasileiro é produzida a partir do uso de sementes desenvolvidas em outros países, sendo a maioria proveniente dos Estados Unidos. É o que é possível observar através da análise do gráfico a seguir, que aponta que, dos transgênicos produzidos no Brasil, 64% são provenientes dos EUA (quando somadas as quantidades das empresas Monsanto, Dow e Dupont, que são norte-americanas:

Figura 1: Empresas com mais transgênicos no mercado Brasileiro.

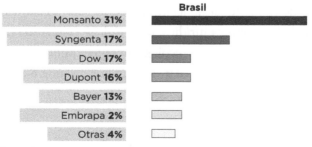

Fonte: VICENTE, Lucía; ACEVEDO, Carolina; VICENTE, Carlos, 2020[219].

---

[219] VICENTE, Lucía (coord.); ACEVEDO, Carolina (coord.); VICENTE, Carlos (coord.). *Op. Cit.* p. 73.

CAPÍTULO 3 | Regulamentação dos Transgênicos e Agrotóxicos no Brasil

Das 76 plantas transgênicas aprovadas pela CTNBio em 20 anos (ou seja, até o ano de 2018), só quatro haviam sido desenvolvidas no Brasil: um feijão resistente a vírus; uma soja resistente a herbicidas; uma cana-de-açúcar resistente a lagartas; e um eucalipto que cresce mais rápido e produz mais madeira[220].

Além disso, em 2019, a empresa que dominou as exportações de soja e milho, no Brasil, foi a Cargill, empresa norte americana cujas exportações dos dois produtos somados chegaram ao montante de 17 milhões de toneladas[221].

Esse dado revela que ao Brasil é relegado um papel de mero produtor de gêneros alimentícios (através da reprodução de técnicas desenvolvidas por outros países) destinados à exportação, majoritariamente, para o Norte global, funcionando como uma barriga de aluguel do agronegócio. O Brasil compra o pacote tecnológico, usa seus recursos naturais para plantar os respectivos alimentos e manda-os para fora. O Estado Brasileiro acaba sendo duplamente instrumentalizado em prol dos interesses de dois grupos distintos de países: o primeiro, composto pelos Estados Unidos, tem por escopo implantar sua tecnologia transgênica em outros países, de modo irreversível, para que as empresas responsáveis pelo desenvolvimento dessa biotecnologia possam ter pleno domínio do setor agronômico e alimentício a nível internacional, ao passo que o segundo grupo é composto pelos países (leia-se, países europeus) que restringem o uso de tecnologias transgênicas em seus territórios para proteger seu meio ambiente e sua população, mas, ainda sim, importam os produtos, feitos com o emprego dessa técnica, quando produzidos em outros países.

A adoção do modelo de cultivo com emprego de transgênicos é um dos pilares do agronegócio predatório, que concentra terras e aumenta conflitos no campo. Esse modelo não é apenas amplamente adotado pelo Brasil, mas, sim, pelos países da América do Sul, onde a produção de commodities transgênicas aumentou exponencialmente no ano de 2020 (sendo, claro, o Brasil o maior produtor da região, seguido pela Argentina, Paraguai, Bolívia e Uruguai). No ano de 2015, registraram-se, no Brasil, 52.648.000 hectares destinados à produção de commodities transgênicas; na Argentina, foram 24.230.000 hectares; no Paraguai, 4.400.000; no Uruguai, 1.207.000 e; na Bolívia, 1.672.000, o que, somados, totalizaram 94.157.000 hectáres destinados,

---

[220]ESCOBAR, Herton. **Novas Técnicas prometem ampliar "cardápio" de alimentos transgênicos**. Ciência Estadão. 02 de setembro de 2018. Disponível em: https://ciencia.estadao.com.br/noticias/geral,apos-20-anos--transgenico-se-torna-regra-no-campo,70002483887. Acesso em: 17 de junho de 2019.

[221]Cargill lidera entre exportadores de grãos do Brasil em 2019; veja os destinos. 10 de janeiro de 2020. **Notícias Agrícolas**. Disponível em: https://www.noticiasagricolas.com.br/noticias/graos/249800-cargill-lidera-entre-exportadores-de-graos-do-brasil-em-2019-veja-os-destinos.html#.X9toFy_5RQI. Acesso em: 07 de janeiro de 2021.

CAPÍTULO 3 | Regulamentação dos Transgênicos e Agrotóxicos no Brasil

apenas, à produção de transgênicos na América do Sul, o que corresponde a uma superfície equivalente a três vezes o território da Alemanha[222].

O futuro do agronegócio acaba por ser definido, desta forma, pelas decisões dos países centrais (desenvolvidos) e suas multinacionais, dando continuidade ao ciclo de funcionamento de atividades extrativas e exploratórias condizentes com um regime colonial. Tendo isso em mente, é triste a constatação de que o Cone Sul submerge, cada vez mais, na dependência e vulnerabilidade econômica, política e ambiental[223].

É importante destacar que a implementação de monoculturas em larga escala, apesar de produzir uma enorme quantidade de grãos de exportação, como o milho e a soja, chamados de *commodities*, não fornece alimento à população interna do país. Assim, mais do que nunca, mostra-se evidente que a utilização do modelo agropecuário transgênico não é a solução para a questão da fome[224].

A adoção da técnica da transgenia, como explicamos anteriormente, faz com que as sementes se tornem propriedade privada, de forma que os agricultores passam a ser obrigados a pagar *royalties* (direitos à exploração comercial) àquelas –poucas– empresas detentoras das patentes das sementes, criando uma dependência dos agricultores perante às multinacionais, o que intensifica a disparidade social.

Recentemente, surgiu uma nova técnica, capaz de produzir organismos geneticamente modificados "cisgênicos", ou seja, as mutações são realizadas apenas no âmbito do mesmo DNA, sem compartilhamento de DNAs distintos, que é uma característica própria do procedimento adotado na produção das plantas transgênicas. Essa nova técnica de edição genética é chamada de Timps (Técnica Inovadora de Melhoramento de Precisão), e permite fazer modificações pontuais no genoma de um organismo, com o objetivo de desligar, diminuir ou aumentar alguma característica genética dele[225]. A partir do desenvolvimento dessa técnica, os cientistas a serviço dos interesses comerciais passaram a repetir o que, no passado, eles diziam acerca dos transgênicos: "Agora sim, as modificações são precisas, exatas, seguras e não trazem riscos"[226].

---

[222]VICENTE, Lucía (coord.); ACEVEDO, Carolina (coord.); VICENTE, Carlos (coord.). *Op. Cit.* p. 16 e 32-33.

[223]*Ibid.* p. 126.

[224]OLIVEIRA, Cida de. **Plantio de transgênicos dispara no agronegócio dos países da América do Sul.** 04 de julho de 2020. Rede Brasil Atual. Disponível em: https://www.redebrasilatual.com.br/ambiente/2020/07/plantio-de-transgenicos-dispara-na-agricultura-dos-paises-da-america-do-sul/. Acesso em: 03 de janeiro de 2021.

[225]ESCOBAR, Herton. **Novas Técnicas**... *Loc. Cit.*

[226]MELGAREJO, L., & DE SOUZA, M. M. Agrotóxico Mata - Campanha Permanente Contra os Agrotóxicos e Pela Vida. 07 de fevereiro de 2019. Disponível em: https://contraosagrotoxicos.org/os-cientistas-a-sujeira-e-o--tapete/. Acesso em: 17 de agosto de 2020.

CAPÍTULO 3 | Regulamentação dos Transgênicos e Agrotóxicos no Brasil

Quanto à regulação dessa nova tecnologia, em janeiro de 2018, a CTNBio aprovou a Resolução Normativa nº. 16, que permitiu que os produtos geneticamente modificados em questão pudessem ser considerados não geneticamente modificados, sendo que a análise deverá ser feita caso a caso[227]. Maria Sueli Felipe, presidente da CTNBio, afirmou que "Cada produto poderá ser considerado transgênico ou não, dependendo das suas características". Com isso, eles podem ser dispensados da análise de risco, podendo o mercado decidir em que volume e, por quanto tempo, eles serão liberados no ambiente. A Resolução Normativa nº. 16 é oposta à decisão tomada por parte do Tribunal de Justiça da União Europeia que, em julho de 2018, decidiu que as plantas com características geradas por edição genética são equivalentes aos transgênicos e, portanto, devem ser regulamentadas como tal[228].

A primeira decisão nacional com base nessa resolução foi dada em junho de 2018, quando a CTNBio concluiu que duas leveduras da empresa GlobalYeast, geneticamente modificadas para melhorar a produção de bioetanol, não eram organismos transgênicos[229].

A adoção, por parte da CTNBio, desse modelo decisório, acaba sendo um fator mitigador da democracia brasileira, pois permite que a liberação desses produtos no mercado brasileiro seja feita de modo carente de transparência, não concedendo aos consumidores o poder de identificação dos alimentos que são produzidos a partir do emprego de técnicas de engenharia genética ou não e, portanto, não lhes garantindo o poder de escolha, quanto aos alimentos que consumirão, com base em critérios importantes relativos aos métodos de produção empregados.

A mesma resolução nº. 16, de 2018, caracteriza-se, ainda, como um canal legal capaz de levar à posterior liberação dos impulsionadores genéticos, também chamados de sistemas de redirecionamento genético. Essa técnica é considerada de alto risco por diversas entidades ligadas ao tema, inclusive pela ONU, que já se manifestou no sentido de a considerar arma biológica. Os impulsionadores genéticos poderiam ser utilizados para extinguir uma espécie, por exemplo, segundo os interesses do agronegócio, sendo utilizados para extinguir completamente uma espécie de praga que prejudica as plantações. Ainda, seu uso poderia ser destinado a eliminar espécies de plantas resistentes aos

---

[227]ESCOBAR, Herton. Novas Técnicas... *Loc. Cit.* A primeira decisão com base nessa resolução foi dada em junho de 2018, quando a CTNBio concluiu que duas leveduras da empresa GlobalYeast, geneticamente modificadas para melhorar a produção de bioetanol, não eram organismos transgênicos

[228]MELGAREJO, L., & DE SOUZA, M. M. *Loc.Cit.*

[229]ESCOBAR, Herton. **Após 20 anos, transgênico se torna regra no campo**. 02 de setembro de 2018. Estadão Ciência. Disponível em: https://ciencia.estadao.com.br/noticias/geral,apos-20-anos-transgenico-se-torna-regra-no-campo,70002483887. Acesso em: 08 de janeiro de 2021.

CAPÍTULO 3 | Regulamentação dos Transgênicos e Agrotóxicos no Brasil

agrotóxicos, ou fazer com que tais plantas voltem a ser suscetíveis a eles. Sua periculosidade está ligada ao fato de poderem modificar geneticamente outras plantas e animais silvestres que não aqueles visados, além do fato de, por si só, a extinção de uma espécie do reino animal ser extremamente prejudicial à manutenção do ecossistema e da diversidade biológica. Nota-se que nem mesmo os Estados Unidos autorizaram liberar um organismo desse tipo, pois, uma vez que ele esteja no ambiente, não se sabe como o deter. Com a resolução da CTNBio, o Brasil pode se tornar o primeiro país a permitir a liberação dessa perigosa tecnologia. [230]

Sobre o nível de produtividade de alimentos transgênicos pelo Brasil, no ano de 2018, o país foi o maior exportador de soja do mundo, à frente dos Estados Unidos, quando atingiu um nível recorde de exportações, com 83,8 milhões de toneladas[231]. Esse desempenho deu-se, principalmente, por conta da guerra comercial entre a China e os EUA, quando o gigante asiático adotou como estratégia o aumento da compra da soja brasileira para alimentar o seus animais de criação. Além da China, que fora de condições excepcionais, também é uma grande importadora da soja brasileira, a Europa também é cliente da soja transgênica produzida no Brasil, usada, principalmente, para ração animal[232].

Já no ano de 2019, o Brasil foi o maior exportador de milho do mundo, superando os EUA, com o total de 44,9 milhões de toneladas exportadas. Deste milho, 90% eram transgênicos e foi essa a cultura responsável pelo emprego de 20% dos agrotóxicos utilizados naquele ano[233]. Naquele mesmo ano, o Brasil importou 81% de sua soja a China[234]. Por sua vez, no ano de 2020, conforme divulgado pelo Serviço Internacional para Aquisição de Aplicações de Agrobiotecnologia (ISAAA), por mais um ano consecutivo,

---

[230]ARTICULAÇÃO NACIONAL DOS TRABALHADORES, TRABALHADORAS E POVOS DO CAMPO, DAS ÁGUAS E DAS FLORESTAS. **Governo brasileiro quer impor a liberação de novos transgênicos sem nenhum controle.** Brasil de Fato. 06 de fevereiro de 2018. Disponível em: https://www.brasildefato.com.br/2018/02/06/governo-brasileiro-quer-impor-a-liberacao-de-novos-transgenicos-sem-nenhum-controle/. Acesso em: 06 de setembro de 2019

[231]CEPEA. Soja/retro 2018: em ano de safra recorde, disputa comercial favorece exportação e preço sobe. 10 de janeiro de 2019. **Cepea.** Disponível em: https://www.cepea.esalq.usp.br/br/releases/soja-retro-2018-em-ano-de-safra-recorde-disputa-comercial-favorece-exportacao-e-preco-sobe.aspx. Acesso em: 19 de agosto de 2020.

[232]O Greenpeace denunciou, nesse sentido, uma "dependência" europeia das exportações de soja da América do Sul. (AFP. **Por trás dos incêndios na Amazônia, apetite mundial pelo gado e pela soja.** Exame. 24 de agosto de 2019. Disponível em: https://exame.abril.com.br/brasil/por-tras-dos-incendios-na- amazonia-apetite-mundial-pelo-gado-e-pela-soja/. Acesso em: 09 de setembro de 2019).

[233]GIL, Bela. **Olha o milho... é transgênico.** 15 de julho de 2020. UOL. Disponível em: https://www.uol.com.br/ecoa/colunas/bela-gil/2020/07/15/olha-o-milho-e-transgenico.htm. Acesso em: 03 de janeiro de 2021.

[234]VICENTE, Lucía (coord.); ACEVEDO, Carolina (coord.); VICENTE, Carlos (coord.). *Op. Cit.* p. 16.

o Brasil esteve em segundo lugar como país com maior área plantada com transgênicos do mundo[235].

O destaque brasileiro na venda de *commodities* transgênicas não é surpresa, mas, sim, algo planejado, uma vez que, a partir do primeiro ano de governo de Bolsonaro, a liberação de transgênicos cresceu exponencialmente no país, tendo mais do que duplicado. Apenas entre janeiro e setembro de 2019, por exemplo, 22 OGMs e 7 OVMs foram liberados pela CTNBio, sendo que, anteriormente, a média anual correspondia a 10,6[236].

Foi muito relevante, no ano de 2020, o aumento gritante da quantidade de soja produzida pelo Brasil para ser exportada a China. Até o mês de julho daquele ano, 50 milhões de toneladas de soja haviam sido vendidas ao gigante asiático, o que correspondeu a 72,4% de toda a soja vendida pelo Brasil, conforme estimativa feita pela Secretaria de Comércio Exterior, do Ministério da Economia. Esse montante, representou toda a produção Brasileira de soja no ano anterior[237]. Os motivos para o aumento foram a desvalorização do real, a rixa entre os EUA e a China, e o aquecimento do mercado de carnes chinês, que utiliza a soja como ração para seus suínos.

Com as fortes exportações para a China, o Brasil acabou enfrentando uma escassez de soja, com o esgotamento de seu estoque, o que fez com que o governo chinês recorresse a uma maior importação da soja estadunidense no final de 2020 e início de 2021[238]. Essa situação trouxe uma série de consequências para o mercado interno e para a economia brasileira, como se verá a seguir.

A primeira delas é que, com todas as apostas na plantação de soja, que prometia um grande retorno financeiro, o investimento em fornecimento de alimentos para a população brasileira acabou ficando em segundo plano, o que fez com que aumentassem vertiginosamente os preços de produtos básicos do hábito alimentar brasileiro, como o feijão, que precisou ser importado da Argentina[239], o arroz, e a carne (uma vez

---

[235]SALLES, Mariana. **EUA e Brasil continuam a liderar a produção de transgênicos no mundo.** 13 de dezembro de 2020. Valor Econômico. Disponível em: https://valor.globo.com/agronegocios/noticia/2020/12/03/eua-e-brasil-continuam-a-liderar-a-producao-de-transgenicos-no-mundo.ghtml. Acesso em: 03 de janeiro de 2021.

[236]OLIVEIRA, Cida de. *Loc. Cit.*

[237]POPOV, Daniel. **Brasil já vendeu mais de 50 milhões de toneladas de soja para a China em 2020.** 07 de agosto de 2020. Canal Rural - Soja Brasil. Disponível em: https://www.canalrural.com.br/projeto-soja-brasil/noticia/brasil-ja-vendeu-mais-de-50-milhoes-de-toneladas-de-soja-para-a-china-em-2020/. Acesso em: 03 de janeiro de 2021.

[238]ESTADÃO CONTEÚDO. **Atraso do plantio de soja no Brasil fará China comprar mais dos EUA no início de 2021. Falta de estoque de passagem e possível demora na colheita brasileira prometem impactar negócios em janeiro e fevereiro.** 22 de outubro de 2020. Globo Rural. Disponível em: https://revistagloborural.globo.com/Noticias/Agricultura/Soja/noticia/2020/10/atraso-do-plantio-de-soja-no-brasil-fara-china-comprar-mais-dos-eua-no-inicio-de-2021.html. Acesso em: 07 de janeiro de 2020.

[239]GIL, Bela. *Loc. Cit.*

CAPÍTULO 3 | Regulamentação dos Transgênicos e Agrotóxicos no Brasil

que, por ser majoritariamente destinada à exportação, o preço interno da soja –utilizada para a alimentação dos bovinos– aumentou)[240], fazendo crescer a demanda de ovos, encontrados como alternativa mais barata de proteína pelos consumidores[241].

A segunda é que, diante da escassez de soja, que levou o produto a ser vendido a preços recordes no mercado interno, o governo brasileiro teve de recorrer à importação desse produto, isentando de tarifas de importações a soja e o milho advindos de países de fora do Mercosul, de forma a beneficiar, principalmente, os EUA, de quem, no final de novembro de 2020, importou 30 mil toneladas de soja. Ademais, até outubro de 2020, o Brasil havia importado 104,2 mil toneladas de óleo de soja, principalmente da Argentina e do Paraguai, contra menos de 30 mil toneladas, no mesmo período de 2019 e, até outubro de 2020, havia importado 625,5 mil toneladas de soja, contra 125 mil toneladas no mesmo período do ano anterior[242].

Com a necessidade crescente de importar soja dos Estados Unidos, o contexto perfeito foi criado para justificar a adoção, por parte do governo brasileiro, de uma instrução normativa que reconhece a equivalência de eventos geneticamente modificados entre Brasil e EUA. A partir da publicação desta norma, segurança jurídica foi fornecida às importações de soja e milho transgênicos dos Estados Unidos, mesmo que fossem de espécies transgênicas não aprovadas no Brasil[243].

A aprovação da referida instrução normativa representou um grave atentado contra o modelo estabelecido em lei para a regulamentação dos transgênicos, que estipula a adoção de uma conduta regulatória condizente com o princípio da precaução. Desta

---

[240]AFP. **Preços dos alimentos disparam no Brasil.** 13 de setembro de 2020. **Isto.** Disponível em: https://istoe. com.br/precos-dos-alimentos-disparam-no-brasil/. Acesso em: 08 de janeiro de 2021.

[241]BARROS, Alerrandre. **Com alta no preço das carnes, ovos têm maior produção em 33 anos.** 10 de dezembro de 2020. Agência IBGE Notícias. Disponível em: https://agenciadenoticias.ibge.gov.br/agencia-noticias/ 2012-agencia-de-noticias/noticias/29682-com-alta-no-preco-das-carnes-ovos-tem-maior-producao-em-33-anos. Acesso em: 08 de janeiro de 2021.

[242]Setor de soja do Brasil quer sincronia de transgênicos com EUA para eliminar riscos. 23 de novembro de 2020. **UDOP - União Nacional da Bioenergia.** Disponível em: https://www.udop.com.br/noticia/2020/11/23/setor-de-soja-do-brasil-quer-sincronia-de-transgenicos-com-eua-para-eliminar-riscos.html. Acesso em: 31 de dezembro de 2020.

[243]REUTERS. **Brasil publica norma facilitando importação de soja e milho transgênicos dos EUA.** 06 de novembro de 2020. G1. Disponível em: https://g1.globo.com/economia/agronegocios/noticia/2020/11/06/ brasil-publica-norma-facilitando-importacao-de-soja-e-milho-transgenicos-dos-eua.ghtml. Acesso em: 31 de dezembro de 2020; REUTERS. **Setor de soja do Brasil quer sincronia de transgênicos com EUA para eliminar riscos.** 23 de novembro de 2020; UDOP - União Nacional da Bioenergia. Disponível em: https://www.udop. com.br/noticia/2020/11/23/setor-de-soja-do-brasil-quer-sincronia-de-transgenicos-com-eua-para-eliminar-riscos.html. Acesso em: 31 de dezembro de 2020; MANO, Ana; SAMORA, Roberto. **Brasil facilita importação de grãos transgênicos dos EUA; foco agora é custo.** 06 de novembro de 2020. UOL. Disponível em: https:// economia.uol.com.br/noticias/reuters/2020/11/06/brasil-publica-norma-que-assegura-importacao-de-soja-e--milho-transgenicos-dos-eua.htm. Acesso em: 03 de janeiro de 2021

forma, a partir da adoção da instrução normativa em questão, não se faz mais necessário, basicamente, a burocracia para a aprovação dos OGMs em território brasileiro, dispensando-se a realização de estudos de análise de risco, uma vez que grande parte dos transgênicos cultivados em solo brasileiro são produzidos nos EUA que, claramente, tem-nos liberados em seu país.

Anteriormente, em contradição à recomendação dada, em outubro de 2019, pelo Ministério Público, para que fossem adotadas pelo Brasil, mudanças que tornassem os procedimentos adotados para a liberação comercial dos OGMs mais segura[244], a CTNBio havia publicado a Resolução Normativa nº 24, de 7 de janeiro de 2020, a qual, em síntese, positivava o modelo da equivalência substancial no Brasil, ao dispensar o monitoramento de OGMs considerados, pela Comissão, como de "risco negligenciável", associados a um "dano reduzido e de ocorrência desprezível no tempo provável de uso comercial"[245]. De acordo com esta Resolução, passam a ser dispensáveis as análises e emissões de novos pareceres técnicos no caso de OGMs que contenham mais de um evento, combinados através de melhoramento genético clássico e que já tenham sido previamente aprovados (individualmente) para liberação comercial pela CTNBio. Permite-se, portanto, a realização de uma colcha de retalhos genética, sem que os efeitos dessas combinações sejam previamente analisados através de estudos de impacto ambiental e de análise de riscos. Além disso, a referida Resolução permite a realização de avaliação de risco simplificada nos casos de OGMs que apresentem construção genética similar a de um OGM de referência.

Assim, é possível averiguar que, a partir de 2020, rompeu-se, escancaradamente, com o anterior modelo que buscava a aplicação do princípio da precaução na aprovação de OGMs no Brasil, com a contradição de todas as normas anteriormente instauradas, de forma inconstitucional. Finalmente, venceram os interesses privados das grandes corporações, que são as únicas que ganham, efetivamente, com a instauração deste modelo de agronegócio predatório e hegemônico.

Também importante observar que, em razão da pauta exportadora focada em *commodities* e da desvalorização do real o Brasil passou a apresentar um fenômeno de desindustrialização precoce, com a economia pautada, majoritariamente, na exportação de produtos agrícolas e de extração mineral, sendo que, em 2016, a indústria

---

[244]LACERDA, Nara. **Brasil afrouxa análise de segurança para plantio de transgênicos.** 10 de fevereiro de 2020. Brasil de Fato. Disponível em: https://www.brasildefato.com.br/2020/02/10/brasil-afrouxa-analise-de--seguranca-para-plantio-de-transgenicos. Acesso em: 01 de janeiro de 2020.

[245]Nota-se que a Resolução não trouxe uma definição do que poderia ser enquadrado como dano reduzido, abrindo espaço, assim, para análises subjetivas de impactos ambientais e à saúde das pessoas que habitam em áreas próximas às plantações.

brasileira representou apenas cerca de 10% do PIB do país[246]. A desindustrialização é considerada precoce pois o Brasil não chegou ao ápice da curvatura de desenvolvimento industrial, com a evolução nacional de produção de produtos e serviços de alto valor agregado. É sintomático, portanto, que as exportações brasileiras sejam compostas, em sua maioria, por produtos de baixa complexidade, sem que o país tenha sofrido qualquer processo de transformação estrutural de sua indústria[247].

Um último ponto, de grande importância, a ser considerado ainda neste tópico, é o impacto que a monocultura de soja tem no desmatamento de florestas brasileiras, principalmente da floresta amazônica. Para abordar o tema, é preciso voltar um pouco na linha do tempo, para o ano de 2006, quando um relatório, publicado pelo Greenpeace, demonstrou que, no período de 2003 a 2006, 70 mil km^2 de vegetação nativa da região amazônica tinham sido desmatados. A partir da divulgação desses dados, o *European Soy Customer Group*, representante da sociedade civil e do mercado internacional, passou a exercer grande pressão quanto ao assunto, até que, em 24 de julho de 2006, foi adotada a Moratória da Soja pela Associação Brasileira das Indústrias de Óleos Vegetais (ABIOVE) e pela Associação Nacional dos Exportadores de Cereais (ANEC), que se comprometeram a não comercializar soja proveniente de áreas que tivessem sido desmatadas dentro da Amazônia Legal[248].

At hoje, a Moratória da Soja está em vigor, todavia, não é possível afirmar que ainda seja efetiva em seus efeitos. Isso porque, conforme informações do monitoramento da Moratória da Soja, divulgado pela ABIOVE, na safra de 2019/2020, o aumento do plantio de soja nas áreas da Floresta Amazônica foi de 23% em relação à safra de 2018/2019, tendo sido Rondônia o estado que, percentualmente, mais aumentou a área desmatada em razão de plantações de soja[249]. Em complemento a essa informação, tem-se que, conforme estudo divulgado na revista Science, 20% da soja e, pelo menos 17% da carne produzida na região amazônica e no Cerrado, e exportadas para a União

---

[246]WENTZEL, Marina. **Brasil passa por desindustrialização precoce, aponta pesquisa da ONU.** 21 de setembro de 2016. BBC News. Disponível em: https://www.bbc.com/portuguese/brasil-37432485. Acesso em: 07 de janeiro de 2021.

[247]TUON, Ligia. **Economia brasileira se tornou menos complexa — e isso não é boa coisa.** Exame. 22 de setembro de 2019. Disponível em: https://exame.com/economia/economia-brasileira-se-tornou-menos-complexa-e-isso-nao-e-boa-coisa/. Acesso em: 03 de janeiro de 2021.

[248]O que é a moratória da soja? 9 de dezembro de 2019. **Mercados Agrícolas.** Disponível em: https://www.mercadosagricolas.com.br/inteligencia/o-que-e-a-moratoria-da-soja/. Acesso em: 07 de janeiro de 2021.

[249]VILARINO, Cleyton. **Área em desacordo com a Moratória da Soja cresceu 23% na safra 2019/2020.** 14 de dezembro de 2020. Globo Rural. Disponível em: https://revistagloborural.globo.com/Noticias/Agricultura/Soja/noticia/2020/12/area-em-desacordo-com-moratoria-da-soja-cresceu-23-na-safra-20192020.html. Acesso em: 07 de janeiro de 2021.

CAPÍTULO 3 | Regulamentação dos Transgênicos e Agrotóxicos no Brasil

Europeia, estão potencialmente contaminadas com o desmatamento ilegal. A utilização do termo "potencialmente contaminadas", pelos pesquisadores, se dá em razão da diversificação das estratégias que são adotadas pelos sojicultores para desmatar sem serem limitados pela moratória, como com a colocação de pasto no território, ou com outros cultivos, antes da plantação de soja[250].

O desmatamento das florestas e a invasão de terras, promovidas em prol da monocultura da soja, são de extrema gravidade, tanto para a manutenção de um ecossistema saudável, quanto para a garantia dos direitos das populações tradicionais, autóctones e quilombolas que antes ocupavam essas áreas. Todavia, nos últimos anos, principalmente na vigência do governo de Jair Bolsonaro, mecanismos legais foram criados para perdoar delitos ambientais, reduzir as áreas protegidas ao redor dos cursos de água e permitir a ocupação produtiva de áreas de reserva ambiental. Um exemplo que pode ser citado a criação de um mecanismo que permite a compensação do desmatamento através da criação de outra área de reserva ambiental (a ironia desta norma é que ela permite que a outra área seja em um bioma completamente diferente – normalmente, aquele que não adequado para as atividades do agronegócio)[251].

Possível verificar, assim, que a adoção e emprego da tecnologia da transgenia representou, também, a incorporação de um modelo de agricultura extrativista, que extrai milhões de litros de água e milhares de toneladas de nutrientes do solo, todos os anos, sem que sejam, estes, repostos, de forma a condenar esses territórios a uma futura desertificação.

De acordo com estimativa da FAO (*Food and Agriculture Organization*), a agricultura e a agropecuária são as atividades humanas que mais consomem água, demandando 70% dos recursos hídricos disponíveis no mundo para sua realização. Apenas no Brasil, estima-se que 72% da água disponível é utilizada pela agroindústria, de acordo com dados da Agência Nacional da Água (ANA)[252]. Calcula-se que, com a exportação de soja, café, algodão, açúcar e carne bovina, o Brasil envie, de forma "incorporada", 112 bilhões de litros de água doce todos os anos[253].

A adoção deste modo de produção apenas faz com que o Brasil, cada vez mais, torne-se dependente da tecnologia externa, colocando-se, mais e mais, em uma posição

---

[250]RAJÃO, Raoni et al. The rotten apples of Brazil's agribusiness. **Science**, v. 369, n. 6501, p. 246-248, 2020; VICENTE, Lucía (coord.); ACEVEDO, Carolina (coord.); VICENTE, Carlos (coord.). *Op. Cit.* p. 52.

[251]VICENTE, Lucía (coord.); ACEVEDO, Carolina (coord.); VICENTE, Carlos (coord.). *Op. Cit.* p. 82-83.

[252]*Ibid.* p. 162-164.

[253]Como o agronegócio está exportando a água do Brasil. RBA - Rede Brasil Atual. 14 de março de 2018. Disponível em: https://www.redebrasilatual.com.br/ambiente/2018/03/como-o-agronegocio-esta-exportando-nossa-agua/. Acesso em: 10 de janeiro de 2021.

CAPÍTULO 3 | Regulamentação dos Transgênicos e Agrotóxicos no Brasil

submissa com relação aos países do Norte, com a exportação de seus preciosos recursos naturais, o esgotamento de seu solo, e a paralisação no desenvolvimento de sua economia baseada em produção de bens de valor agregado. O Brasil como celeiro do mundo é o Brasil que instrumentaliza seu território em prol dos interesses externos, em troca de capital rápido, porém, esgotável.

3.3 Histórico - agrotóxicos

A evolução da indústria de agrotóxicos a nível mundial tem ligação direta com o processo de modernização da agricultura nos pós Segunda Guerra Mundial, com um uso intensivo de insumos químicos, biológicos e mecânicos. No Brasil, o processo de implementação desses recursos nas plantações se deu ao longo dos anos 1970, concomitantemente à constituição de um parque industrial de insumos para a agricultura, resultante da política de substituição de importações. Em 1975, houve a criação do Programa Nacional de Defensivos Agrícolas, no âmbito do II Plano Nacional de Desenvolvimento, que proporcionou recursos financeiros para a criação de empresas nacionais e a instalação de subsidiárias de empresas transnacionais no país.

Outro fator importante nesse processo foi a demanda em larga escala de insumos para a agricultura, viabilizada pela criação do Sistema Nacional de Crédito Rural no mesmo período. Nesse contexto, a existência de um marco regulatório defasado e pouco rigoroso, baseado no Regulamento de Defesa Sanitária Vegetal, de 1934, facilitou o rápido registro de substâncias agrotóxicas no país, sendo que muitas delas eram banidas em outras nações. Nota-se que esse regulamento sofreu alterações significativas em 1978, mas permaneceu em vigor até 1989, quando surgiu o marco regulatório que tratou da questão dos agrotóxicos no Brasil.

Os anos 1980 e 1990 foram marcados pela crise macroeconômica no Brasil, sendo que, com isso, a política de substituição de importações e o crédito agrícola abundante deram lugar a uma política recessiva voltada ao controle dos gastos públicos. Apesar da forte redução do crédito rural subsidiado pelo governo, tem-se que o desempenho da agricultura, nesse período, foi significativo, havendo um superávit da balança comercial, com um aumento de mais de 200% do valor exportado. Nesse contexto produtivo, o Brasil já se caracterizava como um grande mercado consumidor de agrotóxicos e, durante todo o período de 1975 a 2007, o país esteve entre os seis maiores mercados de agrotóxicos do mundo[254].

Como já mencionado, em 1989, entrou em vigor uma nova lei regulamentando a fabricação e o uso dos agrotóxicos no país, em substituição ao antigo regulamento de

---

[254]PELAEZ, Victor; TERRA, Fábio Henrique Bittes; SILVA, Letícia Rodrigues da. *Op. cit.* p. 27-28.

CAPÍTULO 3 | Regulamentação dos Transgênicos e Agrotóxicos no Brasil

1934. Essa lei tornou-se o marco regulatório dessa matéria, e fez com que o processo de registro de agrotóxicos passasse a ser muito mais exigente. Não obstante, em face da retração das políticas públicas de incentivo à agricultura, determinados segmentos agrícolas passaram a se manifestar, buscando alterar a legislação de agrotóxicos para facilitar o registro dos produtos (sobretudo dos equivalentes cujas patentes já expiraram), sob o argumento de que isso proporcionaria uma significativa redução dos preços dos agrotóxicos e, consequentemente, sobre os custos da produção agrícola. O tema da instituição do registro por equivalência tornou-se, durante um longo período, um foco de controvérsias entre as associações de grandes produtores rurais e empresas fabricantes, em face dos órgãos reguladores[255].

De acordo com a Lei 7.802/89, os agrotóxicos são definidos como:

> Os produtos e os agentes de processos físicos, químicos ou biológicos, destinados ao uso nos setores de produção, no armazenamento e beneficiamento de produtos agrícolas, nas pastagens, na proteção de florestas, nativas ou implantadas, e de outros ecossistemas e também de ambientes urbanos, hídricos e industriais, cuja finalidade seja alterar a composição da flora ou da fauna, a fim de preservá-las da ação danosa de seres vivos considerados nocivos. (Art. 2; § 1, item a).

Segundo mencionam Pelaez, Terra e Silva, conforme a Andef, o mercado da indústria de agrotóxicos é altamente concentrado em nível mundial, sendo que, em 2004, 10 empresas controlavam cerca de 98% das vendas nas diferentes regiões do planeta. Já em 2007, as seis maiores empresas do ramo (Bayer, Syngenta, Basf, Monsanto, Dow, DuPont) controlavam 86% do mercado mundial, estimado em US$ 33,4 bilhões[256].

Importante atentar-se para uma compreensão correta do ciclo de liberação de novos agrotóxicos, para a qual é preciso saber, antes, que estes têm por característica um rápido ciclo de vida, o que se dá em razão do fato de que o uso intensivo de agrotóxicos

---

[255]PELAEZ, Victor; TERRA, Fábio Henrique Bittes; SILVA, Letícia Rodrigues da. *Op. cit.* p.29.

[256]*Ibid.* p. 31-36. Os referidos autores empreendem uma classificação dos agrotóxicos em dois tipos, em função do regime de propriedade intelectual vigente. Assim, de um lado, encontrar-se-iam os novos princípios ativos, passíveis de serem patenteados, garantindo o direito de exclusividade de comercialização às firmas inovadoras, que representam as parcelas mais lucrativas do mercado; e, do outro, encontrar-se-iam os produtos equivalentes, cujas patentes já expiraram. A respeito disso, os referidos autores, a partir de um compilado de dados, notaram que a fabricação de produtos patenteados, em termos de quantidade foi significativamente menor (16%) do que a de produtos com patente vencida, que correspondeu a 84% do volume produzido na primeira década do século XXI. Proporcionalmente, porém, o valor das vendas foi significativamente alterado – 46% dos lucros advm dos produtos patenteados contra 54% dos produtos com patente vencida – o que indicou o elevado valor agregado dos produtos patenteados em relação àqueles com patente vencida. A partir disso, é possível notar que parcela significativa do lucro das grandes empresas é procedente da comercialização de agrotóxicos com patentes expiradas.

CAPÍTULO 3 | Regulamentação dos Transgênicos e Agrotóxicos no Brasil

tende a gerar a resistência dos organismos-alvo dessas substâncias, reduzindo a sua eficácia. Isso é uma das causas pelas quais, ao longo dos anos, o número de agrotóxicos liberados no Brasil passou a ser cada vez maior. Em contraposição a isso, ao longo desse mesmo período, os países desenvolvidos passaram a impor mais e mais restrições à liberação desses produtos, em razão da demonstração científica dos efeitos adversos que os agrotóxicos têm sobre o meio ambiente e sobre a saúde humana.

De volta à linha do tempo da regulamentação Brasileira dos agrotóxicos, no ano de 1989, foi aprovada no Congresso Nacional a Lei nº 7.802, conhecida como a "Lei dos Agrotóxicos", que substituiu o antigo e ultrapassado Decreto nº 24.114, de 1934. Essa nova lei é até hoje o marco legal que trata do tema, apesar de ter sofrido alterações posteriores através da edição de alguns decretos.

A Lei dos Agrotóxicos estabeleceu regras mais rigorosas para a concessão de registro aos agrotóxicos, prevendo desde a proibição do registro de novos agrotóxicos, caso a ação tóxica deste não fosse igual ou menor do que a de outros produtos já existentes destinados a um mesmo fim, até a possibilidade de impugnação ou cancelamento do registro, através da solicitação de entidades representativas da sociedade civil (conforme disposto no artigo 5º da lei). Assim, o registro dos agrotóxicos pode ser cancelado a partir do pedido de entidades de classe e representativas de atividades ligadas aos agrotóxicos, assim como partidos políticos, desde que representados no Congresso Nacional, e por entidades legalmente constituídas para a defesa dos interesses coletivos relacionados à proteção do consumidor, do meio ambiente e dos recursos naturais.

Além disso, a referida lei estabeleceu que todos os agentes diretamente envolvidos no manuseio dos agrotóxicos deveriam se cadastrar nos órgãos competentes (desde os produtores até os aplicadores do produto), para aferir uma maior rastreabilidade das infrações possivelmente causadas pelos agrotóxicos. Também instituiu a obrigatoriedade do receituário agronômico para a venda de agrotóxicos, estabeleceu as normas e padrões das embalagens e rotulagem, e modernizou as responsabilidades administrativas por qualquer dano causado pelos agrotóxicos, atualizando os valores das infrações.

Essa nova estrutura de registro dos agrotóxicos, com a nova lei, passou a ser compartilhada pelo ministério da Agricultura, ao qual coube a avaliação do desempenho agronômico do produto; da Saúde, responsável pela avaliação toxicológica; e do Meio Ambiente, que deve empreender a avaliação ambiental. Todavia, apesar da lei instituir regras rigorosas, o sistema não era dotado de uma infraestrutura que fosse capaz de botar essas normas em prática, de forma que a fiscalização dos agrotóxicos acabou por ser, na prática, muito aquém do necessário.

CAPÍTULO 3 | Regulamentação dos Transgênicos e Agrotóxicos no Brasil

A referida lei, todavia, conforme afirmam Pelaez, Terra e Silva[257], apresentou alguns pontos polêmicos no que concerne aos parâmetros de avaliação e à atribuição de fiscalização do poder público. A respeito disso, o novo marco regulatório destinou ao Poder Executivo a prescrição dos parâmetros oficiais que deveriam ser cumpridos para as avaliações que concederiam o registro. Esses parâmetros seriam criados a partir de decretos ministeriais que, todavia, não estão sujeitos à aprovação do Congresso Nacional. Assim sendo, tais parâmetros tornaram-se passíveis de serem alterados em função dos critérios definidos pelos administradores em exercício em diferentes governos[258]. O maior problema com relação a isso é que este exercício discricionário do Poder Executivo se tornou foco de ação dos grupos de interesse, havendo, a partir de então, um jogo de forças entre as esferas econômica e política, no qual a primeira busca a legitimação de seus interesses privados através da brecha legal existente na Lei dos Agrotóxicos.

Nesse ponto, temos que a CNA (Confederação Nacional da Agricultura) e a AENDA (Associação das Empresas Nacionais de Defensivos Agrícolas) são duas entidades que instrumentalizam a bancada ruralista no Congresso Nacional para coordenar suas estratégias de pressão junto ao Poder Executivo e Legislativo, com o objetivo de criar um sistema simplificado de registro que permitiria às empresas um acesso mais amplo, rápido e barato ao mercado nacional. Do outro lado, temos as entidades representativas da sociedade civil, que prestam apoio à manutenção de uma legislação mais rigorosa. Essas entidades manifestavam-se no sentido de que toda modificação feita na legislação que regulamenta os agrotóxicos no Brasil deveria ter por base um amplo debate público e um processo transparente e democrático de consulta à sociedade civil[259].

Dois Decretos Presidenciais foram responsáveis por alterar sensivelmente a Lei dos Agrotóxicos, são eles: o Decreto nº 4.072/2002 e o Decreto nº 5.801/2006. As suas implementações se deram após intensas pressões advindas das associações representativas dos interesses rurais brasileiros e da associação de empresas especializadas na produção de agrotóxicos. Assim, apesar de representantes dos diversos interesses terem

---

[257]PELAEZ, Victor; TERRA, Fábio Henrique Bittes; SILVA, Letícia Rodrigues da. *Op. Cit.* p. 37.

[258]Bull and Hathaway, 1986, Apud. PELAEZ, Victor; TERRA, Fábio Henrique Bittes; SILVA, Letícia Rodrigues da. *Loc. Cit.*

[259]CONSEA. Moção de repúdio à tentativa de flexibilização da legislação de agrotóxicos. **3ª Conferência Nacional de Segurança Alimentar e Nutricional**, Ceará, 2007. p. 74. Disponível em: http://www4.planalto.gov.br/consea/eventos/conferencias/arquivos-de-conferencias/3a-conferencia-nacional-de-seguranca-alimentar-e-nutricional/relatorio-final-iii-conferencia-nacional-de-seguranca-alimentar-e-nutricional.pdf?TSPD_101_R0=3c57159c9d01b-d59dbac0d70585eb1d1oM100000000000000000051dea2bfffff000000000000000000000000000005f8e3a05 009e702cc708282a9212ab200082dce099b10c2e25d8e9f71eebef721cd01da90accb0f28f03eed52fc0e592e-b08eb632ea90a280082c959087266836302820edd842d92421701028c196aad3437c63d487c05cf7d0c214b-4da9583048. Acesso em: 17 de agosto de 2019.

CAPÍTULO 3 | Regulamentação dos Transgênicos e Agrotóxicos no Brasil

participado das discussões para alteração do marco regulatório, foram principalmente os representantes das empresas do ramo de agrotóxicos que tiveram suas demandas atendidas.

O Decreto nº 4.074/2002 introduziu modificações no sistema de registro, com o escopo de adequar a legislação nacional ao Mercosul e trazer celeridade ao processo de obtenção de registro, reduzindo seu tempo e custo. A mais importante modificação empreendida foi o estabelecimento do registro para produtos técnicos equivalentes, o qual é feito através da comparação entre características físico-químicas de um produto já registrado com aquelas respectivas do candidato à equivalência. Esse tipo de registro segue a lógica de que, com padrões físico-químicos equivalentes, o perfil dos efeitos toxicológicos seria igualmente equivalente.

Mas, os grupos de interesse não se viram satisfeitos com as modificações estabelecidas por esse decreto e passaram a se movimentar e pressionar o Poder Executivo para lograr uma agilização maior do processo de registro dos agrotóxicos. Em função disso, foi editado o Decreto no 5.981/2006, que simplificou o processo de avaliação dos agrotóxicos em três fases sucessivas que evoluem em grau de exigência e complexidade. Um agrotóxico poderia ser aprovado logo na primeira fase ou, do contrário, se não fosse aprovado por equivalência em nenhuma das fases de teste, poderia candidatar-se ao registro de produto técnico tradicional, com a apresentação de todos os estudos. A aprovação desse decreto demonstra a vitória dos interesses privados em face dos interesses da sociedade, de proteção da saúde e do meio ambiente.

Desta forma, nota-se a edição de uma legislação cada vez mais permissiva no desenvolvimento histórico da temática dos agrotóxicos no Brasil, indo na contramão dos padrões internacionais de segurança alimentar. Assim, o Brasil tornou-se campo para a larga utilização desse tipo de insumo agrícola, com seu emprego indiscriminado, como se analisará no próximo tópico.

3.4 Regulação e utilização brasileira dos agrotóxicos nos dias atuais

Dentre as centenas de agrotóxicos liberados no Brasil, conforme levantamento feito por Gerson Teixeira, ex-presidente da Associação Brasileira de Reforma Agrária (Abra), 44% são proibidos na União Europeia em razão dos riscos que oferecem à saúde e ao meio ambiente[260].

---

[260]SUDRÉ, Lu. **Alternativa aos agrotóxicos, bioinsumos carecem de investimento público no Brasil.** Brasil de Fato. 21 de agosto de 2019. Disponível em: https://www.brasildefato.com.br/2019/08/21/alternativa-ao-agrotoxico-bioinsumos-carecem- de-investimento-publico-no-brasil/. Acesso em: 20 de setembro de 2019.

CAPÍTULO 3 | Regulamentação dos Transgênicos e Agrotóxicos no Brasil

O Brasil lidera, há uma década, o uso de agrotóxicos no mundo, sendo responsável por 20% do comércio mundial dos defensores agrícolas[261]. Assim, o país destaca-se como um importante mercado consumidor desse tipo de produto, que acaba por ser largamente utilizado nas plantações brasileiras, muitas vezes, de forma muito superior àquela necessária e recomendada.

O movimento de aumento na utilização de agrotóxicos foi observado, também, em outros países da América do Sul, correspondendo àqueles que passaram a permitir, em seus territórios, plantações transgênicas[262]. Assim, na Argentina, em um período de 20 anos (de 1991 a 2011), o uso de agrotóxicos aumentou em 1.279%, segundo o Instituto Nacional de Tecnologia Agropecuaria, enquanto, na Bolívia, sua utilização triplicou e, no Paraguai, entre 2001 e 2011, houve um aumento de 264% nas importações de agrotóxicos[263].

Em 2015, o cultivo que teve o maior emprego de agrotóxicos no Brasil foi o de soja, o qual, para a plantação em 36 milhões de hectáres, utilizou 570 milhões de litros de veneno, em comparação com a plantação de milho que, em 16 milhões de hectáres, utilizou 117 milhões de litros, e de cana-de-açúcar, que, para a produção de 10 milhões de hectáres, empregou 48 milhões de litros, sendo, os mais utilizados, o glifosfato, o 2,4 D, o mancozeb, o acefato e a atrazina[264].

Destaca-se que, a gestão agrícola baseada em praguicidas (inseticidas e herbicidas) é um modelo que busca atacar os síntomas (os insetos e plantas alheios ao cultivo), em vez de buscar tratar e corrigir o desequilíbrio ecológico que causou a aparição desses outros elementos naturais[265].

Uma nova lei acerca da regulamentação dos agrotóxicos está em processo de tramitação para ser aprovada. Trata-se do projeto de Lei nº. 6.299/02, também conhecido como "PL do Veneno", que visa diminuir a burocracia e reduzir o tempo de registro de defensivos agrícolas no Brasil. Até mesmo a Organização das Nações Unidas chegou a enviar uma carta ao Congresso alertando sobre os perigos desse projeto, segundo a qual

---

[261]DULCE, Emilly. Multinacionais estimulam dependência de transgênicos no Brasil. **Brasil de fato - uma visão popular do Brasil e do mundo.** 05 de julho de 2018. Disponível em: https://www.brasildefato.com.br/2018/07/05/multinacionais-estimulam-dependencia-de- transgenicos-no-brasil/. Acesso em: 02 de setembro de 2019.

[262]VICENTE, Lucía (coord.); ACEVEDO, Carolina (coord.); VICENTE, Carlos (coord.). *Op. Cit.* p. 28.

[263]*Ibid.* p. 27-28.

[264]VICENTE, Lucía (coord.); ACEVEDO, Carolina (coord.); VICENTE, Carlos (coord.). *Op. Cit.* p. 30-32.

[265]*Ibid. Loc. Cit.*

CAPÍTULO 3 | Regulamentação dos Transgênicos e Agrotóxicos no Brasil

as modificações que ele pretendia realizar enfraqueceriam os critérios para aprovação do uso de agrotóxicos, e, por conseguinte,ameaçariam diversos direitos humanos[266].

Dentre as alterações que o projeto pretende fazer, está a alteração do nome "agrotóxico" para "pesticidas", com o objetivo de seguir os padrões internacionais de nomenclatura. Antes, a proposta era alterar a nomenclatura para "produto fitossanitário", em uma tentativa de se alinhar com as normas vigentes no Mercosul. Segundo organizações da sociedade civil, a modificação de nomenclatura é uma tentativa de colocar um nome menos impactante, utilizando-se de um eufemismo, para mascarar o verdadeiro risco destes produtos[267].

Atualmente, em consonância com a Lei nº. 7.802, para ser autorizado pelo Ministério da Agricultura, o agrotóxico deve também passar pelo crivo do Instituto Brasileiro do Meio Ambiente (Ibama) e da Agência Nacional de Vigilância Sanitária (Anvisa), que avaliam os riscos para a saúde humana e para o meio ambiente do produto proposto para liberação. Esse processo pode levar até cinco anos de duração. O argumento dos deputados que apoiam a aprovação do "PL do Veneno" é que o marco legal está desatualizado, e que dificulta o registro de novos produtos. Se aprovado, o PL estabelecerá que o Ministério da Agricultura pode liberar sozinho os produtos, mesmo se os demais órgãos reguladores não tiverem concluído as análises, havendo, assim, um registro temporário, sendo que os novos pedidos de registro deverão ser analisados em até 24 meses.

Segundo a opinião de algumas organizações ambientais, essa regra poderia tirar o poder de veto dos órgãos reguladores e incentivar a entrada massiva de produtos com substâncias perigosas no mercado. Já do outro lado, os grandes produtores rurais e a indústria química avaliam que a agilidade na liberação ajudaria o país a manter a produtividade no campo com produtos mais modernos, que seriam mais eficientes e seguros e que ainda não foram certificados no Brasil. Através da aprovação desse PL, só ficariam proibidos os agrotóxicos que tivessem um "risco inaceitável" comprovado cientificamente, sendo que, pela lei atual, a identificação do perigo de uma substância causar mutações, câncer ou desregulação hormonal já é suficiente para que o produto seja proibido pelos órgãos reguladores[268]. Pergunta-se aqui, o que seria um risco aceitável, tratando-se da saúde da população e da preservação do meio ambiente? Quantas

---

[266]CUNHA, Carolina. Lei dos Agrotóxicos - entenda a polêmica da "PL do Veneno. **Vestibular UOL – atualidades.** julho de 2018. Disponível em: https://vestibular.uol.com.br/resumo-das-disciplinas/atualidades/lei-dos-agrotoxicos-entenda-a-polemica-da-pl-do-veneno.htm?cmpid=copiaecola. Acesso em: 05 de agosto de 2019.

[267]*Ibid. Loc. Cit.*

[268]CUNHA, Carolina. *Loc. Cit.*

CAPÍTULO 3 | Regulamentação dos Transgênicos e Agrotóxicos no Brasil

vidas podem ser colocadas em risco pelo sucesso de uma safra ou pelo lucro das empresas privadas?

Ademais, outra questão polêmica no que diz respeito a esse PL é o fato de que, atualmente, é necessário que um agrônomo prescreva o agrotóxico, como se ele fosse um remédio, para que ele possa ser aplicado na lavoura, e o PL pretende permitir a venda de algumas substâncias sem receituário agronômico e de forma preventiva, o que vai favorecer ainda mais o uso indiscriminado de agrotóxicos[269].

Questão relevante e que vem movimentando os estados e municípios brasileiros para tomarem, por si só, decisões locais a esse respeito, é a aplicação de agrotóxicos por avião, que é usada em quase todas as culturas de cana-de-açúcar, soja, banana, milho e algumas áreas do café, além de outras culturas, como o arroz, que, segundo dados do Sindag, em 90% de suas plantações irrigadas, utiliza essa técnica. Assim, enquanto no Congresso Nacional avançam projetos de lei que buscam flexibilizar e impulsionar o uso de agrotóxicos no país, diversas cidades brasileiras estão aprovando leis que proíbem a sua pulverização area. O Ceará foi o primeiro a proibir a prática em todo seu território; ademais, um levantamento feito pela Agência Pública e Repórter Brasil revela que 8 municípios proibiram a prática para proteger a saúde da população e, além deles, outros três também vetaram seu uso em Áreas de Proteção Ambiental (APAs)[270].

A União Europeia, em 2009, por meio de decisão do Parlamento Europeu, proibiu o emprego desse tipo de técnica, a partir do entendimento de que a mesma pode prejudicar significativamente a saúde humana e o ambiente, devido ao alastramento do agrotóxico, em razão da pulverização no ar.

Apesar do PL do Veneno não ter sido aprovado (ainda), desde 2019, quando Jair Bolsonaro assumiu a presidência da República, houve a aprovação de mais de um agrotóxico por dia no Brasil, em um cenário de grande flexibilização e redução do rigor para a liberação desses produtos. Segundo dados do Ministério da Agricultura, veiculados no site "Brasil de Fato", em 2019, com o início do governo Bolsonaro (PSL), 262 agrotóxicos foram liberados em oito meses[271] e, até outubro daquele mesmo ano, o número de registros concedidos foi de 410[272]. De 19 produtos aprovados no início de

---

[269]*Ibid. Loc. Cit.*

[270]LAVOR, Thays. **Antes do Ceará, 8 municípios já haviam proibido fumigação aérea de agrotóxicos.** Repórter Brasil. 15 de Fevereiro de 2019. Disponível em: https://reporterbrasil.org.br/2019/02/antes-do-ceara-8-municipios-ja-haviam-proibido- fumigacao-aerea-de- agrotoxicos/?fbclid=IwAR2dsyjyewHQ15l5D5SlFG2VkXxYJ-FJoi6ZbPDYPaOjhrVk5aceLy kMPP-M. Acesso em: 08 de junho de 2019.

[271]SUDRÉ, Lu. *Loc. Cit.*

[272]OLIVEIRA, Cida de. *Loc. Cit.*

CAPÍTULO 3 | Regulamentação dos Transgênicos e Agrotóxicos no Brasil

fevereiro de 2020, 12 foram classificados como extremamente tóxicos[273]. Em 2021 chegou-se a um patamar inédito na história de liberação de defensivos agrícolas no Brasil, com um recorde de 562 agrotóxicos liberados, dos quais 33 foram inéditos.[274] Todavia, a aprovação exacerbada de agrotóxicos não é uma exclusividade do governo de Bolsonaro. Já em 2018 foram 450, contra 139 em 2015. Há um contexto de aceleração, ano a ano, do número de produtos aprovados, o que pode ser observado no gráfico a seguir:

Figura 2:   Número de agrotóxicos aprovados por ano no Brasil.

Ano	Número
2005	91
2006	110
2007	203
2008	191
2009	137
2010	104
2011	146
2012	168
2013	110
2014	148
2015	139
2016	277
2017	405
2018	450

Fonte: Ministério da Agricultura, Apud. Firpo[275].

Nota-se que, em um intervalo de tempo de 13 anos, o número de agrotóxicos aprovados no Brasil foi aumentado em quase cinco vezes, representando uma crescente exorbitante da inserção desses produtos no mercado, nas plantações e, consequentemente,

---

[273]GRIGORI, Pedro. **Governo libera registro de mais de um agrotóxico por dia neste ano.** Agência Pública. 12 de fevereiro de 2019. Disponível em: https://apublica.org/2019/02/governo-libera- registro-de-mais-de-um--agrotoxico-por-dia-neste-ano/. Acesso em: 27 de agosto de 2019.

[274]SALATI, Paula. **Após novo recorde, Brasil encerra 2021 com 562 agrotóxicos liberados, sendo 33 inéditos.** G1. 18 de janeiro de 2022. Disponível em: https://g1.globo.com/economia/agronegocios/noticia/2022/01/18/apos-novo-recorde-brasil-encerra-2021-com-562-agrotoxicos-liberados-sendo-33-ineditos.ghtml. Acesso em: 15 de março de 2022.

[275]FIRPO, Macerlo. **Se quisermos retornar a democracia teremos que construir um outro modelo de desenvolvimento.** CEE FioCruz. 20 de março de 2019. Disponível em: https://cee.fiocruz.br/?q=Marcelo-Firpo-Se--quisermos-retornar-a-democracia-teremos-que- construir-um-outro-modelo-de-desenvolvimento. Acesso em: 07 de setembro de 2019.

CAPÍTULO 3 | Regulamentação dos Transgênicos e Agrotóxicos no Brasil

nos alimentos brasileiros. Dentre os produtos aprovados, muitos são feitos a base de produtos técnicos que já tinham sido aprovados e já circulavam no Brasil, no entanto, são feitas novas combinações desses produtos, que são as substâncias a partir das quais são fabricados os agrotóxicos[276].

Um caso notável ocorreu no início de fevereiro de 2019, quando autoridades russas afirmaram que poderiam restringir as importações de soja do Brasil caso não houvesse redução dos níveis de traços de glifosato encontrados no produto brasileiro. Isso se deu pois, na Rússia, o limite de agrotóxicos aplicados é de 0,15 partes por milhão. Na Europa, por sua vez, o limite é de 0,05 partes por milhão. O Ministério da Agricultura brasileiro, em face disso, publicou uma nota em que afirmou que os limites aplicados no Brasil são de 10 partes por milhão na soja e estão abaixo das 20 partes por milhão estabelecidas como teto pela ONU e pela OMS (Organização Mundial da Saúde). Assim, é possível que, por conta de restrições externas comerciais, os limites de aplicação de transgênicos em plantações brasileiras que tem por finalidade a exportação sejam reduzidos[277].

Entre os anos de 2000 e 2015, o uso de agrotóxicos no Brasil passou de 314 mil toneladas por ano para 887 mil toneladas[278]. A quantidade desses produtos, aplicada nas plantações e, consequentemente, encontrada nos alimentos, é estarrecedora. Exames realizados pela Fundação Oswaldo Cruz, instituição que abriga o mais importante laboratório federal de análises de substâncias químicas presentes nos alimentos, ligado à Agência Nacional de Vigilância Sanitária, constataram que, em alguns dos alimentos periodicamente analisados, foi possível encontrar até 15 princípios ativos de diferentes agrotóxicos, o que indica o despreparo dos agricultores que estão aplicando esses produtos, seguindo o pensamento de que "quanto mais, melhor". Esses dados são muito preocupantes, pois o despreparo desses agricultores, que aplicam de modo extravagante agrotóxicos em suas plantações, ao mesmo tempo que gera grandes lucros para as empresas produtoras desses produtos, gera, também, danos imensuráveis à natureza, à saúde dos consumidores que, mais tarde, farão uso desses alimentos e, também, dos próprios agricultores e de suas famílias[279].

---

[276]FÁBIO, Andr Cabette. **O aumento do número de agrotóxicos aprovados no Brasil.** Nexo. 05 de fevereiro de 2019. Disponível em: https://www.nexojornal.com.br/expresso/2019/02/05/O- aumento-do-n%C3%BA-mero-de-agrot%C3%B3xicos-aprovados-no-Brasil. Acesso em: 13 de julho de 2019.

[277]FÁBIO, Andr Cabette. *Loc. Cit.*

[278]VICENTE, Lucía (coord.); ACEVEDO, Carolina (coord.); VICENTE, Carlos (coord.). *Op. Cit.* p. 30-39.

[279]TRIGUEIRO, Andr. **Licenciamento recorde de novos agrotóxicos.** G1. 21 de fevereiro de 2019. Disponível em: https://g1.globo.com/natureza/blog/andre- trigueiro/post/2019/02/21/licenciamento-recorde-de-novos--agrotoxicos.ghtml. Acesso em: 23 de junho de 2019.

99

CAPÍTULO 3 | Regulamentação dos Transgênicos e Agrotóxicos no Brasil

Também enseja preocupação a Instrução Normativa nº. 40, da Secretaria de Defesa Agropecuária do Ministério da Agricultura, lançada em 2018, que dá plenos poderes aos engenheiros agrônomos para determinarem misturas de diferentes agrotóxicos para a produção de receitas conforme bem entenderem. Essas misturas, desta forma, podem ser feitas sem que seus possíveis efeitos sobre a saúde ou o meio ambiente sejam devidamente estudados[280].

Um grave problema ligado à liberação desmesurada de agrotóxicos no Brasil é a extinção de diversas espécies de insetos em razão do uso dessas substâncias químicas no meio ambiente. Um estudo realizado por Francisco Sánchez-Bayo e Kris A. G. Wyckhuys, feito através da revisão de outros 73 relatórios, indicou que mais de 40% das espécies de insetos existentes já está ameaçada de extinção. Dentre esses insetos, estão a abelhas, que constituem uma espécie de extrema importância para o meio ambiente e para a manutenção da vida na terra, e que, particularmente, está sendo imensamente afetada pelo uso intensivo de agrotóxicos[281].

Apenas no período entre outubro de 2018 e março de 2019, foi registrada a morte de cerca de 500 milhões de abelhas na cidade de Mata, no Rio Grande do Sul. Um laudo técnico feito pelo Lanagro-RS (Laboratório Nacional Agropecuário do Rio Grande do Sul) averiguou a existência de cinco tipos diferentes de agrotóxicos presentes nas abelhas mortas, no mel, nas crias e nos favos – eram de agrotóxicos que compunham um coquetel utilizado nas plantações de soja, majoritárias na região[282]. A gravidade da situação é compreendida quando observamos que 76% das espécies cultivadas no Brasil dependem dos polinizadores. Todavia, apesar de sua imensa importância, na hora da aprovação dos agrotóxicos, os impactos que podem ser causados nas abelhas não são levados em consideração. Isso foi demonstrado quando, no início de 2019, foi aprovado, pelo Ministério da Agricultura, o Sulfoxaflor, um inseticida ligado ao extermínio dessa espécie[283].

A gravidade do assunto fez com que, para proteger as abelhas, a União Europeia tenha decidido, no ano de 2018, proibir o uso de agrotóxicos associados a sua

---

[280]*Ibid. Loc. Cit.*

[281]SÁNCHEZ-BAYO, Francisco e WYCKHUYS, Kris A. G. Worldwide decline of the entomofauna: A review of its drivers. **Biological Conservation,** v. 232, p. 8. 2019.

[282]SPERB, Paula. **Laudo mostra que agrotóxicos causaram morte de milhões de abelhas.** Folha de S. Paulo. 29 de julho de 2019. Disponível em: https://www1.folha.uol.com.br/ambiente/2019/07/laudo-mostra-que-agro-toxicos-causaram- morte-de-milhoes-de-abelhas.shtml. Acesso em: 07 de setembro de 2019.

[283]REDAÇÃO GALILEU. **Desmatamento e agrotóxicos podem causar prejuízo à economia.** 13 de fevereiro de 2019. Disponível em: https://revistagalileu.globo.com/Ciencia/Meio-Ambiente/noticia/2019/02/desma-tamento-e-agrotoxicos-podem-causar-prejuizo-economia.html. Acesso em: 07 de setembro de 2019.

mortandade. No Brasil, todavia, nada sugere que algo parecido venha a acontecer em breve, uma vez que alguns dos produtos proibidos na Europa –como os neonicotinoides, inseticidas derivados da nicotina– continuam sendo pulverizados em larga escala por aqui[284].

De acordo com Rubens Onofre Nodari, professor e pesquisador da Universidade Federal de Santa Catarina (UFSC) e colaborador do Instituto Independente de Biossegurança Genok, da Noruega, a indústria dos agrotóxicos libera os piores produtos da tecnologia no mercado, com o objetivo de vender mais veneno, pois, ao criar insetos mais resistentes através da aplicação dos agrotóxicos que produz, pode vender mais venenos para combatê-los. Não é, dessa forma, a preocupação com o meio ambiente, com a saúde dos consumidores e com a manutenção das espécies de insetos que pauta a análise feita para a liberação desses produtos, mas, sim, uma análise com relação ao tanto de lucro que aquele agrotóxico é capaz de gerar para o setor privado[285].

Nesse sentido, Marcelo Firpo afirma que os custos ambientais e da saúde não são contabilizados e, muito pelo contrário, são radicalmente desconsiderados na meta de cálculos de produtividade. De acordo com o pesquisador, o Brasil está inserido em um contexto de expansão do capitalismo neoliberal, com a adoção interna de um modelo de desenvolvimento baseado no neoextrativismo, o que radicaliza o processo da desregulamentação e é inteiramente incompatível com o Estado democrático de direito[286]. Esse modelo seria caracterizado, principalmente, pela exploração de recursos naturais em situações ambientais insustentáveis, em que a vida é facilmente desprezada.

Firpo afirma, ainda, que para se criar o monocultivo de grande extensão, como aquele empregado na produção dos grãos de soja e milho, é necessário eliminar a vida daquele ecossistema, pois ele compete com o plantio. Segundo o autor, os lucros da produção agrícola seriam muito menores se os custos das doenças e da destruição ambiental causadas pelos agrotóxicos fossem incorporados, no entanto, tais custos compõem o que os economistas chamam de externalidade, de modo que são suportados pela sociedade e não pelos agentes privados que os causam[287].

No Brasil, os venenos são subsidiados como insumos agrícolas, assim como, por exemplo, os tratores, e assim, suas empresas deixam de pagar impostos como o ICMS, imposto sobre importação, o PIS/PASEP e o COFINS. Tal situação dá ensejo a um grande divórcio entre economia, natureza e democracia. O modelo de desenvolvimento

---

[284]TRIGUEIRO, Andr. *Loc. Cit.*

[285]NODARI, Rubens Onofre. **Ciência precaucionária ...** *Op. Cit.* p. 39-62.

[286]FIRPO, Macerlo. *Loc. Cit.*

[287]*Ibid. Loc. Cit.*

CAPÍTULO 3 | Regulamentação dos Transgênicos e Agrotóxicos no Brasil

neoextrativista, adotado pelo Brasil para que pudesse sair da pobreza, acaba por empurrá-lo, na verdade, ainda mais em direção à miséria, de forma ainda mais radical e acelerada, com a venda de seus recursos naturais para os chamados países desenvolvidos[288].

Os agrotóxicos não são a única opção disponível no mercado para o combate às pragas, no entanto, sem sombra de dúvidas, constituem a opção mais lucrativa. Os bioinsumos, produtos elaborados à base de bactérias, fungos, vírus e nematoides (vermes microscópios geralmente abundantes no solo) atuam exclusivamente sobre o organismo alvo, sem impactar o meio ambiente e a saúde humana. Os bioinsumos, todavia, carecem de investimento público no Brasil. Enquanto o governo brasileiro liberou, até meados de agosto de 2019, 262 agrotóxicos, apenas 14 bioinsumos foram liberados[289].

A aplicação dos bioinsumos também não carece de processo regulatório e de estudos de adequação, mas deve passar pelo biocontrole, que diz respeito a um processo de estudo para averiguar a adequação de dado organismo vivo para um ecossistema, conforme as variações de solo e de temperatura. Sua produção, todavia, tende a ser mais simplificada. Delwek Matheus, do setor nacional de produção do Movimento dos Trabalhadores Rurais Sem Terra (MST), afirma que os bioinsumos podem ser produzidos na própria propriedade, e têm, ao mesmo tempo, um poder de benefício igual aos químicos e um custo menor, oferecendo mais qualidade à alimentação e garantindo a conservação da biodiversidade e do meio ambiente[290].

Conclui-se, por meio da análise dos fatos recentes envolvendo o uso e a liberação dos agrotóxicos no Brasil, que estes se dão em conformidade com os interesses privados de lucro obtido com a venda de tais produtos. Assim, quanto mais desinformado for o agricultor, que aplica doses e doses de agrotóxicos em suas plantações, melhor será para as empresas produtoras, já que os custos advindos dos problemas que isso causa à saúde dos consumidores e ao meio ambiente não são internalizados e suportados pelas empresas poluidoras, sendo externalizados e suportados pela própria sociedade.

No final das contas, o Brasil acaba seguindo um modelo extrativista contrário aos seus próprios interesses, mitigando sua democracia e afetando a saúde de seus cidadãos e seu ecossistema, em prol da manutenção das economias externas, que determinam o papel que os outros países, considerados "menos desenvolvidos" irão seguir conforme seus interesses. A implementação exacerbada dos agrotóxicos no Brasil não obedece aos interesses de mais ninguém além das próprias indústrias fabricantes de tais produtos, cujas sedes, por certo, não estão localizadas no Brasil. Trata-se de uma

---

[288]FIRPO, Macerlo. *Loc. Cit.*

[289]SUDRÉ, Lu. *Loc. Cit.*

[290]*Ibid. Loc. Cit.*

CAPÍTULO 3 | Regulamentação dos Transgênicos e Agrotóxicos no Brasil

instrumentalização dos recursos naturais e de uma flexibilização dos padrões de segurança com relação à saúde pública em prol de um capitalismo neoliberal.

3.5 Direitos fundamentais x agronegócio

Ao longo da presente pesquisa, foram demonstradas, difusamente, diversas formas pelas quais a questão da implementação dos transgênicos no Brasil violou e viola direitos. Aqui, serão compiladas essas informações, mediante uma análise crítica mais aprofundada.

Como visto através do estudo do histórico da liberação dos OGMs no território brasileiro, esta se deu sem que a população tivesse sua vontade consultada. Assim, de modo ilegal, por meio do tráfico de sementes advindas da Argentina, as sementes transgênicas chegaram ao Brasil e começaram a ser plantadas e inseridas no mercado, sem qualquer aviso à população, que passou a consumir diretamente esses produtos sem nem mesmo saber. Posteriormente houve a legitimação do fato consumado, por parte do governo, que, através da aprovação de leis e decretos, acabou por regulamentar um processo no qual as espécies transgênicas deveriam passar para serem aprovadas (sem prejuízo daquelas sementes que já estavam, há tempos, sendo cultivadas). Tampouco houve a responsabilização dos agentes que cometeram o crime de contrabando e de poluição do meio ambiente com a inserção de sementes exógenas no ecossistema brasileiro sem qualquer análise de risco.

Observa-se que dado processo foi revestido por uma grave violação da democracia brasileira, passando por cima dos interesses sociais de saúde pública e de proteção do meio ambiente para defender e proteger os interesses privados envolvidos. A população, em nenhum momento, foi consultada, não lhe foi perguntado se ela gostaria ou não de consumir, diariamente, em sua alimentação, produtos transgênicos. O Estado Democrático de Direito foi mitigado, em prol de uma instrumentalização dos poderes Executivo e Legislativo em benefício dos interesses do setor privado em um contexto, até então, de completa incerteza quanto aos riscos daqueles produtos, que já estavam encravados, de modo irreversível, nos campos brasileiros.

Para que as empresas desenvolvedoras das espécies transgênicas recebam seus lucros advindos da venda desses produtos, é necessário que seja reconhecida sua patente. No que tange as plantas, as patentes são chamadas de cultivares. Através do reconhecimento de uma cultivar em um país, o fato científico de sua criação transforma-se em um fato econômico, dissociado de valores morais/culturais. A restauração da esfera

103

moral, vinculada ao fato econômico, somente ocorre por meio da reflexão bioética empregada pelo biodireito[291].

A proteção da propriedade é assegurada na Constituição Federal brasileira, todavia, não se trata de um valor máximo e inatingível do direito, sendo limitado por alguns fatores. Dentre eles, encontra-se, disposta no parágrafo XXIII do artigo 5º da Carta Magna, a função social da propriedade. Assim, a propriedade, fora de um absolutismo liberal, deverá adequar-se ao interesse da coletividade.

Outra limitação a esse direito é imposta pelo artigo 1.228, §1º, do Código Civil, segundo o qual:

> O direito de propriedade deve ser exercido em consonância com as suas finalidades econômicas e sociais e de modo que sejam preservados, de conformidade com o estabelecido em lei especial, a flora, a fauna, as belezas naturais, o equilíbrio ecológico e o patrimônio histórico e artístico, bem como evitada a poluição do ar e das águas. (grifo nosso)

Assim, conforme afirma Neto, o exercício do poder de propriedade deve conjugar os interesses do proprietário, da sociedade e do Estado, afastando o individualismo e o uso abusivo do domínio. Conforme explica o autor, a estipulação da função social-econômica da propriedade, como um dever inerente ao exercício deste direito, conforma-se com perfeição à propriedade intelectual[292]. Dessa forma, o direito de propriedade das cultivares transgênicas deve ser reconhecido mediante o compromisso destas empresas com a manutenção de condições de sustentabilidade no seu plantio e comércio, além da preocupação com o meio ambiente ecologicamente equilibrado, com a saúde dos consumidores e seu poder de escolha.

Conforme aponta o autor, a liberação dos transgênicos nos campos brasileiros deveria ser precedida por uma análise profunda acerca da possibilidade de integração entre os OGMs analisados e a manutenção de um padrão elevado da segurança ambiental e alimentar[293]. O processo de avaliação dos riscos deveria ser condicionado a essas duas balizas fundamentais, sendo feito de modo a estabelecer quais riscos poderiam advir dessa prática agrícola-mercantil, mediante análises de curto, médio e longo prazo.

---

[291] NETO, Pedro Accioly de Sá Peixoto. Transgênicos: uma análise à luz dos princípios jurídicos da precaução e da segurança alimentar. **Revista Brasileira de Políticas Públicas**, Brasília, v. 4, p. 136. 2014.

[292] *Ibid*. p. 139.

[293] NETO, Pedro Accioly de Sá Peixoto. *Op. Cit*. p. 135.

No caso da segurança alimentar, tem-se que ela decorre de um dos direitos do homem mais essenciais, que é o direito à alimentação. Trata-se de um direito social, amparado em nosso ordenamento pátrio pela Constituição Federal, em seu artigo 196, estando inserido no rol de direitos fundamentais de segunda dimensão. Os direitos fundamentais de segunda dimensão, cabe explicar, dizem respeito aos direitos sociais, econômicos e culturais, e são direitos de titularidade coletiva com caráter positivo, pois exigem atuações do Estado.

A Convenção Internacional sobre os Direitos Econômicos, Sociais e Culturais traz, em seu artigo 11, que a fome deve ser eliminada e os povos devem ter acesso permanente à alimentação adequada, de forma qualitativa e quantitativa, garantindo a saúde física e mental dos indivíduos e das comunidades, além de uma vida digna. Reconhece, também, que a alimentação saudável deve ser entendida como direito humano, compreendendo um padrão alimentar adequado às necessidades biológicas, sociais e culturais dos indivíduos. Ademais, prevê que os Estados têm a obrigação de "respeitar, proteger e garantir" o direito à alimentação. É importante destacar que a mencionada convenção proíbe que os Estados utilizem substâncias tóxicas na produção de alimentos.

Segundo Gustavo Prudente[294], segurança alimentar e nutricional é um conceito que engloba os direitos da população a uma alimentação saudável, de qualidade, em quantidade suficiente, que respeite os valores culturais de quem consome e que possa ser produzida e comercializada de forma ecológica, econômica e socialmente sustentável.

O ordenamento jurídico brasileiro, fundado na proteção da pessoa humana, dispõe que qualquer atitude que seja tomada pelo governo dentro do território nacional deve ser pautada por esse valor. Assim, a produção alimentícia dentro de um contexto delimitado pela garantia da segurança alimentar deve se dar em conformidade com um método de produção ambientalmente sustentável, com a geração de expoentes alimentícios saudáveis, dentro dos limites pautados pelo *Codex Alimentarius* (que é composto por uma série de recomendações internacionalmente aceitas). A produção de alimentos, em acordo a essas recomendações, deve ser feita mediante o combate da degradação dos recursos naturais imprescindíveis para uma adequada produção agrícola[295].

Nota-se que o emprego ostensivo de transgênicos e, juntamente a estes, dentro pacote tecnológico, dos agrotóxicos, é uma forma de produção de expoentes agrícolas que vai contra o padrão estabelecido pela segurança alimentar. Isso porque essas técnicas representam a produção de alimentos "contaminados" por certas substâncias

---

[294]PRUDENTE, Gustavo, 2005, Apud VALICENTE, Raiana Rassi. 2016. Princípio da precaução, direito à informação. Vol. 16. **Cadernos de Direito**. p. 355. 2016.

[295]NETO, Pedro Accioly de Sá Peixoto. *Op. Cit.* p. 140.

CAPÍTULO 3 | Regulamentação dos Transgênicos e Agrotóxicos no Brasil

maléficas, principalmente no que diz respeito aos agrotóxicos, sendo já comprovado e reconhecido que a presença excessiva de tais componentes em frutas e legumes é capaz de causar diversos danos à saúde humana e animal, além de representar um forte fator de degradação dos recursos naturais. O emprego da transgenia e do uso abusivo de agrotóxicos representa um modo de produção agrícola diametralmente oposto ao desenvolvimento sustentável.

Outro direito fundamental muito importante, e que acaba sendo violado pela liberação desmesurada dessas técnicas agrícolas provenientes da biotecnologia, é o direito ao ambiente sadio, que constitui expressão de um valor inerente à dignidade humana[296].

Toda atividade agrícola de monocultura, na verdade, em alguma medida, causa danos ao meio ambiente. Todavia, o impacto ambiental causado deve estar circunscrito a um campo tolerável, cujos benefícios possam suplantar os malefícios da atividade humana produtiva, assegurando o porvir das futuras gerações humanas. O emprego das técnicas relativas ao cultivo de sementes transgênicas e à aplicação de agrotóxicos, todavia, ultrapassa os limites da tolerabilidade, causando poluição genética, superpragas, danos às espécies circundantes e possibilidade de transferência desses genes a espécies nativas[297].

Especificamente no que diz respeito à poluição genética, tem-se que ela ocorre em função da reprodução entre as espécies não transgênicas com as modificadas, o que leva à perda de controle da manutenção das espécies crioulas. A poluição genética pode ocorrer de duas formas distintas: horizontal e verticalmente. O primeiro caso ocorre devido à disseminação desse material, afetando outras áreas agrícolas e, consequentemente, a preservação ambiental, enquanto a segunda, afeta o solo, o subsolo e até o lençol freático[298].

Deve-se ter em mente que a preservação do meio ambiente, do ecossistema ecologicamente equilibrado, e do patrimônio genético, não são critérios que os poderes públicos podem escolher ou não seguir, uma vez que há imposição constitucional clara e objetiva nesse sentido. Dessa forma, é imperativo seu cumprimento dentro de uma atuação governamental em um Estado Democrático de Direito.

Prosseguindo nessa linha, a utilização não sustentável dos recursos naturais, com o emprego exagerado de agrotóxicos e, com a utilização da tecnologia da transgenia, acaba gerando uma ofensa ao mandamento constitucional da preservação da diversidade e integridade do patrimônio genético nacional, estabelecido no art. 225, §1º, II, da Constituição Federal. Um grave problema, nesse âmbito, diz respeito ao possível dano

---

[296]*Ibid.* p. 144-146. é

[297]NETO, Pedro Accioly de Sá Peixoto. *Op. Cit.* p. 146.

[298]*Ibid. Loc. Cit.*

106

CAPÍTULO 3 | Regulamentação dos Transgênicos e Agrotóxicos no Brasil

ao meio ambiente causado pela contaminação do material genético nativo pelo pólen das plantas transgênicas, disseminado tanto por fatores mecânicos, como a água e o vento, quanto por fatores bióticos, relativos à ação dos insetos polinizadores.

Para a instituição de parâmetros que assegurem o desenvolvimento sustentável, uma sadia qualidade de vida e a indisponibilidade da tutela ambiental, faz-se necessária a aplicação do princípio da precaução, como já estudado anteriormente, de forma a dar prioridade aos direitos à saúde e ao meio ambiente ecologicamente equilibrado em face aos interesses econômicos.

Outro direito muito importante, e que acaba sendo violado pela forma como se dá o processo de liberação dos agrotóxicos e transgênicos no Brasil, é o direito à informação. Principalmente no que cabe à questão dos transgênicos é de grande importância, para o setor privado interessado, que não haja uma transparência das decisões que são tomadas nesse tema, uma vez que a disposição de informação aos consumidores pode ser prejudicial ao comércio dos produtos transgênicos. Assim, ainda nos dias de hoje, persiste o desconhecimento por parte da população quanto aos possíveis riscos da utilização dos transgênicos. Não apenas isso, muitas vezes, a população desconhece que está ingerindo produtos que contenham ingredientes transgênicos e isso não se dá em função da ignorância da sociedade civil acerca da matéria mas, sim, da omissão, nas embalagens do produto, quanto à presença de tais componentes naqueles produtos.

Dada a importância da violação do direito à informação no Brasil, no que cabe à questão dos transgênicos e agrotóxicos, esse tópico será tratado mais adiante em apartado, em um subcapítulo próprio.

Além da violação desses direitos difusos, também algumas comunidades são diretamente afetadas pelo cultivo de espécies transgênicas, através da monocultura, com ampla aplicação de agrotóxicos. Dentre essas comunidades, pode-se citar a dos camponeses, que pregam pelo uso de métodos de agricultura tradicional com a utilização de sementes crioulas. Essas comunidades veem seus direitos ameaçados pela disseminação dos transgênicos sem qualquer controle ou restrição, por meio da poluição genética, permitindo-se o cultivo de plantações transgênicas próximo às culturas convencionais. A dificuldade para a compra de sementes crioulas também é um problema, existindo já comunidades que se referem a si mesmas como guardiãs dessas sementes. Também os povos autóctones são afetados, de forma grave, pelas plantações de transgênicos, o que será analisado a seguir, em subcapítulo próprio.

Ademais, também cidades próximas de plantações acabam sendo afetadas, por exemplo, em razão da disseminação, por avião, de agrotóxicos, que acabam espraiando-se no ar e sendo aspirados pelas populações dessas cidades. Um exemplo de centro

107

urbano afetado pelo uso de agrotóxicos é Uruçuí, cidade na qual a empresa New Agro instalou um depósito de agrotóxicos em bairro movimentado. Segundo moradores, um exaustor em atividade nos galpões exala o cheiro de veneno que se espalha pelas residências, tudo com a permissão das autoridades locais[299]. Assim, essas comunidades acabam por ter sua qualidade de vida afetada em decorrência do uso das biotecnologias em questão, por meio de ações que são liberadas pelos órgãos reguladores, não obstante os danos que possam causar à saúde, ao bem-estar e ao modo de vida dessas populações.

Isto posto, é possível observar que, além da violação de diversos direitos difusos, que afetam a vida de milhares de pessoas, indiretamente, em razão da plantação dos transgênicos e do uso de agrotóxicos, também algumas comunidades acabam por ser diretamente prejudicadas. Demonstra-se, mais uma vez, através de tais casos, a preponderância dos interesses econômicos sobre os valores constitucionais da proteção da saúde, do meio ambiente, do patrimônio genético e da dignidade da pessoa humana.

3.6 Proteção dos direitos dos povos tradicionais e indígenas

O cultivo de produtos transgênicos e a larga utilização de agrotóxicos no Brasil são fatores que acabam por causar diversas situações de violação dos direitos fundamentais dos povos tradicionais e indígenas brasileiros. Entre essas situações, pode-se citar a perda do patrimônio cultural genético, a invasão de terras indígenas para plantação de soja e milho (principalmente), a poluição genética das espécies plantadas, e problemas de saúde causados pelo emprego de agrotóxicos nas proximidades das comunidades.

Para a decisão acerca da liberação comercial dos OGMs e agrotóxicos, além do processo de acesso aos recursos genéticos, é fundamental a análise dos impactos econômicos e sociais dessas ações com relação às comunidades tradicionais, como os campesinos, anteriormente citados, e os indígenas. Esses impactos, muitas vezes, têm sido relegados a uma condição marginal de importância no estudo da viabilidade da implementação dessas tecnologias.

Não há razoabilidade social quando se permite o acesso aos recursos genéticos associados aos conhecimentos tradicionais dessas comunidades autóctones sem a previsão de uma forma efetiva de repartição de benefícios. Os interesses desses povos também devem

---

[299]MARTINS, Tânia. 2019. **Análise - Cerrado no Piauí devastado e população local sacrificada.** Brasil de Fato. 20 de agosto de 2019. Disponível em: https://www.brasildefato.com.br/2019/08/20/analise-or-cerrado-no-piaui-devastado-e-populacao-local-sacrificada/. Acesso em: 19 de setembro de 2019.

CAPÍTULO 3 | Regulamentação dos Transgênicos e Agrotóxicos no Brasil

ser levados em consideração na hora da tomada da decisão, pois não é legítimo um sistema que passa por cima dos direitos de seus cidadãos de forma arbitrária[300].

Muitas das comunidades tradicionais, como os caiçaras, sertanejos, quilombolas, indígenas e campesinos, dependem dos recursos naturais para sua subsistência. E é no aprendizado sobre o funcionamento dos ciclos naturais que nasce e se desenvolve o conhecimento sobre a diversidade, que é, por elas, tradicionalmente repassado de uma geração à outra, formando parte de sua cultura[301].

O agronegócio vê nas terras indígenas, áreas quilombolas ou de proteção ambiental, uma oportunidade para ampliar o número de áreas cultivadas e, nos últimos meses, esse tipo de ação tem ganhado certa legitimidade, com um incentivo, por parte do governo que, mais do que nunca, procura agir de forma neoliberal e extremista, violando os direitos das comunidades autóctones e tradicionais e excluindo minorias em prol do ganho de capital pelo setor privado. Há um forte retrocesso dos direitos humanos até então conquistados e, nesse quadro, as referidas comunidades se veem ainda mais vulneráveis.

Se a primeira fase do avance das culturas transgênicas no território brasileiro começou no Sul, chegando até o Oeste e Norte do país, a segunda fase, que está sendo posta em prática, aponta para a região de Matopiba, nos estados do Maranhão, Tocantins, Piauí e Bahia, como aquela próxima a ser ocupada por milhares de hectares de monocultura transgênica. Esse território, que compreende uma faixa de 73 milhões de hectares, tradicionalmente, é ocupado por povos indígenas, quilombolas e comunidades tradicionais, os quais estão sendo ameaçados pelo agronegócio, sofrendo as consequências de intensos conflitos, com ameaças e assassinatos[302].

Diversos casos recentes têm ilustrado essa triste realidade nacional de promoção dos interesses privados e exclusão das comunidades originárias. No Cerrado, particularmente, foi noticiada a predatória invasão das terras das populações locais tradicionais por grileiros, caracterizando uma verdadeira corrida para ampliar as áreas com monoculturas transgênicas. Para esses fins, uma rede de instituições age falsificando títulos de terras, comprando donos de cartórios, magistrados e agentes do poder público. Tudo acontece com o consentimento do poder público, de membros do executivo e de autoridades policiais e judiciárias[303].

---

[300]PAVARINO, Marco Aurélio. *Op. Cit.* p. 347.

[301]DA SILVA, Marcio Toledo. Violação de direitos e resistência aos transgênicos no Brasil: uma proposta camponesa. In: Magda ZANONI; Gilles FERMENT. **Transgênicos para quem? Agricultura Ciência Sociedade.** Brasília: Ministério do Desenvolvimento Agrário, 2011. p. 439.

[302]VICENTE, Lucía (coord.); ACEVEDO, Carolina (coord.); VICENTE, Carlos (coord.). *Op. Cit.* p. 61.

[303]MARTINS, Tânia. *Loc. Cit.*

CAPÍTULO 3 | Regulamentação dos Transgênicos e Agrotóxicos no Brasil

Em junho de 2018, o Ibama averiguou a invasão de terras indígenas pela soja transgênica, sendo que as plantações ocorriam mediante uso de força de trabalho indígena. Estes, que eram a ponta mais vulnerável da relação comercial, ganhando muito pouco por seu trabalho, acabavam por consentir com as plantações em seu território, o que é contra o Estatuto do Índio, e é considerado, pelo Ibama, como crime ambiental, segundo a interpretação constitucional da correta destinação dessas terras[304].

Além desse caso, também a integridade física dos indígenas acaba por ser diretamente afetada pelo agronegócio. No Mato Grosso do Sul, um caso recente causa grande preocupação. Uma comunidade indígena que habita uma área vizinha a uma plantação de soja foi pulverizada por agrotóxicos, que foram disseminados no ar por um avião. Após ajuizar um processo, reclamando indenização pelos danos causados à comunidade, uma sentença proferida quatro anos e meio após o ajuizamento da ação considerou improcedente a acusação, pois algumas atividades não podem ser suprimidas, senão, causar-se-iam graves prejuízos à comunidade em geral. Exemplo dado pelo juiz,. a respeito disso, seria o combate à dengue, que demanda a pulverização de inseticidas para aniquilar os transmissores.[305] Desta forma, legitima-se, pelo poder público, a violação dos direitos fundamentais à saúde e à diginidade da pessoa humana.

Ademais, segundo a antropóloga Lúcia Helena Rangel, entrevistada por Daniel Mello, em sua reportagem "Contaminação por agrotóxicos tem afetado comunidades indígenas"[306], o uso de agrotóxicos tem contaminado o solo e a água usada por comunidades indígenas em todo o país. Ela ressaltou, também, que, em alguns lugares do Brasil, o problema é agudo, como é o caso de três comunidades indígenas guarani-kaiowá no Mato Grosso do Sul, residentes nos municípios de Amambai, Aral Moreira e Paranhos, que foi denunciado no relatório "O Direito Humano à Alimentação Adequada e à Nutrição do Povo Guarani e Kaiowá"[307].

---

[304]VALENTE, Rubens. **Terras indígenas foram invadidas com soja transgênica, conclui Ibama**. Folha de S. Paulo. 08 de junho de 2018. Disponível em: https://www1.folha.uol.com.br/ambiente/2018/06/terras-indigenas-foram-invadidas-com-soja- transgenica-conclui-ibama.shtml. Acesso em: 29 de agosto de 2019.

[305]GRIGORI, Pedro. **Agrotóxico foi usado como arma química contra os indígenas, diz procurador**. Repórter Brasil. 26 de agosto de 2019. Disponível em: https://reporterbrasil.org.br/2019/08/agrotoxico-foi-usado-como-arma-quimica-contra-os- indigenas-diz-procurador/. Acesso em: 07 de setembro de 2019.

[306]MELLO, Daniel. Contaminação por agrotóxicos tem afetado comunidades indígenas, diz antropóloga. **Agência Brasil**. 29 de agosto de 2016. Disponível em: http://agenciabrasil.ebc.com.br/direitos-humanos/noticia/2016-08/contaminacao-por- agrotoxicos-tem-afetado-comunidades-indigenas-diz. Acesso em: 02 de setembro de 2019.

[307]FRANCESCHINI, Thais. O direito humano à alimentação adequada e à nutrição do povo Guarani e Kaiowá: um enfoque holístico-resumo executivo. **Brasília: FIAN Brasil**, 2016.

O problema da contaminação por agrotóxicos se soma, de acordo com Lúcia Helena, à difusão de sementes transgênicas, em função dos carregamentos mal estruturados de sementes de milho transgênicas que são transportadas por trens, deixando que caiam algumas sementes pelo caminho e, assim, contaminando toda a região pela qual passam.

Frente a toda essa problemática, era esperado do governo um posicionamento firme acerca da descarada violação dos direitos fundamentais desses povos em função do modo de operação do agronegócio no Brasil. Todavia, essas ações parecem ser ainda legitimadas e reafirmadas pelo atual governo brasileiro. Nesse sentido, o atual presidente brasileiro, Jair Bolsonaro, na abertura da Assembleia Geral das Nações Unidas, que ocorreu em Nova York, em setembro de 2019, repetiu ao mundo um discurso que já havia sido proferido em âmbito nacional, dizendo que não haverá nova demarcação de terras indígenas no Brasil e que mesmo a extensão das atuais é questionável[308].

Observa-se, frente a este cenário, que o ataque aos povos tradicionais e indígenas, com maior peso nesses últimos, não é uma mera ocorrência, mas, sim, um modo de ação consolidado que tem o apoio do governo para tal. Toda a conjuntura do licenciamento ambiental dessas atividades e, ainda, todo o *modus operandi* das instituições que são competentes para essa matéria, definem sua atuação em função dos interesses privados que estão em jogo, que são, inclusive, muitas vezes, externos.

3.7 Principais normas

Ao longo da pesquisa, as principais normas brasileiras que regem a questão dos transgênicos e dos agrotóxicos já foram mencionadas. Assim, aqui, buscar-se-á fazer um compilado de tais leis, explicando, brevemente, seus objetivos e escopos para melhor compreensão do tema.

A principal norma que determina o processo pelo qual deve se dar a liberação dos transgênicos, e as regras de segurança e de proteção a diversos bens jurídicos que esta deve seguir, é a Lei de Biossegurança, que corresponde à Lei Federal nº 11.105 de 2005. Essa lei regulamenta os incisos II, IV e V do §1º do art. 225 da Constituição Federal; estabelece normas de segurança e mecanismos de fiscalização de atividades que envolvam organismos geneticamente modificados e seus derivados; cria o Conselho Nacional de Biossegurança; reestrutura a Comissão Técnica Nacional de Biossegurança – CTNBio,

---

[308]Em discurso na ONU, Bolsonaro escancara programa de ultradireita e anti-indígena. **El País**. 24 de setembro de 2019. Disponível em: https://brasil.elpais.com/brasil/2019/09/24/politica/1569323723_562966.html?fbclid=IwAR0 HB6JXQAWoIpzT3p0SGZTRmD7DrQlnPz76YBWZ9Gm2e_C9pSnFHuo6QvI. Acesso em: 24 de setembro de 2019.

CAPÍTULO 3 | Regulamentação dos Transgênicos e Agrotóxicos no Brasil

a qual atribui a tomada de decisão sobre os estudos e liberação ambiental dos OGMs, a partir da execução de um protocolo de análise prévia; e dispõe sobre a Política Nacional de Biossegurança. De acordo com seu artigo 1º:

> [...] estabelece normas de segurança e mecanismos de fiscalização sobre a construção, o cultivo, a produção, a manipulação, o transporte, a transferência, a importação, a exportação, o armazenamento, a pesquisa, a comercialização, o consumo, a liberação no meio ambiente e o descarte de organismos geneticamente modificados – OGM e seus derivados, tendo como diretrizes o estímulo ao avanço científico na área de biossegurança e biotecnologia, a proteção à vida e à saúde humana, animal e vegetal, e a observância do princípio da precaução para a proteção do meio ambiente.

A mencionada Lei de Biossegurança foi regulamentada pelo Decreto nº 5.591, de 22 de novembro de 2005. Também tem grande importância e influência, nesse tema, o Decreto nº 4.680, de 24 de abril de 2003, que regulamenta o direito à informação, assegurado pelo Código de Defesa do Consumidor, no que tange aos alimentos e ingredientes alimentares, destinados ao consumo humano ou animal, que contenham ou sejam produzidos a partir de organismos geneticamente modificados, sem prejuízo do cumprimento das demais normas aplicáveis. O artigo 3º desse decreto dispõe que:

> Os alimentos e ingredientes produzidos a partir de animais alimentados com ração contendo ingredientes transgênicos deverão trazer no painel principal, em tamanho e o destaque previstos no art. 2 , a seguinte expressão: "(nome do animal) alimentado com ração contendo ingrediente transgênico" ou "(nome do ingrediente) produzido a partir de animal alimentado com ração contendo ingrediente transgênico.

A Portaria nº 2.658, de 22 de dezembro de 2003, por sua vez, estabelece o símbolo de que trata o Decreto nº 4.680/2003 para a identificação dos alimentos e produtos transgênicos, que se resume a um triângulo equilátero amarelo, de bordas pretas, com um T maiúséculo preto dentro.

Cabe notar que dois artigos previstos na Constituição Federal são de extrema relevância para o tema em questão: primeiramente, o artigo 170, que submete a ordem econômica à observação de alguns princípios fundamentais, dentre os quais, o direito do consumidor (previsto em seu parágrafo quinto) e a defesa do meio ambiente: "inclusive mediante tratamento diferenciado conforme o impacto ambiental dos produtos e

CAPÍTULO 3 | Regulamentação dos Transgênicos e Agrotóxicos no Brasil

serviços e de seus processos de elaboração e prestação" (prevista em seu inciso sexto). O outro artigo é o 225, segundo o qual:

> Art. 225: Todos têm direito ao meio ambiente ecologicamente equilibrado, bem de uso comum do povo e essencial à sadia qualidade de vida, impondo-se ao Poder Público e à coletividade o dever de defendê-lo e preservá-lo para as presentes e futuras gerações.
>
> § 1º Para assegurar a efetividade desse direito, incumbe ao Poder Público:
>
> I – preservar e restaurar os processos ecológicos essenciais e prover o manejo ecológico das espécies e ecossistemas;
>
> II – preservar a diversidade e a integridade do patrimônio genético do País e fiscalizar as entidades dedicadas à pesquisa e manipulação de material genético;
>
> IV – exigir, na forma da lei, para instalação de obra ou atividade potencialmente causadora de significativa degradação do meio ambiente, estudo prévio de impacto ambiental, a que se dará publicidade;
>
> V – controlar a produção, a comercialização e o emprego de técnicas, métodos e substâncias que comportem risco para a vida, a qualidade de vida e o meio ambiente;
>
> VII – proteger a fauna e a flora, vedadas, na forma da lei, as práticas que coloquem em risco sua função ecológica, provoquem a extinção de espécies ou submetam os animais a crueldade.
>
> § 2o Aquele que explorar recursos minerais fica obrigado a recuperar o meio ambiente degradado, de acordo com solução técnica exigida pelo órgão público competente, na forma da lei.
>
> § 3o As condutas e atividades consideradas lesivas ao meio ambiente sujeitarão os infratores, pessoas físicas ou jurídicas, a sanções penais e administrativas, independentemente da obrigação de reparar os danos causados.

Esse artigo da Constituição é muito relevante para a presente pesquisa, pois prevê regras importantes que devem ser aplicadas para a exploração dos recursos naturais, cabendo sua plena aplicação no que diz respeito à produção de alimentos transgênicos

CAPÍTULO 3 | Regulamentação dos Transgênicos e Agrotóxicos no Brasil

e à introdução de métodos produtivos que ofereçam risco ao meio ambiente, como é o caso da ampla utilização de agrotóxicos nas plantações.

Ademais, algumas normas dispostas no Código de Defesa do Consumidor também são de suma importância para a questão da produção de transgênicos, principalmente no que diz respeito ao direito à informação dos consumidores acerca da presença de alimentos e componentes transgênicos nos produtos que consomem, além dos riscos que esse tipo de tecnologia pode trazer à saúde. Assim, primeiramente, o artigo 4º da Lei nº 8.078, de 11 de setembro de 1990, reconhece a vulnerabilidade do consumidor nas relações mercantis, e estabelece os parâmetros segundo os quais deve se dar a sua proteção. Conforme o texto da lei:

> Art. 4º: A Política Nacional das Relações de Consumo tem por objetivo o atendimento das necessidades dos consumidores, o respeito a sua dignidade, saúde e segurança, a proteção de seus interesses econômicos, a melhoria da sua qualidade de vida, bem como a transparência e harmonia das relações de consumo, atendidos os seguintes princípios:
>
> I – reconhecimento da vulnerabilidade do consumidor no mercado de consumo;

Já o artigo 6º desse diploma legal estabelece que:

> São direitos básicos do consumidor: III – a informação adequada e clara sobre os diferentes produtos e serviços, com especificação correta de quantidade, características, composição, qualidade, tributos incidentes e preço, bem como sobre os riscos que apresentem;

Já o artigo 31 do Código dispõe que:

> A oferta e apresentação de produtos ou serviços devem assegurar informações corretas, claras, precisas, ostensivas e em língua portuguesa sobre suas características, qualidade, quantidade, composição, preço, garantia, prazos de validade e origem, entre outros dados, bem como sobre os riscos que apresentam à saúde e segurança dos consumidores.

Assim, nota-se que o direito à informação é fortemente protegido pelo Código de Defesa do Consumidor. Todavia, a observação dessas regras não é seguida, particularmente, no que cabe à questão dos transgênicos, como veremos adiante em subcapítulo próprio ao tema.

Por fim, temos a Lei nº 7.802, de 1989, que é o marco legal dos agrotóxicos, sendo regulamentada pelos Decretos nº 4.074/2002 e nº 5.981/2006. Ela instituiu parâmetros de liberação mais rígidos do que aqueles previstos pela lei anterior, que datava de 1934 e era extremamente desatualizada. Conforme esse diploma, a análise para liberação deve ser feita por três órgãos, como anteriormente visto.

notável a importância do tema quando se observa a gama de leis que o regulamentam, sendo que até mesmo normas previstas em nossa Carta Magna permeiam, hora direta, hora indiretamente, os assuntos que tangem o assunto em questão. Assim, com a existência desde regras gerais até normas específicas, a regulamentação brasileira acerca da questão dos transgênicos e dos agrotóxicos se mostra bastante delimitada e específica, sendo pautada pelo princípio da precaução que, todavia, não é, na prática, observado.

Embora exista um amplo arcabouço legal sobre a matéria, infelizmente, ela acaba sendo posta em prática de acordo com os interesses privados que estão, naquele dado momento, em jogo, não havendo o respeito aos direitos sociais protegidos pelo ordenamento jurídico.

3.8 Rotulagem dos OGMs e direito à informação

O direito à informação, de modo geral, é um direito fundamental, protegido na Constituição Federal, em seu artigo 5º, nos incisos XIV e XXXIII. Sua eficácia é garantida tanto em nível horizontal como em vertical, uma vez que se aplica tanto nas relações entre particulares como, também, entre o(s) particular(es) e o Poder Público[309].

O direito à informação, de uma forma mais específica no que diz respeito às relações de consumo, é previsto no Código de Defesa do Consumidor, em seus artigos 6º, III e 31. A garantia do direito à informação para os consumidores é uma forma de garantir, também, o respeito a sua dignidade como cidadãos, pois é essencial que saibam as características principais dos produtos que consomem. Um adendo a essa questão é a previsão, pelo código de Defesa do Consumidor, da necessidade da observação do princípio da transparência, que tem por escopo possibilitar uma aproximação e uma relação contratual mais sincera e menos danosa entre consumidor e fornecedor.

---

[309]VALICENTE, Raiana Rassi. *Op. Cit.* p. 333.

CAPÍTULO 3 | Regulamentação dos Transgênicos e Agrotóxicos no Brasil

A exigência da disposição de informação ao consumidor pelos produtores, prevista no Código de Defesa do Consumidor, é uma norma genérica, aplicável a todo produto ou serviço colocado no mercado de consumo. Porém, há uma norma específica que trata, justamente, do direito à informação do consumidor relativamente aos alimentos transgênicos. Trata-se do Decreto nº 4.680, de 23 de março de 2003, que determina a rotulagem dos alimentos e ingredientes transgênicos destinados ao consumo humano ou animal.

Além desses instrumentos nacionais, também existem importantes documentos internacionais que assinalam a preocupação com o acesso à informação. Um exemplo é a Convenção sobre o Acesso à Informação, a Participação do Público no Processo Decisório e o Acesso à Justiça em matéria de Meio Ambiente, que entrou em vigor em 30 de outubro de 2001 e prevê, em seu art. 2º, item 3, "a", a necessidade da informação ambiental envolvendo os organismos geneticamente modificados, nos seguintes termos:

> Entende-se por informação em matéria de ambiente qualquer informação disponível sob forma escrita, visual, oral, eletrônica ou de qualquer outra forma sobre o estado dos elementos do ambiente, tais como o ar e a atmosfera, a água, o solo, a terra, a paisagem e os sítios naturais, a diversidade biológica e os seus componentes, incluindo, genericamente, os organismos modificados e a interação entre estes elementos.

Conforme afirma Lucivaldo Vasconcelos Barros[310], em nossa sociedade, predomina uma massificação da informação direcionada ao consumo, voltada, principalmente, para o lucro em detrimento da preservação ambiental, deixando-se de lado questões essenciais como a qualidade de vida, a saúde e o bem-estar geral. Nesse contexto, consumir primeiro para, depois, cuidar da natureza, tornou-se uma regra implícita, aceita e seguida no mundo pós-moderno.

Importante notar que a garantia da informação completa nos rótulos é o único meio eficaz de diferenciar, num eventual rastreamento, um produto de outro, sendo possível chegar às causas de eventuais danos e, assim, impedir sua continuidade. Ademais, a presença das informações pertinentes nos rótulos é essencial para que seja garantido ao consumidor o seu direito de liberdade de escolha[311].

O referido direito deve ser realizado conscientemente, pautando-se no conhecimento de todas as características do produto, tanto as positivas, quanto as negativas,

---

[310]BARROS, Lucivaldo Vasconcelos, 2010, Apud. VALICENTE, Raiana Rassi. *Op. Cit. p.* 337-338.

[311]VALICENTE, Raiana Rassi. *Op. Cit.* p. 340-341.

CAPÍTULO 3 | Regulamentação dos Transgênicos e Agrotóxicos no Brasil

envolvendo, inclusive, as informações sobre eventual risco à segurança, saúde e qualidade de vida que o produto ou serviço pode ocasionar[312].

Não apenas a rotulagem completa dos produtos é necessária para garantir o direito aos consumidores ao acesso das informações, como, também, a conscientização da população acerca do que é, efetivamente, um alimento transgênico, para além de visões ideológicas, devendo ser explicitada sua diferença com relação aos alimentos orgânicos e convencionais disponíveis no mercado[313].

O Código de Defesa do Consumidor prevê pena de multa de duzentos a três milhões de reais, sem prejuízo de retirada do produto do mercado, para quem descumprir o dever de rotulagem, além de sanções administrativas e penais de detenção, com fulcro na Política Nacional das Relações de Consumo. No caso específico dos transgênicos, para que ocorra a aplicação da pena prevista, é preciso que exista a verificação de quantidade acima do limítrofe do percentual de OGMs no produto final. No entanto, essa comprovação se mostra muito difícil nos casos de produtos processados e ultra processados.

Assim, para que a compulsoriedade da rotulagem seja cumprida, é necessário que haja uma intensa fiscalização nos principais alimentos que possam conter OGMs, com destaque para o milho, a soja e seus derivados, que são encontrados em muitos alimentos que compõem a dieta básica de milhões de brasileiros[314].

Salazar[315] pontua, também, que deveria haver maior divulgação, por meio de propagandas na mídia, sobre a existência do símbolo "T", que foi criado por meio da Portaria nº. 2.658, de 22 de dezembro de 2003, para designar a presença de transgênicos em alimentos, com o escopo de melhor informar a população de uma forma acessível a todos.

No que diz respeito a já pontuada necessidade de cumprimento da obrigatoriedade da rotulagem dos alimentos transgênicos, ela foi disposta há mais de quinze anos. Todavia, continua sendo fortemente descumprida, sendo possível encontrar diversos produtos que contam com ingredientes transgênicos em porcentagem superior a 1% e que não informam essa presença em seus rótulos. Isso configura uma nítida violação ao direito da defesa do consumidor, disposto no artigo 5º, XXXII da Constituição Federal.

---

[312]*Ibid. Loc. Cit.*

[313]*Ibid. Loc. Cit.*

[314]SALAZAR, Andrea Lazzarini. *Op. Cit.* p. 302.

[315]*Ibid.* p. 299.

CAPÍTULO 3 | Regulamentação dos Transgênicos e Agrotóxicos no Brasil

Paralelamente a essa afronta ao dever de fornecer a informação completa no rótulo dos produtos, algumas propostas de projetos de leis foram feitas, ao longo dos anos, visando à remoção do símbolo informativo dos transgênicos dos rótulos ou a remoção da informação pertinente acerca da presença de OGMs nos produtos alimentícios, buscando limitar, ainda mais, o direito de saber e de escolher dos consumidores.

O primeiro deles, conforme arrola Andrea Salazar[316], foi o Projeto de Decreto Legislativo nº. 90/2007, de autoria da então senadora Katia Abreu, que propunha a alteração do atual Decreto de Rotulagem para tornar inexigível a presença do símbolo "T" no rótulo dos alimentos, bem como a rotulagem dos alimentos produzidos a partir de animais alimentados com rações OGMs.

Além desse Projeto de Decreto Legislativo, houve , também, o Projeto de Lei nº. 5.575/2009, do deputado Cândido Vaccarezza, que tinha por escopo excluir qualquer símbolo relacionado aos transgênicos dos rótulos, limitando a presença de informação acerca da presença de OGMs apenas aos alimentos em que ela fosse detectável; e o Projeto de Lei n. 4.148/2008, do deputado Luiz Carlos Heinze, que pretendia modificar o artigo 40 da Lei de Biossegurança para propor as mesmas alterações encaminhadas pela senadora Katia Abreu e, mais além, limitar a rotulagem de alimentos contento transgênicos para os casos em que fosse detectável a presença de OGMs no produto final em quantidade superior a 1%. Essa mudança representaria a substituição do critério da rastreabilidade, aplicado atualmente, o qual impõe a rotulagem do alimento independentemente da possibilidade técnica de detecção, por um critério da detectabilidade[317]. Destaca-se, mais uma vez, que a detecção de componentes transgênicos em alimentos processados e ultra processados é um processo de difícil execução, visto que exige a adoção de métodos de elevado custo, somente capazes de serem efetuados por profissionais especializados e através do uso de equipamentos especiais de alta tecnologia.

Nenhum desses projetos foi aprovado.

Mais recentemente, no entanto, está em trâmite a aprovação do Projeto de Lei da Câmara nº. 34/2015[318], o qual tenciona a não obrigatoriedade da utilização do símbolo característico de alerta sobre a existência de OGMs nos alimentos e, além disso, tem por escopo liberar os produtores de informar ao consumidor sobre a presença de componentes transgênicos quando esta se der em porcentagem superior a 1% da composi-

---

[316]*Ibid.* p. 305.

[317]SALAZAR, Andrea Lazzarini. *Op. Cit.* p. 306.

[318]O projeto recebeu parecer de rejeição pela Comissão de Ciência, Tecnologia, Inovação, Comunicação e Informática (CCT) e pela Comissão de Assuntos Sociais (CAS), enquanto a Comissão de Agricultura e Reforma Agrária (CRA) e a Comissão de Meio Ambiente (CMA) emitiram pareceres favoráveis.

CAPÍTULO 3 | Regulamentação dos Transgênicos e Agrotóxicos no Brasil

ção total em alimentos processados e ultra processados, mas não for detectável através de análises laboratoriais.

Vê-se que os referidos projetos de lei tiveram sua criação impulsionada pelos interesses de parlamentares ligados ao agronegócio, à indústria da alimentação e ao setor de transgenia, que não consideram viável unir a marca do produto a que estão vinculados a um sinal de alerta, que poderia denotar alguma forma de perigo com relação ao consumo de tal alimento. A tolerância atual máxima de 1% de compostos transgênicos nos produtos,para que a rotulagem passe a ser obrigatória, também é fato incômodo para o setor.

O Projeto de Lei atualmente em risco de ser aprovado gera consequências não apenas a nível nacional como, também, internacionalmente, visto que revoga o Decreto de Rotulagem (nº. 4.680/2003), contraria a Lei de Biossegurança, aprovada em 2005, mudando seu texto, e descumpre os compromissos internacionais assumidos pelo Brasil como signatário do Protocolo de Cartagena da ONU. Além disso, viola o direito do consumidor de informação e escolha, e burla as normas de direito comercial quanto à justa concorrência, visto que viola o direito dos agricultores e empresas produtoras de alimentos livres de OGMs de terem a qualidade particular de suas produções reconhecida, uma vez que se tornariam indirerenciáveis, na prática.

Para melhor compreender como a adoção do referido projeto de lei pode impactar a economia brasileira, é interessante notar que o Brasil, atualmente, é o segundo maior produtor de variedades transgênicas do mundo, com 50,2 milhões de hectares de plantações transgênicas registradas no ano de 2017[319], o que corresponde a 26% do total mundial.

Além disso, em 2017, o agronegócio representou 21% do PIB (Produto Interno Bruto) brasileiro, sendo responsável por metade das exportações realizadas, de acordo com a CNA (Confederação da Agricultura e Pecuária do Brasil). Dentre os principais destinos dos produtos agrícolas brasileiros tem-se, em primeiro lugar, a China e, em segundo, os países do bloco europeu[320].

Conforme carta assinada por organizações como Greenpeace, IDEC, Articulação Nacional de Agroecologia, Campanha Brasil Livre de Transgênicos e Agrotóxicos, Terra de Direitos e Via Campesina, esse relaxamento definitivo na rotulagem dos

---

[319]CONSELHO DE INFORMAÇÕES SOBRE BIOTECNOLOGIA. **Brasil é responsável por 26% da área plantada com transgênicos no mundo, aponta estudo inédito.** CIB. Disponível em: https://cib.org.br/isaaa-2018/. Acesso em: 04 de setembro de 2019.

[320]CEPEA – CENTRO DE ESTUDOS AVANÇADOS EM ECONOMIA APLICADA. **Índices – Exportação do Agronegócio.** São Paulo: CEPEA/ESALQ/USP, 2016.

119

CAPÍTULO 3 | Regulamentação dos Transgênicos e Agrotóxicos no Brasil

transgênicos no país, pretendido pelo projeto de lei anteriormente comentado, poderia impactar fortemente as exportações, na medida em que a rejeição às espécies transgênicas em vários países que importam alimentos do Brasil é grande[321].

É muito grave a possibilidade de aprovação desse projeto de lei, pois fará com que o consumidor não tenha mais o direito de saber e escolher entre um alimento transgênico ou não transgênico, e trará grandes prejuízos aos agricultores que optam por cultivar não transgênicos, pois perderão as vantagens econômicas provenientes de sua diferenciação no mercado.

Estaria o Brasil tentando, de fato, seguir um caminho traçado pelos Estados Unidos na direção dos lucros advindos dos transgênicos? Tenta imitar, o governo brasileiro, a decisão da Monsanto, que proibiu a rotulagem dos transgênicos nos EUA através de sua influência política?

Esquece-se o Brasil, todavia, que seu papel, neste teatro, é de mero figurante, restando a ele apenas a utilização de sua terra para o cultivo dessa tecnologia, e não o desenvolvimento da mesma. Ao Brasil é relegado o papel de país reprodutor da tecnologia transgênica, de local de terreno fértil que, quando já não tiver mais recursos naturais, dada tamanha a poluição e o desgaste causados, será meramente descartado.

3.9 Brasil, o celeiro do mundo

Um pensamento rege o modo de funcionamento do sistema de produção no contexto do mundo globalizado, com a expansão das transnacionais ultra-fronteiriças: o de que no Sul se encontra a biodiversidade, enquanto, no Norte, há a tecnologia avançada capaz de explorá-la[322].

A exploração do Sul pelo Norte global também se dá de outra forma: com a exploração da mão de obra assalariada dos países menos desenvolvidos, através do estabelecimento de fábricas em locais cujos custos de produção sejam mais baixos, restando a sede localizada em um país rico, para onde são destinados todos os lucros, salvo aquela mísera quantia despendida com mão de obra, locação e demais fatores econômicos de produção.

No contexto da produção dos alimentos transgênicos no Brasil, que são desenvolvidos através do emprego de tecnologias criadas no Norte global, há tanto a exploração da biodiversidade brasileira quando de sua mão de obra barata no campo. Todos os

---

[321]ABRASCO; ACTION AID; ASPTA. *Loc. Cit.* (ver nota nº 33).

[322]SALLES, Marcur Maurer de, 2009, Apud NETO, Pedro Accioly de Sá Peixoto. *Op. Cit.* p. 141.

CAPÍTULO 3 | Regulamentação dos Transgênicos e Agrotóxicos no Brasil

lucros são internalizados pelas transnacionais, enquanto os danos ambientais e para a saúde da população são publicizados, ou seja, tolerados pela sociedade como um todo.

Posteriormente, os alimentos produzidos com o emprego dos recursos naturais brasileiros são levados novamente para fora do país, exportados para suprirem a alimentação do gado europeu e, em grande parte, também para suprir o mercado chinês de porcos.

Assim, conforme afirma Naiara Bittencourt, entrevistada por Emilly Dulce[323], os impactos à saúde, ao meio ambiente e aos direitos humanos em geral são o pano de fundo de uma estratégia maior, que é reposicionar e consolidar o Brasil em uma divisão internacional do trabalho, onde o país permanece nesse papel de exportador de *commodities*, grãos, estes, que não conformam a base alimentar da população brasileira.

Assim, a própria configuração do agronegócio corporativo, baseada na monocultura, no grande latifúndio e na produção de *commodities* para exportação, não permite o Brasil de ter soberania científica ou econômica e, tampouco, sobre a definição de seu modelo de produção agrícola. Essa dinâmica força o país à posição de "celeiro", subordinado às potências econômicas mundiais[324].

Como o Brasil utiliza, além das sementes transgênicas provenientes dos Estados Unidos, muitos insumos agrícolas oriundos de outros países, acaba dispendendo muitos dos recursos financeiros da agricultura para pagar tais tecnologias, de forma que os ganhos com a exploração do terceiro setor acabam sendo escoados para fora, havendo, assim, pouco retorno econômico para o Brasil, que resta estagnado em uma posição de eterno país produtor agropecuário, instrumentalizado pelos países do Norte conforme seus interesses, até que se esgotem seus recursos naturais valiosos.

---

[323]DULCE, Emilly. *Loc. Cit.*

[324]*Ibid. Loc. Cit.*

CAPÍTULO 4

Regulamentação dos Transgênicos e Agrotóxicos na Europa e na França

4.1 Contexto geral da adoção de uma política precaucionária na França

Foram muitas as circunstâncias que acabaram por influenciar a definição da política precaucionária francesa nos moldes como ela é hoje. Mas, foram duas as situações particularmente importantes neste quesito: o escândalo do sangue contaminado e a questão da vaca louca. Nota-se que, esta última, afetou a política de toda a União Europeia, fazendo com que padrões mais elevados de proteção fitossanitária fossem adotados.

O escândalo do sangue contaminado irrompeu em 25 de abril de 1991, quando um jornalista do jornal semanal "L'événement du Jeudi" publicou um artigo provando que o Centro Nacional de Transfusão de Sangue Francês (CNTS) distribuiu conscientemente, de 1984 a 1985, certos produtos sanguíneos contaminados pelo vírus da AIDS a indivíduos

CAPÍTULO 4 | Regulamentação dos Transgênicos e Agrotóxicos na Europa e na França

hemofílicos. Essa situação foi um ato de negligência do governo, que teve por consequência a contaminação de 95% dos hemofílicos.[325]

Após a ocorrência desse grave caso, a confiança da população francesa com relação ao governo e a sua capacidade de proteger a saúde pública nos casos em que interesses econômicos também estavam em jogo acabou sendo extremamente afetada, gerando uma grande desconfiança dos cidadãos em relação às decisões adotadas a partir de então.

Alguns anos depois, ocorreu o incidente da doença da vaca louca, quando, após a constatação da doença na Inglaterra, alguns casos começaram a ser observados, também, na França. Até então, não se sabia se o consumo de carne de animais afetados pela doença poderia trazer algum dano à saúde humana. Todavia, a Comissão Europeia e seu órgão de consultoria científica certificaram, mesmo diante das incertezas científicas, que a carne dos animais com BSE era segura para consumo humano. Posteriormente, foi verificado que a ingestão dessa carne por seres humanos provoca o surgimento da moléstia chamada *"Creutzfeldt-Jakob"*[326].

Segundo Yamaguchi[327], quando do surgimento dos primeiros casos na França, havia uma suspeita de que a encefalopatia espongiforme bovina (nome científico da doença da vaca louca) tivesse relação com a alimentação do gado a partir de rações produzidas com carne, ossos, e proteínas de origem animal (chamadas de farinha animal) e, frente a tais suspeitas, o governo francês solicitou um parecer da Agência Francesa de Segurança Sanitária Alimentar, em 31 de outubro de 2000, sobre os riscos ligados ao uso dessas farinhas. No entanto, o governo não esperou pela apresentação dos resultados por parte da referida Agência e, em 14 de novembro de 2000, determinou a adoção de medidas de precaução, em um quadro de incerteza científica. A medida em questão foi tomada a despeito das grandes despesas que o governo enfrentou com a apreensão das farinhas animais e com sua posterior incineração. A medida do governo francês foi uma tentativa de reestabelecer a confiança pública em suas decisões, demonstrando que a saúde e a segurança pública são prioridades.

A partir dos anos 90, em grande parte em razão do escândalo do sangue contaminado, uma rede de agências de saúde, alimentos e segurança ambiental foi instaurada na França para governar uma política de expertise, com a reorganização do conhecimento público de acordo com o princípio fundamental da independência e autonomia do

---

[325]L'affaire du sang contamine. Rdaction **INA – Institut National de L'Audiovisuel**. 07 de fevereiro de 2009. Disponível em: https://www.ina.fr/contenus-editoriaux/articles-editoriaux/l-affaire-du-sang-contamine/ . Acesso em: 27 de julho de 2019.

[326]YAMAGUCHI, Taylla Evellyn e MARTINS DE SOUZA, Mauro César. 2011. França: A Construção Do Direito Ambiental Em Um País Desenvolvido. **Tópos**, v. 5, n. 2, Vol. 5. p. 54. 2011.

[327]*Ibid*. p. 53 - 54.

124

CAPÍTULO 4 | Regulamentação dos Transgênicos e Agrotóxicos na Europa e na França

conhecimento. Assim, podem ser citadas como componentes da rede a Agência Francesa de Segurança Alimentar (AFSSA), a Agência Francesa de Segurança Pública e Produtos de Saúde (AFSSAPS) e a Agência Francesa de Segurança Sanitária Ambiental[328].

A partir de então, o princípio da precaução foi sendo cada vez mais incorporado no ordenamento jurídico francês, sendo a razão para tanto encontrada na pressão social e na necessidade de reestabelecer a confiança do governo perante os cidadãos.

Assim, em 1995, foi lançada uma lei nacional francesa muito importante acerca do reforço à proteção ambiental, chamada de Lei Barnier. A Lei n°. 95-101, de 02 de fevereiro de 1995, foi responsável por formular retroativamente os princípios que governaram, até então, a criação de medidas de proteção do meio ambiente na França após os anos 1970. Através da positivação desses princípios, seria possível ao governo a instituição de novas ações legítimas e com fundamentação legal, nesse mesmo sentido protetivo. Por meio dessa lei, o princípio da precaução foi enquadrado como um dos princípios diretores das políticas francesas de proteção ambiental[329].

Todavia, a previsão legal do princípio da precaução não foi acompanhada de uma preocupação pelo desenvolvimento de um texto governamental definindo a visão adotada acerca desse princípio, que não apresenta uma definição clara e objetiva por si só. Isso acabou por gerar uma série de controvérsias na doutrina francesa.

A França, com a referida Lei Barnier, foi o primeiro país a designar um valor jurídico de norma legal ao princípio da precaução[330]. Essa lei inseriu o artigo L.200-1 ao Código Rural Francês, segundo o qual:

> [...] a ausência de certeza, levando em conta os conhecimentos científicos e técnicos do momento, não deve retardar a adoção de medidas efetivas e proporcionais visando a prevenir o risco de danos graves e irreversíveis ao meio ambiente, a um custo economicamente aceitável. (tradução livre).

Assim, passava a vigorar no país um conjunto de disposições legais que tinham por escopo garantir um elevado grau de proteção, priorizando a saúde e o meio ambiente em detrimento dos interesses econômicos. Tudo isso tinha por pano de fundo a grande pressão social de uma população já traumatizada em função dos escândalos ambientais e de saúde que haviam ocorrido anteriormente.

---

[328]EWALD, François; GOLLIER, Christian; DE SADELEER, Nicolas. *Op. Cit.* p. 48.

[329]EWALD, François; GOLLIER, Christian; DE SADELEER, Nicolas. *Op. Cit.* p. 18.

[330]*Ibid.* p. 18-19.

CAPÍTULO 4 | Regulamentação dos Transgênicos e Agrotóxicos na Europa e na França

Em 1998, em um contexto de grande apelo democrático dos cidadãos com relação à condução das decisões acerca da liberação dos OGMs na França, que deveria, dessa forma, ocorrer de acordo com a vontade da população, teve lugar a "Conférence de citoyens sur l'utilisation des OGM en agriculture et dans l'alimentation". Essa conferência tinha por escopo definir os critérios que os cidadãos julgavam necessários para que fosse possível a autorização da utilização dos transgênicos tanto no plantio quanto no consumo. Nesse quadro, uma das condições estabelecidas era a existência de mecanismos de compensação dos consumidores em caso de risco de danos, o que também estava disposto no Livro Branco da Comissão Europeia sobre Segurança Alimentar, em um contexto de responsabilização pelo risco de possíveis danos ambientais causados pelos OGMs. Nota-se, todavia, que esses mecanismos jamais foram, de fato, implementados[331].

Posteriormente, já no ano de 2005, o Constituinte consagrou o princípio da precaução na Lei Constitucional nº. 2005-205, de 1º de março de 2005, que positivava, no ordenamento jurídico francês, o texto da Carta do Meio Ambiente. Essa Carta faz entrar o meio ambiente na Constituição Francesa num plano de igualdade com os Direitos do Homem e do Cidadão de 1789 e os Direitos Econômicos e Sociais de 1946[332]. O artigo 5º da Carta estabelece que:

> Quando a possível ocorrência de um dano, mesmo que seja ainda incerta conforme os conhecimentos científicos disponíveis naquele momento, poderia afetar de maneira grave e irreversível o meio ambiente, as autoridades públicas devem garantir, através da aplicação do princípio da precaução e dos seus domínios de atribuição, a aplicação dos procedimentos de avaliação dos riscos e a adoção de medidas provisórias e proporcionais, a fim de impedir a realização do dano (tradução livre)[333].

Ao consagrá-lo na Carta, o legislador elevou o princípio da precaução de categoria legislativa para classe constitucional, no topo da hierarquia de normas, de forma que não seria necessária, nem mesmo, a edição de uma lei específica para que a exigibilidade desse princípio pudesse ser demandada em juízo. Assim, tornou-se um princípio de aplicação direta no direito francês.

---

[331]EWALD, François; GOLLIER, Christian; DE SADELEER, Nicolas. *Op. Cit.* 61.

[332]YAMAGUCHI, Taylla Evellyn e MARTINS DE SOUZA, Mauro César. *Op. Cit.* p. 54.

[333]Confira o artigo original, *in verbis*: "Lorsque la réalisation d'un dommage, bien qu'incertaine en l'état des connaissances scientifiques, pourrait affecter de manière grave et irréversible l'environnement, les autorités publiques veillent, par application du principe de précaution et dans leurs domaines d'attributions, à la mise en oeuvre de procédures d'évaluation des risques et à l'adoption de mesures provisoires et proportionnées afin de parer à la réalisation du dommage".

CAPÍTULO 4 | Regulamentação dos Transgênicos e Agrotóxicos na Europa e na França

O Constituinte estabeleceu várias condições de aplicação do artigo 5º mencionado: é exigido o cumprimento de uma condição formal (realização do procedimento de avaliação de risco) e, também, de duas condições substanciais (para que seja adotada uma medida precaucionária, embargando uma atividade, é preciso que sejam cumpridos (i) os critérios de provisoriedade dessa medida e (ii) de proporcionalidade em sua delimitação). Todavia, nada é dito sobre a duração que deve ter a medida provisória, de modo que se supõe que, até que a incerteza seja removida, a medida continuará sendo aplicada[334].

Assim, observou-se, na França, a construção de um modelo jurídico ambiental fortemente baseado no princípio da precaução. É importante observar, no entanto, que o modelo adotado na Europa, até então, também era embasado no princípio da precaução. No bloco, o conceito de equivalência substancial, tipicamente adotado pelos Estados Unidos, foi rejeitado, com o reconhecimento da necessidade da realização de uma avaliação específica dos OGMs e a garantia de informação ao público, que foi imposta como obrigatória, principalmente através da exigência da rotulagem desses produtos alimentícios. Assim, o modelo de regulamentação europeu tornou-se um modelo de oposição àquele adotado pelos EUA, uma vez que passou a representar um modelo bastante precaucionista, com maior consulta à população civil[335].

Tanto havia já um modelo europeu consolidado embasado no princípio da precaução que, durante as primeiras tratativas para a elaboração do Protocolo de Cartagena, no final da década de 90, quando se deu a formação do *Open-Ended Ad Hoc Working Group on Biosafety* (BSWG) para organizar as necessidades e especificações para a elaboração do protocolo, a França restou posicionada junto ao *European Union Group*, constituído, até então, por 15 membros. Esse grupo teve um posicionamento mais robusto e diferenciado, pois buscava a criação de um protocolo que regulamentasse os riscos dos OGMs à saúde humana, incluindo todas as categorias de OVMs, com exceção de fármacos e seus derivados, além de defender a manutenção do princípio da precaução[336].

4.2 Articulação de normas europeias e nacionais

É importante, para compreender como se deu o estabelecimento das normas francesas protetivas do meio ambiente e, também, para proceder a um acompanhamento histórico do desenvolvimento dessa regulamentação, que, primeiro, seja estudado o modelo de criação de normas no contexto europeu.

---

[334] EWALD, François; GOLLIER, Christian; DE SADELEER, Nicolas. *Op. Cit.* p. 93- 94.

[335] APOTEKER, Arnaud. *Op. Cit.* p. 91-92.

[336] GUIMARÃES, Bruna Gaudêncio; MORALES, Elias David. *Op. Cit.* p. 139.

CAPÍTULO 4 | Regulamentação dos Transgênicos e Agrotóxicos na Europa e na França

Dentro do bloco da União Europeia, como há uma política de regulamentação comum de temas importantes, com a consequente padronização e homogeneização das regras estabelecidas, torna-se imprescindível um controle de convergência das leis nacionais, instituídas por cada país membro, com aquelas leis estabelecidas no âmbito do bloco econômico. Esse controle é chamado de controle de convencionalidade e faz com que as normas europeias tenham prevalência sobre as normas internas, conforme ensinam Eck Laurent e Hugues Fulchiron no livro "Introduction au Droit Français"[337].

Assim, tendo em vista que a França é um país membro da União Europeia, também as suas leis e regulamentos sobre organismos geneticamente modificados são fortemente afetados pelas regras da UE. Dessa forma, a legislação nacional francesa está subordinada à regulamentação da União europeia, tanto no que diz respeito às normas que visam à proteção do consumidor, como àquelas que têm por escopo a preservação do meio ambiente, conforme estabelecido no Tratado de Maastricht. Embora a UE seja a esfera competente para a criação dessas leis, os estados membros também têm legitimidade para a criação de normas acerca de tais temas, desde que de forma supletiva. Assim, é possível a implementação de leis e regulamentos próprios em âmbito nacional, desde que estejam de acordo com o estabelecido pelos regulamentos da UE.

Além disso, a autoridade europeia encarregada de aprovar os OGMs pode procurar orientação de agências nacionais de segurança alimentar. No caso da França, trata-se da Agência Nacional de Segurança Sanitária, Alimentação, Meio Ambiente e Trabalho[338].

Vale, neste ponto, esclarecer como se dá a formação do direito europeu e como ele é internalizado pelos Estados membros, uma vez que tais conceitos serão de grande importância, posteriormente, quando realizarmos um apanhado histórico da regulamentação francesa a respeito da liberação de plantio e uso de OGMs. Dessa forma, serão expostos conceitos que foram apreendidos em um curso de Introduction au Droit Français, ministrado pelo professor Eck Laurent, no quadro do programa PITES (Partenariat International Triangulaire d'Enseignement Supérieur), que ocorreu na Faculdade de Direito da Universidade de São Paulo no segundo semestre do ano de 2018.

O direito da União Europeia compõe cerca de 80% das normas francesas. Esse direito pode ser tanto originário quanto derivado. O direito originário é composto pelos tratados fundadores do bloco, como o tratado de Lisboa (e, dentro dele, o Tratado de

---

[337]LAURENT, Eck; FULCHIRON, Hugues. *Loc. Cit.*

[338]BORING, Nicolas. Restrictions on Genetically Modified Organisms: France. **Business Reference Services, Library of Congress**. Junho de 2014. Disponível em: http://loc.gov/law/help/restrictions-on-gmos/france.php#_ftn1. Acesso em: 01 de setembro de 2019.

CAPÍTULO 4 | Regulamentação dos Transgênicos e Agrotóxicos na Europa e na França

Funcionamento da União Europeia – TFUE– e o Tratado da União Europeia –TUE–), assim como a Carta dos Direitos Fundamentais da União Europeia.

O TUE afirma os princípios e valores que compõem o direito da UE, define as instituições europeias e fixa regras relativas às diferentes ações exercidas pelo bloco. Já o TFUE é um tratado que rege o funcionamento das instituições europeias. De acordo com esse segundo tratado, a competência jurídica pode ser dividida entre os Estados-membros e a União Europeia em três modelos distintos, dependendo da matéria a ser normatizada, de forma que a competência pode ser exclusiva da UE; compartilhada entre União e Estados; ou exclusiva dos Estados.

Já o direito derivado é um desdobramento do direito originário, formando uma categoria mais diversa que contém mais normas (que podem ser reputadas escritas e não escritas). As normas escritas existem em dois diferentes tipos: aquelas advindas da cooperação intergovernamental (ou seja, os tratados, acordos e convenções internacionais) e aquelas elaboradas pelos orgãos da UE, que podem ser tanto "normas dentro da nomenclatura do artigo 288 TFUE" quanto "normas fora da nomenclatura".

Para melhor compreensão do que seria essa nomenclatura mencionada, é importante a análise do texto do artigo 288 do Tratado de Funcionamento da União Europeia, *in verbis*:

> Art. 288. Para exercerem as competências da União, as instituições adotam regulamentos, diretivas, decisões, recomendações e pareceres.
>
> O regulamento tem caráter geral. É obrigatório em todos os seus elementos e diretamente aplicável em todos os Estados-Membros.
>
> A diretiva vincula o Estado-Membro destinatário quanto ao resultado a alcançar, deixando, no entanto, às instâncias nacionais a competência quanto à forma e aos meios.
>
> A decisão é obrigatória em todos os seus elementos. Quando designa destinatários, só é obrigatória para estes.
>
> As recomendações e os pareceres não são vinculativos. (Tradução livre).

Logo, as normas "dentro da nomenclatura" são compostas pelos regulamentos (instrumentos de unificação de regras jurídicas aplicáveis dentro de um Estado, que têm um caráter geral, são obrigatórias e diretamente aplicáveis nos Estados membros); pelas diretivas (textos que vinculam todos os Estados membros quanto aos resultados esperados, os deixando livres quanto à forma e aos meios de alcançá-los – é necessário que sejam transpostos, ou seja, incorporados como normas por esses Estados);

129

as decisões (que têm um caráter restrito, direcionadas pela Comissão Europeia a um Estado ou, até mesmo, a uma pessoa) e, por fim, as recomendações (que têm um caráter restrito e sem efeito jurídico vinculante).

Já as normas "fora da nomenclatura", que podem ser também chamadas de atos atípicos, são as declarações, deliberações, cartas e linhas diretivas que têm um valor político superior ao valor jurídico.

Por fim, as normas não escritas são aquelas oriundas da atividade jurisdicional, aplicada pelos juízes, principalmente da Corte de Justiça Europeia e, também, advindas dos costumes internacionais.

Agora que pudemos analisar, mesmo que de forma breve, o quadro geral de como estabelecida a regulamentação no âmbito da União Europeia, é possível passar a uma análise mais profunda sobre a regulamentação nacional francesa acerca dos transgênicos, o que será feito no tópico a seguir.

4.3 Histórico dos transgênicos na França

Passaremos, portanto, a um acompanhamento histórico do desenvolvimento da regulamentação dos transgênicos na França e, em paralelo a isso, em nível europeu. É muito importante a prévia estruturação sobre como as normas foram criadas nesses dois âmbitos, tendo em vista a grande influência de um sob o outro, conforme anteriormente explicado.

Nem sempre a França apresentou um padrão regulamentar pautado pelo princípio da precaução. Muito pelo contrário, durante muitos anos, suas decisões eram direcionadas por uma busca do melhor aproveitamento econômico que a biotecnologia poderia oferecer. Foi apenas após os escândalos do sangue contaminado e da vaca louca, com uma grande pressão exercida pela sociedade contra o governo e contra as empresas privadas biotecnológicas, que passou a ser, paulatinamente, incorporado o princípio da precaução no ordenamento jurídico interno francês.

Nosso panorama histórico começa em 1986, quando a Comissão de Engenharia Biomolecular foi criada pelo Ministério da Alimentação, Agricultura e Pesca da França. A referida comissão, que é um órgão consultivo, foi composta por especialistas técnicos e representantes da sociedade civil. A sua missão era (e) avaliar, em cada caso, mediante demanda da administração, antes de qualquer autorização, os riscos à saúde pública e ao meio ambiente relacionados à liberação do cultivo e uso de OGMs. Três anos depois, em 1989, foi criada, também em âmbito nacional francês, a Comissão de Engenharia Genética (CGG), responsável por avaliar os perigos e riscos impostos pelos

CAPÍTULO 4 | Regulamentação dos Transgênicos e Agrotóxicos na Europa e na França

organismos geneticamente modificados – independentemente de qual seja sua destinação de uso subsequente[339].

Já em 1990, duas diretivas foram adotadas pela Comunidade Europeia sobre os OGMs. Tratava-se da Diretiva 90/219/CEE, relativa à utilização confinada de microrganismos geneticamente modificados para fins industriais ou de investigação; e da Diretiva 90/220/CEE, que regula as liberações deliberadas dos OGMs para fins de pesquisa e desenvolvimento, assim como sua colocação no mercado. Esta última diretiva requereu uma avaliação ambiental anterior para que passasse a ser fornecida uma autorização por etapas para a liberação de um OGM. Destaca-se que a diretiva 90/220/CEE permitiu uma avaliação caso a caso dos riscos para a saúde humana, à saúde animal e ao meio ambiente, que deve ser realizada antes de qualquer liberação ou colocação no mercado[340].

Alguns anos depois, em 18 de dezembro de 1996, foi dada a primeira autorização da Comissão Europeia para importar um milho geneticamente modificado (tratava-se de uma espécie de milho resistente à broca europeia). Essa autorização permitiu o cultivo da espécie transgênica, exigindo-se, contudo, que a variedade estivesse registrada no Estado-Membro que desejasse produzir.[341]

No ano seguinte, mais especificamente, em 27 de janeiro de 1997, a Comissão Europeia adotou o Regulamento n°. 258/97, conhecido como *Reglement des Nouveaux Aliments* – traduzido oficialmente como regulamento sobre novos alimentos e ingredientes alimentares. Esse regulamento estabeleceu regras sobre autorização e rotulagem, principalmente para produtos alimentícios que contivessem OGMs ou derivados. Sua entrada em vigor se deu em 15 de maio de 1997 e seus efeitos eram *ex nunc*, de forma que não se aplicou aos produtos transgênicos que já circulavam no mercado, como a soja e o milho transgênicos.

O governo francês autorizou a comercialização e consumo da variedade de milho geneticamente modificado resistente à broca europeia em fevereiro de 1997, para que fosse, então, cultivado em território francês[342]. Esta autorização, que foi dada apenas

---

[339]Historique des vnements relatifs aux ogm en France et dans le Monde, 2000 - 1986. **OGM.org.** Disponível em: http://www.ogm.org/Tout%20savoir/Historique/Historique%20des%20vnements%20relatifs%20 aux%20OGM%20en%20France%20et%20dans%20le%20monde/2000-1986.html. Acesso em: 12 de outubro de 2019.

[340]Rglementation. **OGM.org.** Disponível em: <http://www.ogm.org/Tout%20savoir/reglementation.html>. Acesso em: 12 de outubro de 2019.

[341]Historique des vnements relatifs aux ogm en France et dans le Monde, 2000 - 1986. **OGM.org.** Disponível em: http://www.ogm.org/Tout%20savoir/Historique/Historique%20des%20vnements%20relatifs%20 aux%20OGM%20en%20France%20et%20dans%20le%20monde/2000-1986.html. Acesso em: 12 de outubro de 2019.

[342]*Ibid. Loc. Cit.*

CAPÍTULO 4 | Regulamentação dos Transgênicos e Agrotóxicos na Europa e na França

alguns meses após a autorização a nível europeu, regulava, tanto acerca da nutrição animal, quanto aos alimentos destinado aos humanos, sob a condição de rotulagem específica de produtos derivados deste OGM[343].

Ainda em 1997, no mês de novembro, a Comissão Europeia determinou a rotulagem de todos os produtos alimentares que contivessem soja ou milho geneticamente modificados, sendo que estes produtos deveriam ostentar as palavras "suspeito de conter produtos derivados de OGM"[344]. Esta regulação, sim, se aplicaria aos produtos que já circulavam, anteriormente, no mercado, tendo efeitos, portento, *ex tunc*.

Em fevereiro de 1998, o Ministério da Agricultura da França concedeu autorização para a venda de três variedades de sementes transgênicas de milho, de modo que a França se tornou o primeiro país da Europa a cultivar OGMs. No mês seguinte, foi estabelecido um Comitê de Biovigilância pelo governo francês, composto por cientistas, representantes da sociedade civil (como agricultores, consumidores e associações de conservação), profissionais e administrações competentes. O objetivo desse comitê era a criação de protocolos para controlar a liberação voluntária de OGMs[345]. Esse sistema de biovigilância foi reforçado pela Lei de Orientação Agrícola (adotada pelo Senado em 02 de fevereiro de 1999) que, em seu componente "Monitoramento Biológico do Território", forneceu uma vigilância aprimorada de plantas, incluindo os OGMs, a qual passou a ser confiada a agentes autorizados.

A Conferência dos Cidadãos sobre "O Uso de OGM na Agricultura e Alimentação", já anteriormente mencionada, ocorreu em junho de 1998, e foi um debate organizado na Assembleia Nacional, pelo Gabinete Parlamentar para Avaliação de Opções Científicas e Tecnológicas (OPECST, na sigla em francês para *L'Office Parlementaire d'valuation des Choix Scientifiques et Technologiques*). Um painel de 14 cidadãos recebeu treinamento em biotecnologia, antes de questionar, por dois dias, um grupo de especialistas. Por fim, esses cidadãos deram sua opinião e pediram que a autorização para plantas transgênicas passasse a ser dada caso a caso. Além disso, a população concluiu pela necessidade prévia de um sistema de seguro e indenização para o caso de danos causados pelo cultivo e consumo dos alimentos transgênicos[346].

---

[343]*Ibid. Loc. Cit.*

[344]Historique des vnements relatifs aux ogm en France et dans le Monde, 2000 - 1986. **OGM.org.** Disponível em: http://www.ogm.org/Tout%20savoir/Historique/Historique%20des%20vnements%20relatifs%20 aux%20OGM%20en%20France%20et%20dans%20le%20monde/2000-1986.html. Acesso em: 12 de outubro de 2019..

[345]*Ibid. Loc. Cit.*

[346]TESTART, Jacques. *Op. Cit.* p. 235.

CAPÍTULO 4 | Regulamentação dos Transgênicos e Agrotóxicos na Europa e na França

No dia 30 do mesmo mês, o deputado Jean-Yves De Déaut, presidente do OPECST, enviou um relatório ao Primeiro Ministro, sobre o uso de OGMs na agricultura e na alimentação, no qual recomendava que a introdução dessas plantas fosse feita de modo transparente e com respeito à democracia[347]. Ainda neste mês, foi adotada, pelo Parlamento Europeu, a Diretiva 98/44 sobre a proteção legal de invenções biotecnológicas.

Em agosto de 1998, foram autorizadas duas novas linhas de milho transgênicas pelo governo francês, e foi também decidida uma moratória de dois anos sobre as autorizações de introdução no mercado de canola e beterraba geneticamente modificadas. Em setembro desse ano, foi concedida uma suspensão temporária da comercialização de variedades transgênicas de milho da Novartis, pela Divisão de Litígios do Conselho de Estado, após um recurso interposto por organizações ambientais. Esse fato marca a forte presença das organizações que representam a defesa dos interesses da população, de proteção do meio ambiente e da saúde pública nos processos decisórios acerca dos transgênicos na França. Nesse período, a desconfiança do público com relação às decisões do governo, que estavam ligadas a uma disputa de interesses (saúde e segurança pública vs. lucro e ganho de capital), já era notável, sendo ainda majorada alguns anos depois, quando a França enfrentou o problema da doença da vaca louca. Dada essa grande influência, um Comitê Diretor, presidido pela FNSEA (*Fédération Nationale des Syndicats d'Exploitants Agricoles*) e composto por 37 organizações, deu início a um programa de pesquisa, com duração prevista de dois anos, para avaliar a relevância econômica de um setor não-OGM no mercado[348].

Já em 1999, em nível nacional, foi promulgada uma lei de Orientação Agrícola, a qual previu uma maior vigilância das plantas (englobando as sementes, produtos de controle de pragas, fertilizantes e meio de cultivo) que pudessem ser compostos, no todo ou em parte, por OGMs. Determinou, também, a criação de zonas agrícolas protegidas (ZAP na sigla em francês). No mesmo ano, deu-se a criação da Agência Francesa de Segurança Sanitária de Alimentos (AFSSA), no dia 1º de abril de 1999, sendo o órgão responsável por avaliar os riscos nutricionais e à saúde que poderiam estar ligados aos alimentos. Essa agência, a partir de então, passou a ser consultada,

---

[347]Historique des vnements relatifs aux ogm en France et dans le Monde, 2000 - 1986. **OGM.org.** Disponível em: http://www.ogm.org/Tout%20savoir/Historique/Historique%20des%20vnements%20relatifs%20 aux%20OGM%20en%20France%20et%20dans%20le%20monde/2000-1986.html. Acesso em: 12 de outubro de 2019.

[348]*Ibid. Loc. Cit.*

CAPÍTULO 4 | Regulamentação dos Transgênicos e Agrotóxicos na Europa e na França

obrigatoriamente, sobre projetos de disposições legislativas ou regulamentares relacionadas à área da alimentação[349].

Em 20 de maio de 1999, o professor John Losey publicou, na revista Nature, um estudo concluindo que o milho transgênico Bt tem um efeito fatal nas borboletas monarcas, controvérsia que desencadeou inúmeras reações da mídia e fez com que o procedimento de autorização de um milho Bt da Pioneer Hi-Bred fosse suspenso pela Comissão Europeia. A Áustria, alguns dias depois de lançado o estudo, proibiu o cultivo do milho transgênico da Novartis e Monsanto. Todavia, na França, a Comissão de Engenharia Biomolecular, acionada pelo Governo, adotou uma opinião afirmando que a toxicidade do milho Bt na borboleta monarca era insignificante sob condições agronômicas usuais. Não obstante, determinou a necessidade de aumentar as medidas de biovigilância no milho transgênico causador da polêmica[350]. Aqui, vê-se uma certa preocupação em aplicar o princípio da precaução, mesmo que de forma mitigada. A França passou a dar indícios de que não "colocaria a mão no fogo" pela tecnologia dos transgênicos.

Justamente, o caso da constatação da toxidade do milho Bt foi muito importante para os acontecimentos que se seguiram. Em junho de 1999, a Europa adotou uma moratória aos OGMs e, a França, particularmente, introduziu em seu território uma moratória de três anos em todas as novas autorizações de OGMs[351]. No ano seguinte, em Montreal, 138 países firmaram a adoção do protocolo de Cartagena sobre biossegurança, que visa regular, de acordo com o princípio da precaução, o comércio internacional de organismos geneticamente modificados vivos.

Em fevereiro de 2000, por sua vez, foi publicado o Livro Branco sobre Responsabilidade Ambiental pela Comissão Europeia. Ele examina diferentes soluções para estabelecer um sistema de responsabilidade ambiental no nível da comunidade. O seu objetivo consistiu em analisar a melhor forma de aplicar o princípio do poluidor-pagador – que é um dos princípios ambientais essenciais do Tratado CE –, de modo a servir aos objetivos da política ambiental comunitária, cuja principal finalidade consiste em evitar os danos ambientais. Assim, o Livro Branco procurou estudar a melhor forma de

---

[349]Historique des vnements relatifs aux ogm en France et dans le Monde, 2000 - 1986. **OGM.org.** Disponível em: http://www.ogm.org/Tout%20savoir/Historique/Historique%20des%20vnements%20relatifs%20aux%20OGM%20en%20France%20et%20dans%20le%20monde/2000-1986.html. Acesso em: 12 de outubro de 2019.

[350]*Ibid. Loc. Cit.*

[351]*Ibid. Loc. Cit.*

134

CAPÍTULO 4 | Regulamentação dos Transgênicos e Agrotóxicos na Europa e na França

configurar um regime comunitário de responsabilidade ambiental, concluindo que a opção mais adequada seria uma diretiva-quadro comunitária[352].

De 28 de fevereiro a 1º de março de 2000, ocorreu a Conferência Científica Internacional de Edimburgo da OCDE sobre Alimentos Geneticamente Modificados e Saúde Humana. Nesta conferência, a polaridade de posicionamento dos cientistas quanto aos transgênicos foi marcante. Enquanto alguns cientistas avalizavam os transgênicos, destacando os efeitos benéficos da engenharia genética na luta contra as pragas agrícolas e no combate à fome, outros defendiam a necessidade de mais pesquisas. Apesar das divergências, a maioria defendeu a rotulagem dos alimentos transgênicos como um direito básico do consumidor[353].

O Tribunal de Justiça Europeu decidiu, em março de 2000 que, se um Estado membro apresentar um pedido de autorização de um OGMs à Comissão, deverá, posteriormente – se a decisão da Comissão for favorável – autorizar a colocação do produto transgênico no mercado[354]. Essa decisão é claramente restritiva da liberdade de ação dos Estados membros, que se veem veiculados, então, a um pedido de autorização de OGM, devendo, posteriormente, a todo custo, abrir caminhos para a colocação do produto no mercado. Posteriormente esta decisão será reformulada, permitindo que os Estados cancelem até mesmo uma autorização já concedida.

Em 12 de abril desse mesmo ano, o Parlamento Europeu votou um projeto de diretiva que autorizava o cultivo de OGMs sob fortes precauções[355]. Ainda nesse mês, entraram em vigor novas regras europeias de rotulagem, que determinavam que qualquer ingrediente derivado de um OGM destinado ao consumo humano deveria ser rotulado como tal, desde que a quantidade de OGMs no produto ultrapassasse o limite de 1% de sua composição. Posteriormente, no mês de setembro, teve lugar uma organização de debates cidadãos em 60 cidades da França, pela Secretaria de Estado do

---

[352]COMISSÃO EUROPEIA. A Comissão adopta Livro Branco sobre responsabilidade ambiental. **Press Realese Database European Comission.** 09 de fevereiro de 2000. Disponível em: https://europa.eu/rapid/press-release_IP-00-137_pt.htm. Acesso em: 02 de junho de 2019.

[353]Polêmica divide até os cientistas. **Folha de S. Paulo.** 04 de março de 2000. Disponível em: https://www1.folha.uol.com.br/fsp/dinheiro/fi0403200022.htm. Acesso em: 02 de junho de 2019.

[354]GOUËSET, Catherine. **Les OGM en France : vingt ans de controverse.** L'express. LexPress. 02 de agosto de 2010. Disponível em: https://www.lexpress.fr/actualite/societe/environnement/les-ogm-en-france-vingt-ans--de- controverse_773626.html. Acesso em: 19 de abril de 2019.

[355]*Ibid. Loc. Cit.*

CAPÍTULO 4 | Regulamentação dos Transgênicos e Agrotóxicos na Europa e na França

Consumidor, para tratar da questão dos OGMs e ouvir a opinião pública acerca dessa matéria. Os debates foram liderados por associações de consumidores[356].

Em 14 de fevereiro de 2001, o Parlamento Europeu adotou a Diretiva n°. 2001/18, que substituiu a de 1990 sobre a liberação de OGMs no meio ambiente. O principal objetivo da nova diretiva era tornar o procedimento de autorização para liberação deliberada e de colocação no mercado dos OGMs mais eficiente e transparente. Apesar de apenas ter entrado em vigor em outubro de 2002, essa diretiva introduziu importantes conceitos no ordenamento europeu, como: os princípios de avaliação dos riscos ambientais (que são exigências de monitoramento após a colocação no mercado, incluindo os efeitos a longo prazo associados à interação com outros OGMs e com o ambiente); a obrigação de informação do público; a obrigação dos Estados-membros garantirem a rotulagem e rastreabilidade em todas as fases da colocação no mercado; a obrigação de fornecer informações que permitam identificar e detectar os OGMs a fim de facilitar o controle e a inspeção após a comercialização[357].

Ademais, a diretiva em questão determinou prazos de, no máximo, dez anos para a autorização de OGMs liberados pela primeira vez na UE; a obrigação de consultar o(s) comitê(s) científico(s) para a liberação; a obrigação de consultar o Parlamento Europeu sobre as decisões de autorização e libertação de um OGM; e a possibilidade do Conselho de Ministros aprovar ou recusar, por maioria qualificada, uma proposta da Comissão relativa à autorização de um OGM. Também estabeleceu uma avaliação de riscos em todas as etapas do procedimento de autorização e um planejamento de eliminação gradual de OGMs contendo genes para resistência a antibióticos[358], o que é de suma importância, considerando os graves efeitos que esses produtos podem gerar no organismo humano quando ingeridos.

A Comissão Europeia, em julho de 2001, adotou duas propostas de regulamento relativas à rastreabilidade e rotulagem: a colocação no mercado de um OGM passou a seguir um único procedimento estabelecido pelo Comitê Científico da Autoridade Alimentar, e todos os produtos alimentares OGMs, incluindo alimentos para animais

---

[356]Historique des vnements relatifs aux ogm en France et dans le Monde, 2000 - 1986. **OGM.org.** Disponível em: http://www.ogm.org/Tout%20savoir/Historique/Historique%20des%20vnements%20relatifs%20 aux%20OGM%20en%20France%20et%20dans%20le%20monde/2000-1986.html. Acesso em: 12 de outubro de 2019.

[357]Historique des vnements relatifs aux ogm en France et dans le Monde, 2005 - 2001. **OGM.org.** Disponível em: http://www.ogm.org/Tout%20savoir/Historique/Historique%20des%20vnements%20relatifs%20 aux%20OGM%20en%20France%20et%20dans%20le%20monde/2005-2001.html. Acesso em: 12 de outubro de 2019.

[358]COMISSÃO EUROPEIA, 2004. **Perguntas e respostas** ... *Loc. Cit.*

CAPÍTULO 4 | Regulamentação dos Transgênicos e Agrotóxicos na Europa e na França

e produtos processados, que contivessem mais do que 1% de ingredientes transgênicos, deveriam ser rotulados como tal[359].

Em junho de 2002, a Europa ratificou o Protocolo sobre Biossegurança, conhecido como Protocolo de Cartagena, que, dentre outras importantes disposições, tornou obrigatória a disponibilização ao público de todas as informações relacionadas aos riscos que podem ser gerados pela circulação e comércio dos OGMs (a importância deste instrumento de Direito Internacional já foi analisada no segundo capítulo deste livro, *supra*). Importante destacar que esse instrumento permitiu que um Estado proíba a importação de OGMs de forma justificada, com base no princípio da precaução. A ratificação do Protocolo, pela França, se deu apenas em 07 de abril de 2003.

Em julho de 2002, o Ministério da Agricultura Francês autorizou oito novos testes de campo de OGMs, sob duas condições: os locais dos testes deveriam ser inspecionados pelos serviços regionais de proteção fitossanitária e a distância de isolamento com outras culturas convencionais foi dobrada de 200 para 400 metros[360].

Uma rede de 45 laboratórios para o controle dos OGMs na EU, com o escopo de garantir a rotulagem dos produtos que continham componentes transgênicos, foi inaugurada, em dezembro de 2002, pela Comissão Europeia[361]. Os métodos adotados por esses laboratórios para a inspeção e avaliação foram, então, padronizados.

Os Estados Unidos, em 13 de maio de 2003, apresentaram uma queixa à Organização Mundial do Comércio contra a moratória da União Europeia com relação aos OGMs. Os EUA justificaram sua queixa alegando a imposição indevida, por parte da EU, de barreiras comerciais. A Argentina, o Canadá e o Egito aderiram a essa denúncia[362].

O Parlamento Europeu adotou, em 02 de julho de 2003, novas regras de rotulagem e rastreabilidade de produtos contendo OGMs. Tratava-se de um novo Regulamento, de número 1.830/2003/CE, que introduziu um sistema comunitário harmonizado para o

---

[359]Os avanços, todavia, também eram contrabalanceados com retrocessos, embora menos pendulares e extremos do que no caso brasileiro. Exemplo disso é que, em setembro daquele mesmo ano, foi lançado um Relatório, do Comissariado Geral, que defendeu uma possível coexistência de culturas GM e não GM, o que, hoje, sabemos, ser comprovadamente impossível, uma vez que a poluição gênica transformaria toda a plantação em uma única vertente genética.

[360]Historique des vnements relatifs aux ogm en France et dans le Monde, 2005 - 2001. **OGM.org.** Disponível em: http://www.ogm.org/Tout%20savoir/Historique/Historique%20des%20vnements%20relatifs%20 aux%20OGM%20en%20France%20et%20dans%20le%20monde/2005-2001.html. Acesso em: 12 de outubro de 2019.

[361]Historique des vnements relatifs aux ogm en France et dans le Monde, 2005 - 2001. **OGM.org.** Disponível em: http://www.ogm.org/Tout%20savoir/Historique/Historique%20des%20vnements%20relatifs%20 aux%20OGM%20en%20France%20et%20dans%20le%20monde/2005-2001.html. Acesso em: 12 de outubro de 2019.

[362]*Ibid. Loc. Cit.*

CAPÍTULO 4 | Regulamentação dos Transgênicos e Agrotóxicos na Europa e na França

rastreio e a rotulagem de OGMs. Passou a ser exigível, a partir de então, a rotulagem de todos os alimentos que contivessem mais de 0,9% de material geneticamente modificado, incluindo aqueles produzidos com ingredientes derivados de OGMs, mas que não possuíssem mais vestígios desse DNA (como os alimentos ultra processados). Esta disposição também se aplica à alimentação animal. Além disso, passou a ser necessária a rotulagem de todos os produtos que contivessem mais de 0,5% de componentes geneticamente modificados não autorizados pela União Europeia. Estabeleceu-se que a rastreabilidade dos OGMs deve ser total, desde a semeadura até o produto acabado, para que se torne possível a identificação da pessoa responsável por uma possível contaminação. Essas regras entraram em vigor em 18 de abril de 2004.

Em setembro de 2003, uma petição foi lançada por oito pesquisadores contra a destruição de lotes experimentais de OGMs, realizada pelos ceifadores voluntários. Segundo a petição, quase metade das experiências de plantas geneticamente modificadas autorizadas em 2003 foi destruída durante o verão, o que teria acarretado um grande prejuízo ao desenvolvimento de pesquisas no campo da biologia vegetal[363]. Os ceifadores voluntários são um grupo que utiliza da desobediência civil como forma de protesto contra a implementação das plantações transgênicas na França, cortando e destruindo as plantações de forma, normalmente, anônima.

Já em fevereiro de 2004, o processo de requerimento da liberação de um milho transgênico produzido pela Monsanto foi enviado de volta ao Conselho de Ministros da Europa, devido ao fato de que quinze especialistas não concordaram com a referida autorização. Frente ao pedido de liberação para importação e processamento do milho NK 603, uma variedade tolerante ao herbicida Roundup, nove países votaram a favor (França, Espanha, Bélgica, Irlanda, Holanda, Portugal, Finlândia, Suécia, Reino Unido), cinco contra (Itália, Dinamarca, Grécia, Luxemburgo, Áustria) e a Alemanha se absteve. Posteriormente, a Agência Europeia para a Segurança dos Alimentos encaminhou à Comissão Europeia um parecer favorável a esse milho em abril de 2004[364].

Em 19 de maio de 2004, por conseguinte, a Comissão Europeia autorizou, pela primeira vez desde 1999, a importação para a União Europeia de um alimento geneticamente modificado: o milho Bt-11. Essa variedade teve sua autorização de venda para consumo humano concedida por 10 anos. A autorização não englobava o cultivo desta

---

[363]*Ibid. Loc. Cit.*

[364]Historique des vnements relatifs aux ogm en France et dans le Monde, 2005 - 2001. **OGM.org.** Disponível em: http://www.ogm.org/Tout%20savoir/Historique/Historique%20des%20vnements%20relatifs%20 aux%20OGM%20en%20France%20et%20dans%20le%20monde/2005-2001.html. Acesso em: 12 de outubro de 2019.

CAPÍTULO 4 | Regulamentação dos Transgênicos e Agrotóxicos na Europa e na França

variedade. Já em 19 de julho de 2004, a Comissão Europeia aprovou a colocação no mercado do milho GM NK 603. Em 08 de setembro de 2004, por sua vez, a Comissão aprovou a listagem de 17 variedades de milho MON 810 no Catálogo Comum de Variedades de Espécies de Plantas Agrícolas da UE[365].

Frente a uma maior flexibilidade da União Europeia com relação aos produtos geneticamente modificados, os Estados nacionais passaram a promulgar leis mais rígidas, que seriam aplicadas dentro de seus territórios. Nesse quadro, em novembro de 2004, a Alemanha estabeleceu uma estrutura rígida para o cultivo dos OGMs, através da Lei de Proteção Genética, que buscava (e busca) uma maior proteção do consumidor e prevê que os agricultores que cultivam OGMs devem ser responsabilizados pela presença acidental de genes transgênicos em culturas convencionais[366].

Por sua vez, o Parlamento francês adotou, em dezembro de 2004, uma lei sobre a proteção de invenções biotecnológicas que transpôs uma diretiva europeia de proteção a invenções relacionadas a material biológico. Alguns meses depois, em fevereiro de 2005, 20 regiões europeias, dentre as quais cinco francesas, assinaram, em Florença, a "Carta das Regiões e Autoridades Locais da Europa sobre a coexistência entre OGM e culturas tradicionais e orgânicas", que abria caminho para uma liberdade de escolha, por parte do agricultor, entre cultivar ou não transgênicos, permitindo-se a coexistência de plantações GM e convencionais, desde que observados determinados critérios de segurança e proteção genética[367].

No dia 1º de março de 2005, foi adotada a lei constitucional francesa relativa à *Charte de l'environnement*, que incorporou o princípio da precaução no ordenamento jurídico francês com força constitucional, no topo da hierarquia das normas.

Um relatório publicado em março de 2005 indicou que, em 2004, 27 dos 48 locais de plantações de OGMs destinados à pesquisa, autorizados na França, foram destruídos por ceifadores voluntários. Por outro lado, em maio, o Ministério da Agricultura francês autorizou 11 novos tipos de variedades transgênicas para realização de testes de campo (todas elas de milho GM), elevando o número de variedades GM cultivadas na França para cerca de cem[368].

Em 07 de junho de 2005, foi lançado o programa de pesquisa Coextra Europeia, projetado para avaliar a coexistência de plantações transgênicas e convencionais por

---

[365]*Ibid. Loc. Cit.*

[366]*Ibid. Loc. Cit.*

[367]Historique des vnements relatifs aux ogm en France et dans le Monde, 2005 - 2001. **OGM.org.** Disponível em: http://www.ogm.org/Tout%20savoir/Historique/Historique%20des%20vnements%20relatifs%20aux%20OGM%20en%20France%20et%20dans%20le%20monde/2005-2001.html. Acesso em: 12 de outubro de 2019.

[368]*Ibid. Loc. Cit*

139

CAPÍTULO 4 | Regulamentação dos Transgênicos e Agrotóxicos na Europa e na França

um período de quatro anos. Coordenados pelo INRA (Instituto Nacional de Pesquisa Agrícola), 52 parceiros desenvolveram ferramentas para garantir a rastreabilidade dos OGMs ao longo da cadeia alimentar. E, posteriormente, no dia 25 de julho de 2005, a Autoridade Europeia para a Segurança dos Alimentos emitiu três pareceres favoráveis sobre importação e processamento de três híbridos de milho geneticamente modificados[369], destinados ao consumo humano e animal sendo que, em 31 de agosto de 2005, a Comissão Europeia aprovou a importação e comercialização de outra espécie, qual seja, o GT73 transgênico, resistente ao glifosato[370].

Conforme informações publicadas pelo Ministério da Agricultura Francês, em setembro de 2005, 492 hectares de milho GM eram cultivados na França[371]. No mesmo mês, foi publicado um relatório, chamado "O mercado global de OGM: implicações para as cadeias alimentares europeias", de Craddock, Brookes e Kniel, o qual defendia que seria cada vez mais complexa e onerosa, a partir de então, a escolha de um suprimento para os animais que não fosse OGM[372].

O Tribunal de Justiça Europeu emitiu, em outubro de 2005, uma decisão anulando a proibição de cultivo de OGMs no território da Alta Áustria, com base na falta de evidências científicas que demonstrassem um possível perigo para a saúde ou ao meio ambiente. A Alta Áustria tinha informado à Comissão Europeia, em 2003, sua decisão de proibir qualquer cultura transgênica em seu território[373].

Em novembro de 2005, a Comissão Europeia autorizou a importação e o processamento do milho-1507 para uso na alimentação animal e, em janeiro de 2006, na Espanha, Portugal, França, Alemanha e República Tcheca foram desenvolvidas culturas de milho geneticamente modificadas autorizadas pela União Europeia. Por sua vez, em março de 2006 a Comissão Europeia autorizou a colocação no mercado do milho geneticamente modificado "1507", destinado à nutrição humana[374].

---

[369]Eram as espécies denominadas MON863xMON810, MON863xNK603 e MON863xMON810xNK603.

[370]Historique des vnements relatifs aux ogm en France et dans le Monde, 2005 - 2001. **OGM.org.** Disponível em: http://www.ogm.org/Tout%20savoir/Historique/Historique%20des%20vnements%20relatifs%20aux%20 OGM%20en%20France%20et%20dans%20le%20monde/2005-2001.html. Acesso em: 12 de outubro de 2019.

[371]*Ibid. Loc. Cit.*

[372]BROOKES, Graham; CRADDOCK, Neville; KNIEL, Bärbel. The global GM market: implications for the European food chain. **An analysis of labelling requirements, market dynamics and cost implications. Brookes West, Canterbury, United Kingdom,** 2005.

[373]Historique des vnements relatifs aux ogm en France et dans le Monde, 2005 - 2001. **OGM.org.** Disponível em: http://www.ogm.org/Tout%20savoir/Historique/Historique%20des%20vnements%20relatifs%20aux%20 OGM%20en%20France%20et%20dans%20le%20monde/2005-2001.html. Acesso em: 12 de outubro de 2019.

[374]*Ibid. Loc. Cit.*

CAPÍTULO 4 | Regulamentação dos Transgênicos e Agrotóxicos na Europa e na França

A OMC confirmou, em setembro de 2006, a condenação da moratória europeia aos OGMs. A Organização Mundial do Comércio certificou sua decisão (tomada em fevereiro de 2006) de condenar seis estados membros da União Europeia, incluindo a França. A OMC reconheceu que, dado o levantamento da moratória por parte da UE desde 2003, qualquer condenação acerca disso seria desnecessária. Por outro lado, considerou que as medidas de proibição adotadas contra nove produtos geneticamente modificados pela Áustria, Bélgica, França, Alemanha, Itália e Luxemburgo, até então ainda em vigor, foram contrárias às regras do comércio mundial[375].

Em 12 de dezembro desse mesmo ano, a Comissão solicitou ao Tribunal de Justiça da União Europeia que aplicasse a França uma penalidade de montante superior a 38 milhões de euros e uma penalidade diária de 366.744 euros, desde a data do segundo julgamento da Corte, até que houvesse a adoção da legislação exigida. Isso se deu pois, a Diretiva 2001/18 / CE deveria ter sido transposta pela França em 2003, já que havia sido lançada em abril de 2001[376]. Nota-se, com olhares curiosos, que a transposição da diretiva só se deu em 20 de março de 2007[377].

O Ministério da Agricultura Francês cancelou, em março de 2007, 13 ensaios de culturas GM em campo aberto que diziam respeito a diversas variedades de milho, uma de tabaco, e uma de batata. Todos foram avaliados pela Comissão de Engenharia Bio-molecular (CGB). E, por sua vez, em 09 de julho de 2007, foi criado um registro online nacional de OGMs pelo Ministério da Agricultura, que apresenta a localização de parcelas de culturas GM no território francês. Cerca de 22.000 hectares de milho Bt foram relatados em 2007. Restou demonstrada uma preocupação com a informação dada aos consumidores, além da adoção de uma política precaucionaria e transparente[378].

De Julho a outubro de 2007, teve lugar o *Grenelle de l'environnement*, uma importante reunião na qual foi amplamente defendida a suspensão de culturas comerciais de OGMs na França até que houvesse o desenvolvimento de um setor intelectual

---

[375]Historique des vnements relatifs aux ogm en France et dans le Monde, 2010 - 2006. **OGM.org.** Disponível em: http://www.ogm.org/Tout%20savoir/Historique/Historique%20des%20vnements%20relatifs%20aux%20OGM%20en%20France%20et%20dans%20le%20monde/2010-2006.html. Acesso em: 12 de outubro de 2019

[376]GOUËSET, Catherine. *Loc. Cit.*

[377]Historique des vnements relatifs aux ogm en France et dans le Monde, 2010 - 2006. **OGM.org.** Disponível em: http://www.ogm.org/Tout%20savoir/Historique/Historique%20des%20vnements%20relatifs%20aux%20OGM%20en%20France%20et%20dans%20le%20monde/2010-2006.html. Acesso em: 12 de outubro de 2019

[378]*Ibid. Loc. Cit.*

CAPÍTULO 4 | Regulamentação dos Transgênicos e Agrotóxicos na Europa e na França

independente para tratar desses assuntos no governo[379]. O *Grenelle* foi organizado pelo Ministério da Ecologia, Desenvolvimento Sustentável e Planejamento, e seu objetivo principal era criar condições favoráveis para o surgimento do novo acordo francês para o meio ambiente. Nele, foram reunidos o Estado e representantes da sociedade civil para definir um roteiro para ecologia, desenvolvimento e gestão sustentáveis, paralelamente à questão dos OGMs. Algumas considerações podem ser listadas, conforme foram concluídas pelo Grenelle:

- Foi decidido que os conhecimentos sobre os impactos da manipulação genética devem ser amplamente fornecidos ao público, particularmente, em termos da avaliação de risco ambiental e à saúde, pertinente a cada um dos OGMs liberados.

- Restou consolidado, também, que uma linha de pesquisa sobre os OGMs deveria ser reservada, na Agência Nacional de Pesquisa, pelo período de dez anos. Ademais, concluiu-se que deveria ser estabelecida uma única alta autoridade para aconselhar o governo sobre cada OGM, para coordenar a avaliação pré- liberação e para administrar o monitoramento dos efeitos póstumos, e que essa autoridade deve ser equipada com conhecimentos científicos e multidisciplinares e com meios de participação cidadã. Esta alta autoridade deve atuar de modo transparente e sua atuação não substituiria a atuação dos outros órgãos a nível político, responsáveis pela decisão em si de adoção ou não dos OGMs.

- Também foi determinada a criação de uma lei, até o final da primavera de 2008, que lidasse com os OGMs, criando a alta autoridade e aplicando alguns princípios e conceitos, como: (i) a livre escolha de produzir e consumir com ou sem OGMs; (ii) o princípio do poluidor-pagador e da responsabilidade por danos ambientais; (iii) a não patenteabilidade da vida; (iv) o princípio da transparência e participação do cidadão; (v) necessidade de avaliação prévia e contínua de cada OGMs, sobre os critérios ambientais e de saúde; e (vi) o princípio do desenvolvimento sustentável.

No mês de outubro de 2007, a Comissão Europeia autorizou a importação de três novos milhos transgênicos e da beterraba sacarina para uso humano e/ou animal. Dois meses depois, o Ministério da Agricultura e Pescas Francês publicou uma ordem suspendendo a venda e o uso de sementes de milho MON810 até 09 de fevereiro de

---

[379]Historique des vnements relatifs aux ogm en France et dans le Monde, 2010 - 2006. **OGM.org.** Disponível em: http://www.ogm.org/Tout%20savoir/Historique/Historique%20des%20vnements%20relatifs%20aux%20OGM%20en%20France%20et%20dans%20le%20monde/2010-2006.html. Acesso em: 12 de outubro de 2019.

142

CAPÍTULO 4 | Regulamentação dos Transgênicos e Agrotóxicos na Europa e na França

2008. Uma missão de avaliação dos impactos do MON810 sobre meio ambiente e saúde pública foi instituída pelo comitê de prefiguração da alta autoridade dos OGM. Assim, em 12 de janeiro de 2008, a França deu início ao procedimento contraditório para registrar uma cláusula de salvaguarda quanto ao cultivo do milho MON 810, até a reavaliação pelas autoridades europeias da autorização de comercialização deste OGM. Antes do prazo da ordem de suspensão anterior acabar, em 07 de fevereiro de 2008, o governo Francês instituiu nova suspensão da única planta geneticamente modificada cujo cultivo era autorizado na França, o milho MON 810, desta vez, sem um prazo definido para término da suspensão[380].

A França propôs, em março de 2008, uma revisão geral dos procedimentos para a aprovação de OGMs na UE, a fim de levar mais em conta os riscos no processo decisório de liberação das plantas transgênicas. No dia 19 desse mesmo mês, o Conselho de Estado Francês rejeitou o pedido de certos produtores e empresas de sementes de suspender a proibição do cultivo de milho transgênico em 2008. Por sua vez, a nível europeu, no dia 28 de março, a Comissão Europeia autorizou a importação e a comercialização do milho geneticamente modificado, GA21. No entanto, confirmou a proibição de cultivá-lo no território europeu[381].

A lei discutida no *Grenelle* foi promulgada em 25 de junho de 2008, estabelecendo uma estrutura legislativa para o cultivo de OGMs na França. Trata-se da lei n° 2008-595, que, até hoje, representa o principal instrumento jurídico francês de regulamentação dos transgênicos. No mês de dezembro do mesmo, ano foi publicado o decreto que instituiu o Conselho Superior de Biotecnologias (HCB, na sigla em francês para *Haut Conseil des Biotechnologies*).

No mês de setembro de 2008, a Comissão Europeia autorizou a colocação no mercado europeu de produtos que contivessem duas espécies de soja geneticamente modificada (ACS-GM005-3 e A2704-12), podendo tanto ser produtos que consistissem nessas sojas, ou sendo produzidos a partir delas, utilizados tanto em alimentos para consumo humano quanto animal. No mês seguinte, a Comissão autorizou a comercialização do algodão geneticamente modificado (LL ALGODÃO 25) e seu óleo. Ainda

---

[380]Historique des vnements relatifs aux ogm en France et dans le Monde, 2010 - 2006. **OGM.org.** Disponível em: http://www.ogm.org/Tout%20savoir/Historique/Historique%20des%20vnements%20relatifs%20aux%20 OGM%20en%20France%20et%20dans%20le%20monde/2010-2006.html. Acesso em: 12 de outubro de 2019.

[381]*Ibid. Loc. Cit.*

CAPÍTULO 4 | Regulamentação dos Transgênicos e Agrotóxicos na Europa e na França

no mesmo ano, já no mês de dezembro, a Comissão Europeia autorizou a importação da soja GM MON 89788, (tolerante a um herbicida), para fins alimentícios[382].

A Autoridade Europeia para a Segurança Alimentar concluiu, em 29 de outubro de 2008, que os argumentos franceses não justificavam a suspensão do MON 810 em seu território, e reiterou sua opinião a favor do plantio. Quando discutida a proibição da França ao milho MON 810 pelos ministros europeus do meio ambiente, todavia, em fevereiro de 2009, não foi adotada nenhuma posição, pois não chegaram a um consenso[383].

Em agosto de 2009 foi promulgada a lei nacional francesa relativa ao *Grenelle I*, listando uma série de medidas para implementar os 273 compromissos do *Grenelle*. Em outubro do mesmo ano, um parecer do Conselho Superior de Biotecnologia sobre a definição dos setores chamados "não OGMs" é lançado. A definição dada no parecer é um elemento essencial da aplicação da lei de 25 de junho de 2008, que garante a "liberdade de consumir e produzir com ou sem OGMs". Através dessa definição, tornou-se possível colocar em prática um rótulo no qual constassem os termos "sem OGMs", permitindo uma melhor informação destinada aos consumidores. O Conselho Superior informou aos produtores que desejassem rotular produtos vegetais "sem OGMs", que seus produtos deveriam conter menos de 0,1% de DNA transgênico, e recomendou essa rotulagem também para produtos de origem animal (leite, ovos, carne, etc.) cujo animal tenha consumido alimentos que contivessem menos de 0,1% de OGMs[384].

Um caso amplamente noticiado de destruição de plantações com a participação do ex-eurodeputado José Bové tinha ocorrido em novembro de 2006 e, em 25 de novembro de 2009, ele foi condenado a um ano de pena, suspensa sem inelegibilidade, pelo Tribunal de Apelação de Bordéus. Destaca-se que o ex-deputado atuava liderando os ceifadores voluntários.

Um Parecer emitido, em dezembro de 2009, pelo Conselho Superior de Biotecnologia, sobre o pedido de renovação de autorizações para cultivo, importação e processamento de milho MON 810, considerou que o milho transgênico em questão, comercializado pela Monsanto, apresentava mais desvantagens do que vantagens. Também em dezembro, o Conselho de Estado validou uma deliberação do Conselho Geral de Gers que se opunha ao cultivo de OGMs[385].

---

[382]Historique des vnements relatifs aux ogm en France et dans le Monde, 2010 - 2006. **OGM.org.** Disponível em: http://www.ogm.org/Tout%20savoir/Historique/Historique%20des%20vnements%20relatifs%20aux%20 OGM%20en%20France%20et%20dans%20le%20monde/2010-2006.html. Acesso em: 12 de outubro de 2019.

[383]*Ibid. Loc. Cit.*

[384]*Ibid. Loc. Cit.*

[385]GOUËSET, Catherine. *Loc. Cit.*

CAPÍTULO 4 | Regulamentação dos Transgênicos e Agrotóxicos na Europa e na França

Em Janeiro de 2010, a Ministra da Saúde francesa, Bachelot, apresentou uma ordem relativa ao agrupamento da Agência Francesa de Segurança Alimentar (AFSSA[386]) e da Agência Francesa de Segurança Ambiental e da Saúde Ocupacional (AFSSET[387]). A missão da nova agência, formada pelo agrupamento destas duas, era contribuir para a segurança da saúde humana nas áreas de meio ambiente, trabalho e alimentação, sendo, também, responsável pela proteção da saúde e bem-estar animal, pela proteção das plantas e pela avaliação das propriedades nutricionais e funcionais dos alimentos[388].

Um parecer do Conselho Superior de Biotecnologia sobre o pedido de autorização de beterraba H7-1 foi dado em 07 de janeiro de 2010. Anteriormente, o Comitê Científico já havia declarado riscos "particularmente agudos" do aparecimento de beterrabas tolerantes ao glifosato devido à polinização de beterrabas "selvagens", gerando riscos de rebrota de beterraba geneticamente modificada nas safras seguintes. O Comitê Científico questionou, assim, o interesse, mesmo a longo prazo, desta beterraba, tendo em vista seus riscos elevados. De forma contraditória, no mês seguinte, o Comitê Científico do Conselho Superior de Biotecnologia decidiu que não podia fornecer uma opinião positiva para o crescimento do MON89034xNK603. Por outro lado, uma autorização para o cultivo de batatas Amflora foi dada pela Comissão Europeia em março de 2010. A Comissão também adotou três decisões que autorizaram o uso em alimentos para animais, importação e processamento dos milhos geneticamente modificados MON863xMON810, MON863xNK603 e MON863xMON810xNK603[389].

É possível perceber, neste ponto, uma tensão crescente entre a regulamentação europeia dos OGMs, que segue um padrão de liberação mais flexível, embora baseado em diversos estudos e na aplicação do princípio da precaução, e a regulamentação francesa, que passa a ser extremamente rígida, restringindo qualquer tipo de cultivo de OGMs em seu solo e aplicando, com muito rigor, o princípio da precaução para a liberação da comercialização de algumas espécies em seu território.

Uma discussão sobre o *Grenelle II* ocorreu, em maio de 2010, na Assembleia Nacional, em sessão pública. Enquanto o *Grenelle I* foi o instrumento responsável por determinar os objetivos do Estado quanto aos assuntos ligados ao meio ambiente,

---

[386]No idioma original: "Agence française de scurit sanitaire des aliments".

[387]No idioma original: "Agence française de scurit sanitaire de l'environnement et du travail".

[388]Historique des vnements relatifs aux ogm en France et dans le Monde, 2010 - 2006. **OGM.org.** Disponível em: http://www.ogm.org/Tout%20savoir/Historique/Historique%20des%20vnements%20relatifs%20aux%20 OGM%20en%20France%20et%20dans%20le%20monde/2010-2006.html. Acesso em: 12 de outubro de 2019.

[389]Historique des vnements relatifs aux ogm en France et dans le Monde, 2010 - 2006. **OGM.org.** Disponível em: http://www.ogm.org/Tout%20savoir/Historique/Historique%20des%20vnements%20relatifs%20aux%20 OGM%20en%20France%20et%20dans%20le%20monde/2010-2006.html. Acesso em: 12 de outubro de 2019.

CAPÍTULO 4 | Regulamentação dos Transgênicos e Agrotóxicos na Europa e na França

estabelecendo 104 artigos para tal, o *Grenelle II* buscou traduzir esses objetivos e princípios em obrigações, proibições ou permissões.

No mês seguinte, foi lançado, mais especificamente, em 20 de julho de 2010, um decreto que listou 38 variedades de milho GM no catálogo oficial de espécies e variedades da França. Essas variedades eram permitidas para comercialização, mas não para o cultivo[390].

Em 15 de outubro de 2010, o Protocolo de Cartagena sobre Biossegurança foi enriquecido por um novo texto que reconheceu a responsabilidade e a compensação dos danos causados à conservação e utilização sustentável da diversidade biológica e, também, os danos à saúde humana, resultantes de organismos vivos modificados que tenham sua origem em movimentos transfronteiriços. Essa responsabilização é apenas aplicável aos danos resultantes do transporte, trânsito, manipulação e uso de organismos vivos modificados resultantes de movimentos entre fronteiras.

O Instituto Nacional da Pesquisa Agronômica (INRA, na sigla em francês), anunciou, em 29 de outubro de 2010, o fim das pesquisas comerciais de OGMs na França[391].

Os representantes do governo europeu concordaram, em 22 de fevereiro de 2011, com o estabelecimento de um padrão comum para facilitar o monitoramento da presença de OGMs em cargas importadas para a UE. O acordo fixou em 0,1% ("zero técnico") o limiar de presença acidental de OGMs tolerado em cargas e, não obstante, exigiu que o OGMs identificado já fosse comercializado em um país fora da EU, e que um pedido de autorização desse mesmo OGMs estivesse sendo examinado na EU ou que sua autorização, já concedida na Europa, tenha expirado[392].

Um parecer do Advogado-Geral do Tribunal de Justiça das Comunidades Europeias, publicado em 25 de março de 2011, considerou ilegal a moratória francesa no cultivo do milho MON810. Outra circunstância agravante ao movimento contrário aos transgênicos foi que, em 03 de maio de 2011, o Tribunal de Cassação Francês negou provimento ao recurso de 57 ceifadores voluntários que haviam destruído um lote experimental de milho transgênico da Monsanto em, 2007, em Poinville (Eure-et-Loir). Nota-se que os protestos e atos de desobediência civil por parte da população francesa continuam demonstrando a grande insatisfação popular com relação a qualquer tentativa de plantio transgênico em território francês[393].

---

[390]*Ibid. Loc. Cit.*

[391]Historique des vnements relatifs aux ogm en France et dans le Monde, 2015 - 2011. **OGM.org.** Disponível em: http://www.ogm.org/Tout%20savoir/Historique/Historique%20des%20vnements%20relatifs%20aux%20OGM%20en%20France%20et%20dans%20le%20monde/2015-2011.html. Acesso em: 12 de outubro de 2019.

[392]*Ibid. Loc. Cit.*

[393]*Ibid. Loc. Cit.*

CAPÍTULO 4 | Regulamentação dos Transgênicos e Agrotóxicos na Europa e na França

O Parlamento Europeu adotou, em 05 de julho de 2011, uma proposta que permitiu que as regiões proibissem o cultivo de OGMs no seu território, reconhecendo uma melhor consideração do nível regional no processo de tomada de decisão em relação aos OGMs[394]. Assim, mesmo que o Estado permitisse o cultivo de uma certa espécie transgênica, uma região poderia instituir uma lei específica em sentido contrário, proibindo as plantações dessa espécie em seu território. Essa decisão marca uma importante evolução da autonomia do direito das regiões.

No dia 18 do mês de julho deste mesmo ano, foi publicado o Decreto francês nº. 2011-841, relativo à declaração de cultivo de plantas geneticamente modificadas. Este decreto destinava-se aos agricultores, empresas, institutos de pesquisa e outras organizações que cultivam plantas geneticamente modificadas para fins de colocação no mercado ou para qualquer outra finalidade. Apresentou os métodos e procedimentos que devem ser seguidos para a declaração de culturas geneticamente modificadas à administração e, também, apresentou quais informações os agricultores devem fornecer sobre a destinação das parcelas de terra que cercam as culturas de plantas GMs.

A Autoridade Europeia para a Segurança dos Alimentos atualizou seus pareceres científicos sobre a segurança ambiental do milho GM 1507, em 19 de novembro de 2011, quando o Painel de Organismos Geneticamente Modificados concluiu que seria improvável a geração de problemas ambientais por parte deste milho, desde que medidas de manejo apropriadas fossem implementadas durante seu cultivo[395].

Em 28 de novembro do mesmo ano, o Conselho de Estado invalidou a moratória dos OGM da França, invocada em, 2007, pelo Estado francês, devido à obsolescência da diretiva europeia na qual se baseava. No mês seguinte, a Comissão Europeia autorizou a comercialização de quatro plantas transgênicas para importação e processamento, mas não para cultivo[396]. É importante destacar, todavia, que o Instituto Francês de Opinião Pública realizou uma pesquisa no mês de dezembro de 2011, em que se descobriu que 80% da população se opunha ao cultivo de transgênicos em campos abertos[397].

---

[394]

[395]Historique des vnements relatifs aux ogm en France et dans le Monde, 2015 - 2011. **OGM.org.** Disponível em: http://www.ogm.org/Tout%20savoir/Historique/Historique%20des%20vnements%20relatifs%20 aux%20OGM%20en%20France%20et%20dans%20le%20monde/2015-2011.html. Acesso em: 12 de outubro de 2019.

[396]*Ibid. Loc. Cit.*

[397]IFOP. **Les Français et les OGM – rsultats dtaills.** Dimanche Ouest France. 23 de setembro de 202. Disponível em: https://www.ifop.com/wp-content/uploads/2018/03/1989-1-study_file.pdf. Acesso em: 12 de outubro de 2019.

CAPÍTULO 4 | Regulamentação dos Transgênicos e Agrotóxicos na Europa e na França

Um despacho que tinha por escopo harmonizar a legislação francesa com as normas da UE sobre os OGMs foi publicado no Jornal Oficial Francês, em 06 de janeiro de 2012, cujas disposições contribuiram para a plena transposição da Diretiva 2001/18, sobre a liberação deliberada de OGMs no meio ambiente, e da Diretiva 2009/41, sobre o uso confinado de microrganismos geneticamente modificados. No dia 31 desse mesmo mês, foi publicada, no Jornal Oficial Francês, a entrada em vigor do decreto de rotulagem "isento de OGMs" na França, de forma que, a partir do dia 1º de julho de 2012, a menção "sem OGMs" deveria passar a aparecer nos produtos alimentícios comercializados. Esse novo regulamento tem aplicação principalmente com relação à carne, peixe, ovos, laticínios e outros alimentos produzidos a partir de animais alimentados sem OGMs.

Um teste de campo de cevada cisgênica foi lançado, em 08 de março de 2012, na Dinamarca, pelo Centro Comum de Pesquisa da Comissão Europeia[398]. A cisgenese é baseada no mesmo princípio de inserção gênica que a transgenese, a diferença é que o gene inserido vem da própria planta (geralmente de uma variedade diferente). As especificidades da técnica cisgênera já foram explicadas no capítulo 03 desta pesquisa. No dia 16 do mesmo mês, um decreto do Ministério da Agricultura interrompeu o cultivo de milho geneticamente modificado MON810 na França. O Conselho de Estado tinha suspendido, em novembro, uma proibição datada de 2007 para cultivar e comercializar esse milho transgênico na França, acreditando que não estava suficientemente fundamentada, tendo em vista que se baseava em uma diretiva europeia desatualizada. Em fevereiro, o governo nacional pediu à Comissão Europeia que suspendesse o cultivo do MON810, o único cereal transgênico autorizado para cultivo deliberado na União Europeia. Não obstante, seu consumo na França permaneceria autorizado, desde que respeitada a obrigação de rotulagem.

Em 21 de maio a Autoridade Europeia para a Segurança dos Alimentos emitiu um parecer negativo ao pedido da França de suspender a autorização para cultivar o milho transgênico, sob a justificativa de que seu grupo de especialistas não tinha encontrado, na documentação fornecida pela França, nenhuma evidência científica demonstrando qualquer risco à saúde humana, animal ou ao meio ambiente que justificasse a adoção de medidas de emergência. Todavia, o Conselho de Estado Francês, no dia 1º de agosto de 2013 declarou, assim mesmo, a decisão de proibir o cultivo de milho MON 810[399].

---

[398]Historique des vnements relatifs aux ogm en France et dans le Monde, 2015 - 2011. **OGM.org.** Disponível em: http://www.ogm.org/Tout%20savoir/Historique/Historique%20des%20vnements%20relatifs%20aux%20OGM%20en%20France%20et%20dans%20le%20monde/2015-2011.html. Acesso em: 12 de outubro de 2019.

[399]Historique des vnements relatifs aux ogm en France et dans le Monde, 2015 - 2011. **OGM.org.** Disponível em: http://www.ogm.org/Tout%20savoir/Historique/Historique%20des%20vnements%20relatifs%20aux%20OGM%20en%20France%20et%20dans%20le%20monde/2015-2011.html. Acesso em: 12 de outubro de 2019.

CAPÍTULO 4 | Regulamentação dos Transgênicos e Agrotóxicos na Europa e na França

Mostra-se evidente, com essa decisão do governo francês, que ele passou a colocar em prioridade o princípio da precaução, indo contrariamente, até mesmo, às opiniões das autoridades europeias sobre o assunto. Isso foi, como dito anteriormente, o resultado da pressão popular exercida pela sociedade civil e por organizações não governamentais.

O Decreto francês nº 2012-128, de 30 de janeiro de 2012, entrou em vigor no dia 1º de julho de 2012. Este decreto regulamenta a rotulagem de alimentos "sem OGMs", baseando-se no direito de informação dos consumidores, que devem ser capazes de identificar produtos alimentícios que tenham ou não OGMs em sua composição para, com base nisso, fazer sua escolha do melhor produto em consonância com as suas necessidades pessoais. Em setembro daquele ano, o Conselho de Estado Francês negou aos prefeitos qualquer competência para aprovar um regulamento local sobre OGMs. O Conselho de Estado especifica que o prefeito não pode, de forma alguma, interferir no exercício da polícia especial da liberação voluntária de OGMs, que é de responsabilidade do Estado[400].

Uma obrigação de realizar estudos de toxicidade, pelo prazo de 90 dias, para qualquer pedido de comercialização de OGMs destinados a alimentação humana foi assinada, em 27 de fevereiro de 2013, pelos Estados-Membros da UE. Vinte estados, dentre eles a França, votaram a favor dessa medida, enquanto o Reino Unido e a Suécia consideraram-no demasiadamente longo, votando contra a disposição. Esse regulamento tem efeitos *ex nunc*, de modo que não foi aplicado aos 27 pedidos de autorização até então pendentes em Bruxelas, aplicando-se, apenas, a novos dossiês apresentados após sua entrada em vigor[401].

Frente à possibilidade da adoção de um acordo de livre comércio com os EUA, o Comissário Europeu para o Comércio, Sr. Karel de Gucht, afirmou que a legislação europeia que regula os OGMs não sofreria qualquer alteração em razão da adoção desse acordo. Em entrevista realizada, em março de 2013, para o jornal austríaco *"Die Presse"* o comissário afirmou existirem regras estritas na Europa a respeito da autorização dos OGMs, as quais não seriam alteradas na hipótese de um acordo de livre comércio ser firmado[402]. A adoção desse tratado de livre comércio acabou por ser suspensa posteriormente. Todavia, ainda estão em curso as negociações comerciais entre o bloco e o país norte-americano.

O último projeto de pesquisa de OGMs em campo aberto na França teve fim em julho de 2013[403]. Em contrapartida, a Comissão Europeia anunciou, em 13 de

---

[400]*Ibid. Loc. Cit.*

[401]*Ibid. Loc. Cit.*

[402]STAFF, Reuters. **CORRECTED-(OFFICIAL)-No change to GM food policy in US trade talks-EU trade chief.** 6 de março de 2013. Disponível em: https://br.reuters.com/article/idUSL6N0BY2HE20130306. Acesso em: 14 de outubro de 2019.

[403]BORING, Nicolas. *Loc. Cit.*

CAPÍTULO 4 | Regulamentação dos Transgênicos e Agrotóxicos na Europa e na França

novembro deste mesmo ano, a autorização da colocação no mercado europeu de outros onze produtos transgênicos importados[404].

Uma lei francesa de nº 2014-567 foi promulgada, no dia 02 de julho de 2014, proibindo o cultivo de qualquer variedade geneticamente modificada de milho no território francês. Para expressar a taxatividade desta proibição, ela determinou que, em caso de não cumprimento, a autoridade administrativa pode ordenar a destruição das culturas em questão.

A respeito da autorização da liberação de um OGM dentro de um país-membro da União Europia, de acordo com a Diretiva nº. 2001/18 EC, depois de concedida a autorização, os países não poderiam proibir, restringir ou impedir a liberação do OGM em seu território, salvo se houvesse justificativas que atestassem sua periculosidade, por meio de uma cláusula de salvaguarda. No entanto, foram feitas modificações nesta normativa, por meio da aprovação da Diretiva nº. 2015/412 do Parlamento e Conselho Europeu, de 11 de março de 2015, a qual passou a permitir que os países-membros proibissem, sob determinadas condições, o uso de uma variedade transgênica em todo ou em parte de seu território, mesmo após sua autorização.

Assim, em 13 de março de 2015, foi publicada no, Jornal Oficial, a Diretiva (UE) 2015/412. A restrição à liberação de um OGM no território de um Estado-Parte pode ser feita mesmo quando a Autoridade Europeia para a Segurança Alimentar tenha dado parecer favorável quanto à liberação desse OGM a nível europeu, sendo que os Estados refratários podem, para lograr a restrição, invocar razões socioeconômicas, ambientais ou de uso da terra. Essa diretiva também estabelece que os Estados-Membros que autorizam culturas GMs devem tomar medidas para evitar a contaminação das culturas convencionais, principalmente nos países vizinhos.

A Comissão Europeia autorizou a comercialização de dez novos OGMs e renovou a autorização de sete outros OGMs destinados ao uso em alimentos para animais, em abril de 2015. As autorizações são apenas de importação, e não de plantio, e foram aprovadas pela Autoridade Europeia para a Segurança dos Alimentos (AESA). Já em junho deste mesmo ano, a AESA publicou um novo documento de orientação para a avaliação dos riscos de alimentos e rações GM, para benefício do consumidor europeu. Este documento identifica os dados que as empresas terão que fornecer ao solicitar a renovação de uma autorização de importação de plantas geneticamente modificadas destinadas a alimentos para consumo na União Europeia. Ainda em junho, a AESA publicou um parecer positivo quanto à

---

[404]Historique des vnements relatifs aux ogm en France et dans le Monde, 2015 - 2011. **OGM.org.** Disponível em: http://www.ogm.org/Tout%20savoir/Historique/Historique%20des%20vnements%20relatifs%20aux%20 OGM%20en%20France%20et%20dans%20le%20monde/2015-2011.html. Acesso em: 12 de outubro de 2019.

CAPÍTULO 4 | Regulamentação dos Transgênicos e Agrotóxicos na Europa e na França

colocação no mercado do milho MON 87427, tolerante ao herbicida glifosato, para fins de alimentação, importação e processamento[405].

Em 03 de outubro de 2015, 19 Estados-Membros (França, Alemanha, Eslovênia, Malta, Luxemburgo, Dinamarca, Bulgária, Chipre, Letônia, Grécia, Croácia, Áustria, Polônia, Hungria, Holanda, Lituânia, Itália, Bélgica, Reino Unido), de um total de 28, solicitaram a proibição do cultivo de OGMs autorizados em seu território[406]. Este pedido corresponde à aplicação da nova legislação europeia (Diretiva UE 2015/412).

O Parlamento Europeu rejeitou, em 28 de outubro de 2015, uma proposta, feita pela Comissão Europeia, que pretendia dar aos Estados-Membros mais liberdade na importação e comercialização de produtos OGM para gêneros alimentícios, bem como alimentos para animais. Por sua vez, no dia 1º de dezembro de 2015, a Comissão Ambiental do Parlamento Europeu adotou uma resolução solicitando à Comissão Europeia que não autorizasse a comercialização do milho geneticamente modificado NK 603 x T25. Determinou, também, a suspensão das autorizações dos alimentos geneticamente modificados para uso humano e animal[407].

A diretiva (UE) 2015/412 foi transposta para o direito francês através da aprovação da Lei nº 2015-1567, de 02 de dezembro de 2015. Essa lei implementou diversos dispositivos de adaptação do direito Francês, em consonância com o direito da União Europeia no domínio da prevenção de riscos.

No dia 14 de dezembro de 2015 a Comissão Europeia informou aos Estados-Membros reunidos no Comitê Permanente de Plantas, Animais, Alimentos e Alimentos para Animais, que as autorizações comerciais relativas ao evento transgênico MON863 foram removidas[408].

Até aqui, foi feito um panorâma histórico de como se deu a regulamentação dos organismos geneticamente modificados na França, com o estudo, tanto das normas europias que regulam o tema, quando das normas nacionais, que complementam aquelas. Agora, mostra-se de grande importância o estudo de como, atualmente, está a situação

---

[405]Historique des vnements relatifs aux ogm en France et dans le Monde, 2015 - 2011. **OGM.org.** Disponível em: http://www.ogm.org/Tout%20savoir/Historique/Historique%20des%20vnements%20relatifs%20aux%20 OGM%20en%20France%20et%20dans%20le%20monde/2015-2011.html. Acesso em: 12 de outubro de 2019.

[406]*Ibid. Loc. Cit.*

[407]Historique des vnements relatifs aux ogm en France et dans le Monde, 2015 - 2011. **OGM.org.** Disponível em: http://www.ogm.org/Tout%20savoir/Historique/Historique%20des%20vnements%20relatifs%20 aux%20OGM%20en%20France%20et%20dans%20le%20monde/2015-2011.html. Acesso em: 12 de outubro de 2019.

[408]*Ibid. Loc. Cit.*

CAPÍTULO 4 | Regulamentação dos Transgênicos e Agrotóxicos na Europa e na França

da regulamentação dos transgênicos na França, sendo este, portanto, o conteúdo será tratado no tópico a seguir.

4.4 Panorama atual da regulamentação francesa dos transgênicos

A produção e a venda de OGMs são legalizadas na França, porém, são submetidas a leis bastante rígidas. A legislação francesa, no que diz respeito aos transgênicos, é enquadrada pelas normas europeias que tratam desse assunto. Assim, a França e os outros países membros podem aprovar leis complementares e suplementares com relação à legislação da União Europeia, mas nunca podem a contradizer.

A legislação francesa apresenta algumas peculiaridades, um exemplo disso é a obrigação de que a localização dos plantios transgênicos seja transformada em informação pública[409]. Embora o cultivo de produtos transgênicos não seja, de fato, proibido na França, a hostilidade da população e as várias restrições legais existentes acabam convergindo para um quadro atual de inexistência dessas plantações em território francês[410]. Todavia, a França ainda é uma forte importadora de produtos transgênicos, principalmente de soja, utilizada para alimentação de seu gado[411].

A principal norma que regulamenta a questão dos OGMs na França até os dias de hoje é a Lei nº 2.008-595 de 25 de junho de 2008, que é relativamente geral e bem abrangente sobre o assunto. Esse diploma não tem sua aplicabilidade restrita ao seu próprio dispositivo legal, de forma que foi incorporada por diversos outros instrumentos do ordenamento jurídico francês, o que garante a ele uma maior aplicabilidade. Fato que bem demonstra essa afirmação é que as disposições foi da referida lei foram inseridas em diferentes códigos legais. A maioria de suas disposições incorporada ao *Code de l'environnement* (Código Ambiental Francês), mas, também, várias delas foram inseridas no Código rural e, ainda, algumas foram inseridas no *Code de la Santé Publique* (Código de Saúde Pública) e no Código de Pesquisa[412].

O estabelecimento do Alto Conselho de Biotecnologias foi um dos critérios chave para o bom funcionamento do sistema francês de regulamentação dessa matéria. O

---

[409]GNRATIONS FUTURES. *Loc. Cit.*

[410]La France et les OGM: où en est-on? **Europe1**. 15 de abril de 2016. Disponível em: https://www.europe1.fr/societe/la-france-et-les-ogm-ou-en-est-on-2721361. Acesso em: 19 de setembro de 2019.

[411]Une centaine d'OGM autoriss en France, notamment dans l'alimentation. **Ouest-France**. 05 de janeiro de 2021. Disponível em: https://www.ouest-france.fr/economie/agriculture/ogm/une-centaine-d-ogm-autorises-en-france-notamment-dans-l-alimentation-7108785. Acesso em: 10 de janeiro de 2021.

[412]BORING, Nicolas. *Loc. Cit.*

152

CAPÍTULO 4 | Regulamentação dos Transgênicos e Agrotóxicos na Europa e na França

referido Conselho Superior é composto por vários especialistas e representantes da esfera política, de organizações comunitárias e de grupos profissionais relevantes, e é dividido em um comitê científico e um comitê econômico, ético e social, como determinado pelo artigo 531 do Código Ambiental Francês. Muitas das disposições legislativas francesas exigem que as autoridades governamentais procurem aconselhamento do Alto Conselho a respeito do tema dos OGMs.

A regulamentação dos transgênicos, como vimos anteriormente, pode ser feita tanto em nível europeu, como nacional e regional, de modo que os municípios não são competentes para a emissão de regulamentos acerca desse tema. Tendo isso em mente, por diversas vezes, em nível local, os prefeitos e prefeituras tentaram emitir regulamentos para proibir o cultivo de OGMs dentro de suas jurisdições, mas essas medidas foram sistematicamente derrubadas pelos tribunais administrativos.

De acordo com a lei francesa, os OGMs devem ser cultivados, vendidos ou usados de maneira que respeite o meio ambiente e a saúde pública, estruturas agrícolas, ecossistemas locais, canais de produção e comerciais, sendo os produtos convencionais rotulados como "sem OGMs", instituindo-se uma política de implementação desses produtos baseada em total transparência. Para que esses objetivos possam ser cumpridos, a lei francesa sujeita a pesquisa, produção e venda de OGM à autorização governamental prévia[413].

A realização de pesquisas mediante uso de OGMs em espaços confinados deve ser previamente autorizada pelo ministério encarregado da pesquisa no país que, por sua vez, deve requerer um parecer do Alto Conselho de Biotecnologia antes de dar sua autorização. Considera-se desnecessária a autorização prévia se os riscos potenciais à saúde pública ou ao meio ambiente forem inexistentes ou desprezíveis. Não obstante, em todos os casos que envolvam OGMs, seu uso deverá ser declarado ao governo francês, conforme dispõe o Código Ambiental em seu artigo 532. Quando o uso de OGMs em ambientes confinados atende a fins industriais, a autoridade competente para tais casos é o prefeito do local onde é o uso, e não o ministério da pesquisa, conforme se extrai da análise do referido diploma legal.

A liberação de OGMs em ambientes abertos para fins de pesquisa também é uma matéria sujeita à aprovação prévia do governo, que deve receber a opinião do Alto Conselho de Biotecnologia sobre possíveis riscos para a saúde pública e o meio ambiente antes de conceder uma autorização para a liberação. Além do Alto Conselho, o governo também deve consultar o público em geral (essa consulta é, atualmente, realizada via internet). É necessário que as autoridades locais das áreas onde os OGMs serão

---

[413]BORING, Nicolas. *Loc. Cit.*

CAPÍTULO 4 | Regulamentação dos Transgênicos e Agrotóxicos na Europa e na França

disseminados sejam previamente notificadas pelo governo nacional[414]. Todavia, toda essa burocracia pouco é colocada em prática pois, como dito anteriormente, atualmente não existem plantações transgênicas em território francês.

A comercialização e a liberação de OGMs para fins comerciais também ficam sujeitas à aprovação prévia do governo, que deve, antes de conceder sua aprovação, avaliar os riscos potenciais ao meio ambiente e à saúde pública, além de requerer um parecer do Alto Conselho de Biotecnologia, conforme dispõe o artigo 533 do Código Ambiental Francês. Mesmo após a emissão de uma autorização, o governo pode suspender ou proibir o uso ou a venda de um produto geneticamente modificado se informações novas ou adicionais trouxerem à luz riscos para o meio ambiente ou a saúde pública, em conformidade com a diretiva (EU) 2015/412.

Ademais, a legislação francesa exige que o local onde serão cultivadas as plantas GMs seja declarado ao governo, que deve inserir essa informação em um registro nacional disponibilizado ao público na internet. Como a concessão dessa informação torna as plantações mais suscetíveis de serem atacadas por grupos anti-OGMs, como os ceifadores voluntários, os legisladores estabeleceram uma multa de 30.000 euros quando não for declarada a localização dessas culturas OGMs e, em contrapartida, uma multa de 75.000 euros pela degradação e destruição de culturas GMs autorizadas, cumulada com pena de até dois anos de encarceramento. Quando as plantações transgênicas têm fins de pesquisa, a pena é ainda mais rígida por sua destruição, correspondendo à multa de 150.000 euros e até três anos de prisão. É importante observar que, além de informar as autoridades governamentais, o agricultor é obrigado a notificar os agricultores das terras vizinhas sobre sua intenção de plantar culturas GMs, antes da semeadura[415].

O artigo 531-2-1 do Código Ambiental Francês garante a liberdade de consumir e produzir com ou sem organismos geneticamente modificados. Essa liberdade deve ser garantida tanto aos Estados-Membros da União Europeia, que podem escolher entre o cultivo de espécies transgênicas ou convencionais, como, também, aos próprios agricultores, que podem escolher o tipo de plantação que desejam manter em suas propriedades.

Fato relevante é que a legislação francesa visa limitar a propagação de OGMs para áreas fora dos campos pretendidos e, para isso, declara, no artigo L663-2 do Código Rural, que o cultivo, a colheita, o armazenamento e o transporte de culturas geneticamente modificadas estão sujeitos a certas regras técnicas, dentre as quais uma regra de distância

---

[414]BORING, Nicolas. *Loc. Cit.*

[415]*Ibid. Loc. Cit.*

CAPÍTULO 4 | Regulamentação dos Transgênicos e Agrotóxicos na Europa e na França

mínima entre culturas GM e outros campos, sendo que a distância será estabelecida com base na espécie cultivada. A violação dessas regras técnicas sobre distâncias mínimas pode ser punida com penalidades rigorosas: o artigo L671-15 do Código Rural estabelece multa de € 75.000 e dois anos de encarceramento pelo descumprimento. Cabe salientar, todavia, que as distâncias mínimas atinentes a cada tipo de cultura transgênica ainda não foram definidas pelo Ministro da Agricultura Francês.

A legislação francesa prevê, também, o "monitoramento biológico" do território francês para observar a saúde das plantas e observar possíveis consequências das práticas agrícolas, incluindo o uso de OGMs[416]. Essa atividade é coordenada pelo Comitê de Vigilância Biológica do Território, que fornece, anualmente, um relatório às duas casas do Parlamento francês (Senado e Assembleia Nacional).

Aprofundando nossa análise, é de grande importância notar que a comercialização de produtos transgênicos, ou que contenham ingredientes transgênicos em sua composição, está sujeita a algumas regras específicas tanto estabelecidas pela UE quanto no âmbito nacional.

Quanto à rotulagem, por exemplo, a nível europeu, é definido o limite de 0,9% de componentes transgênicos acidentais ou tecnicamente inevitáveis em um produto para que ele não precise ser rotulado como transgênico, de modo que, se o percentual for acima desse limite, o produto deve conter em seu rótulo informação que acuse a presença do OGM. Regras semelhantes são previstas para a alimentação animal, principalmente no que tange às rações destinadas a alimentar o gado.

Já no âmbito interno francês, um decreto desde 2012[417] prevê um rótulo opcional para produtos sem OGMs, uma legislação inédita até então. Esse rótulo "sem OGMs" só pode ser colocado na frente da embalagem de um produto quando o ingrediente sem OGMs compõe 95% do produto; quando o ingrediente livre de OGMs estiver presente em menor quantidade, pode ser colocado na lista de ingredientes na parte de trás da embalagem.

Os OGMs ocupam uma posição de grande controvérsia na França, onde eles estiveram no centro de vários processos judiciais nos últimos anos. Alguns dos casos mais divulgados envolveram julgamentos de ativistas anti-OGMs, acusados de destruição ou degradação de culturas GMs. O primeiro incidente de destruição de culturas GMs por

---

[416]Art. L251-1. Do Código Rural Francês.

[417]Trata-se do Decreto n° 2012-128, de 30 de janeiro de 2012, relativo à rotulagem de gêneros alimentícios provenientes de qualidades qualificadas como "sem organismos geneticamente modificados".

CAPÍTULO 4 | Regulamentação dos Transgênicos e Agrotóxicos na Europa e na França

um grupo de *faucheurs volontaires* (ceifadores voluntários), aconteceu em 1997, sendo que muitos outros incidentes semelhantes ocorreram nos anos seguintes[418]..

Nota-se que os tribunais têm sido muito inconsistentes no tratamento desses casos, com resultados que variam de absolvições a sentenças que condenam os ceifadores a penas de multa e de prisão. Além desses julgamentos, outras decisões judiciais também tiveram um impacto significativo na regulamentação dos OGMs na França, sendo o caso mais recente uma decisão do Conselho de Estado Francês, o mais alto tribunal de questões administrativas da França, de 1º de agosto de 2013, que, após demandado por uma pronunciação sobre a legalidade do decreto que proibiu o uso do milho GM MON 810 na França, declarou que não existia um risco grave, nem uma situação de emergência em relação ao MON 810 que justificasse a adoção da suspensão do uso, de forma que considerou que o governo excedeu sua autoridade ao proibi-lo[419]. Assim, esta decisão legalizou o referido OGM específico na França, sendo que tal resultado foi recebido de forma bastante negativa pelo público francês e o governo expressou sua intenção de buscar outras formas de manter a moratória do milho MON810, e o fez, como anteriormente estudado, através da promulgação da Lei nº 2.014-567, de julho de 2014, que proibiu o cultivo, na França, de qualquer variedade GM de milho, sob pena de destruição da plantação em caso de descumprimento[420].

Desde 2015, a França utiliza as disposições introduzidas pela Diretiva 2015/412 sobre o cultivo de OGMs, o que possibilitou que ela solicitasse sua exclusão do âmbito geográfico de autorizações e pedidos de autorização para cultivo, enviadas por parte das empresas produtoras de OGMs. Com isso, em 03 de março de 2016, a Comissão Europeia adotou uma decisão que alterou o âmbito geográfico da autorização para o cultivo de milho geneticamente modificado MON810, proibindo o cultivo de milho MON810 na França e em todos os outros Estados- Membros ou regiões que também solicitaram a exclusão geográfica (Áustria, Bulgária, Croácia, Chipre, Dinamarca, França, Alemanha, Grécia, Hungria, Irlanda do Norte, Itália, Letônia, Lituânia, Luxemburgo, Malta, Países Baixos, País de Gales, Polônia, Eslovênia, Valônia)[421]. Atualmente, o milho GM

---

[418]BORING, Nicolas. *Loc. Cit.*

[419]CONSEIL D'TAT FRANÇAIS. CE, 1er août 2013, Association gnerale des producteurs de maïs (AGPM) et autres. Disponível em: https://www.conseil-etat.fr/ressources/decisions-contentieuses/dernieres-decisions--importantes/ce-1er-aout-2013-association-generale-des-producteurs-de-mais-agpm-et-autres. Acesso em: 26 de dezembro de 2019.

[420]BORING, Nicolas. *Loc. Cit.*

[421]COMISSÃO EUROPEIA. Décision D'exécution (UE) 2016/321 de la Commission. **EUR-Lex**. 05 de maio de 2016. Disponível em: https://eur-lex.europa.eu/legal- content/FR/TXT/?uri=CELEX:32016D0321. Acesso em: setembro de 03 de 2019

CAPÍTULO 4 | Regulamentação dos Transgênicos e Agrotóxicos na Europa e na França

MON810, autorizado para cultivo a nível europeu, só é permitido nos Estados-Membros ou regiões que não solicitaram a mencionada exclusão geográfica.

Na França, a comissão envolvida no tema da liberação dos transgênicos é composta por duas subcomissões, uma de ciências sociais e outra de ciências biológicas, com vínculos de nexo e articulação obrigatórios entre ambas, de maneira a impedir que os pressupostos de um campo tenham prevalência sobre os valores fundamentais do outro[422].

Em contraposição, no Brasil, há um sistema que apenas permite uma visão pontual do problema, não o abordando como uma rede integrada, como é feito na França. É de indiscutível importância que a análise da viabilidade da liberação de um organismo geneticamente modificado seja feita com base na totalidade de fatores que têm ligação direta com o tema. É imprudente o processo de regulamentação de um transgênico que não observe as condições sociais, econômicas, políticas e ambientais atinentes ao contexto que em essa aprovação estará inserida.

4.5 A moratória europeia ao cultivo do milho MON810 e o panorâma atual europeu do cultivo de OGMs

Vimos em nosso panorama histórico da regulamentação francesa a respeito dos transgênicos que ela realizou diversas suspensões e instituiu, por mais de uma vez, moratórias a respeito da liberação do cultivo e venda de alguns OGMs. Este quadro também foi notável no restante da União Europeia, embora em momentos diferentes. Neste subcapítulo, estudaremos com mais detalhes como se deu a instituição dessas moratórias e quais consequências isso trouxe para o quadro atual do cultivo de transgênicos na UE.

O milho MON810 foi autorizado comercialmente na União Europeia, em fevereiro de 1998, para a alimentação humana e animal, conforme dispôs o Regulamento n°. 258/1997 (posteriormente revogado pelo Regulamento n°. 1.829/2003). Em junho de 1999, todavia, a Europa adotou uma moratória aos OGMs, que só foi levantada em 2003. A respeito disso, em 2006, a OMC confirmou a condenação da moratória europeia aos OGMs. A OMC acabou suspendendo tal condenação, uma vez que a moratória europeia foi levantada em 2003, mas certificou sua decisão de condenar seis estados membros, incluindo a França, que mantinham até então uma proibição de 9 produtos GMs em seus territórios, por ser contra as regras do comércio internacional. Em 2004, o milho MON810 foi notificado e inscrito no registro comunitário da União Europeia, processo finalizado em abril de 2005, sendo que tais medidas permitiram à Monsanto demandar,

---

[422]ZANONI, Magda, et al. *Op. Cit.* p. 259.

CAPÍTULO 4 | Regulamentação dos Transgênicos e Agrotóxicos na Europa e na França

a partir de então, a atualização da autorização a cada dez anos, conforme disposto pelo novo regulamento[423].

Em 2008, esse milho foi cultivado em sete países da UE, quais sejam, em ordem de maior quantidade de hectares cultivados: Espanha, República Tcheca, Romênia, Portugal, Alemanha, Polônia e Eslováquia[424]. O procedimento ligado ao Regulamento nº. 1.829/2003 fez com que os Estados-Membros que recebessem um dossiê de demanda de autorização não tivessem o direito de o tratar de imediato, devendo, obrigatoriamente, transmiti-lo à UE para que fosse ou não dado início ao processo de autorização. O processo de regulamentação dos OGMs foi padronizado, em nível europeu, pelas Diretivas nº. 2001/18/CE e 2015/412 do Parlamento Europeu e do Conselho da União Europeia[425].

Em 2007, 22 mil hectares na França haviam sido semeados com o MON810 mas, logo no ano seguinte, teve lugar a moratória francesa, quando, então, em 2008, a França suspendeu o processo de aprovação do referido milho em seu território. Como justificativa a essa moratória, foi alegado o procedimento descrito na Diretiva nº. 1929/2003 e o Protocolo de Cartagena, que assegura aos países signatários o direito de recusar importações de OGMs em razão dos riscos ao meio ambiente e à saúde.

O procedimento de requerimento dessa moratória teve início em 09 de janeiro de 2008, quando o governo francês, mais especificamente o Comitê Provisório da Alta Autoridade (*Comité Provisoire de la Haute Autorité* – CPHA) apresentou um relatório sobre os conhecimentos científicos disponíveis quanto aos impactos potenciais do milho MON 810 sobre a saúde e sobre o meio ambiente. Esse relatório levou o senador Legrand, então presidente do CPHA, a concluir pela existência de "sérias dúvidas" a respeito da inocuidade do milho transgênico em questão, critério necessário para a declaração da moratória, conforme requisitado pela norma europeia de 2003 anteriormente mencionada. Já em 07 de fevereiro, motivado pelo documento do CPHA, o governo francês, considerando a existência de dúvidas acerca dos impactos do MON810 sobre a saúde e sobre o meio ambiente, decretou uma moratória no cultivo desse milho na França[426].

No dia 27 daquele mesmo mês, a Direção-Geral do Meio Ambiente da Comissão Europeia solicitou que a AESA[427] realizasse uma análise quanto à fundamentação científica da decisão francesa. Como resposta às solicitações feitas pela Comissão Europeia e pela AESA, a França apresentou um memorando feito pelo professor Le Maho, coordenador

---

[423]MEUNIER, Eric. A incrível história do milho Mon 810. In: Magda ZANONI; Gilles FERMENT. **Transgênicos para quem? Agricultura Ciência Sociedade**. Brasília: Ministério do Desenvolvimento Agrário, 2011. p. 286.

[424]*Ibid.* p. 287.

[425]MEUNIER, Eric. *Op. Cit.* p. 286-292.

[426]*Ibid. Loc. Cit.*

[427]Autoridade Europeia para a Segurança dos Alimentos.

CAPÍTULO 4 | Regulamentação dos Transgênicos e Agrotóxicos na Europa e na França

de um grupo de cientistas que trabalharam com a solicitação do governo francês, expondo respostas técnicas da França às objeções da Monsanto sobre a decisão inicial. Então, em 29 de outubro de 2008, a AESA entregou seu relatório, no qual considerava que a argumentação francesa não apresentava novidades, em termos científicos, que permitissem concluir sobre um risco à saúde ou ao meio ambiente ligado aos OGMs. Em 16 de fevereiro de 2009, não foi atingida, no Comitê Permanente da Cadeia Alimentar, a maioria qualificada a respeito da proposta da Comissão Europeia de interceptar a moratória francesa, de modo que ela foi mantida[428].

Essa moratória francesa durou três anos, até que, como dito anteriormente, um parecer do advogado-geral do Tribunal de Justiça das Comunidades Europeias, publicado em 25 de março de 2011, considerou-a ilegal e, em 28 de novembro do mesmo ano, o Conselho de Estado invalidou-a devido à obsolescência da diretiva europeia na qual se baseava. Posteriormente, a França instituiu, em 2012, uma suspensão do cultivo do milho MON810 e, em 2014, aprovou uma lei que proibia o cultivo de qualquer espécie de milho transgênico em seu território.

Voltando um pouco na linha do tempo para melhor analisar a perspectiva europeia, em 2009, de acordo com Ferment[429], seis países europeus, quais sejam: França, Alemanha, Hungria, Áustria, Grécia e Luxemburgo, mantiveram-se sob moratória no que cabe ao plantio do único milho transgênico até então autorizado para o cultivo na União Européia, em razão das ameaças existentes sobre as comunidades de organismos não alvo. Conforme explica Apoteker[430], essas moratórias tiveram fundamento não apenas na adoção de medidas precaucionarias pelos governos nacionais, mas, também, em um nível mais profundo de motivação: a própria adoção de tais medidas, condizentes com uma aplicação rígida do princípio da precaução, tem fundamento na pressão da sociedade civil. A resistência da sociedade acabou sendo provocada por meio de diversos debates que foram organizados por associações de proteção ao meio ambiente.

Antes mesmo dessa ação conjunta dos seis mencionados Estados, todavia, notou-se a ação da Suiça que, já em 2005, instituiu uma moratória sobre o cultivo de todas as plantas geneticamente modificadas. Essa moratória foi decidida por um plebiscito, no qual 55,7% dos eleitores aprovaram sua instauração, com duração de cinco anos. Essa moratória, no entanto, não atingiu as importações de transgênicos e nem as pesquisas científicas realizadas na área, sendo possível encontrar, assim, plantações experimentais em território suíço[431]. A

---

[428]MEUNIER, Eric. p. 289.

[429]FERMENT, Gilles, *Op. Cit.* p. 93.

[430]APOTEKER, Arnaud. *Op. Cit.* p. 91.

[431]DE SOUZA, Lúcia. **Suiça livre de transgênicos?** CIB - Conselho de Informações sobre Biotecnologia. 22 de março de 2006. Disponível em: https://cib.org.br/estudos-e-artigos/suica-livre-de-transgenicos/. Acesso em: 28 de junho de 2019.

CAPÍTULO 4 | Regulamentação dos Transgênicos e Agrotóxicos na Europa e na França

adoção desta medida pela Suíça foi um tanto quanto controversa e, até mesmo, dotada de certo grau de hipocrisia, uma vez que o país é sede da Syngenta, uma das empresas líderes no setor de desenvolvimento de produtos transgênicos. Restou clara a intenção do país, assim, ao desenvolver uma tecnologia que tem potencial risco de causar danos ao meio ambiente e à saúde humana e, ao mesmo tempo, proibir sua implementação em seu território.

A referida moratória foi estendida no final de 2021 para que a proibição das plantações transgênicas na Suíça dure até 2025, estando isenta desta proibição, todavia, os transgênicos advindos da aplicação das novas tecnologias, os quais são OGMs nos quais nenhum material genético externo foi inserido[432].

Desde abril de 2015, a União Europeia instituiu um novo procedimento para permitir aos Estados-Membros proibirem o cultivo de plantas geneticamente modificadas no seu território, que diz respeito à remoção de seu nome da lista geográfica das empresas que fazem a proposta de autorização dos OGMs[433]. Em julho de 2015, dois países – Grécia e Letônia – notificaram a Comissão Europeia de que haviam solicitado uma alteração no escopo geográfico da autorização do milho MON810[434] e dos sete outros dossiês em via de serem autorizados: milho 1507, Bt11, GA21, 59122, 1507 x 59122, MIR604 e Bt11 x MIR604 x GA21, com isso, 15 outros Estados-Membros e quatro regiões seguiram o mesmo procedimento e, dentre eles, a França[435].

Atualmente, o MON810 é o único OGM autorizado para plantio na UE, sendo cultivado apenas na Espanha, em Portugal e, em menor grau, na República Tcheca e na Eslováquia[436]. No mapa abaixo é possível verificar a distribuição dos países que cultivam OGMs no Bloco Europeu, e com qual intensidade:

---

[432]GOTTEMS, Leonardo. Suíça isenta edição de gene da proibição de OGM. Agrolink. 07 de dezembro de 2021. Disponível em: https://www.agrolink.com.br/noticias/suica-isenta-edicao-de-gene-da-proibicao-de--ogm_459501.html. Acesso em: 31 de janeiro de 2022.

[433]Trata-se da já mencionada Diretiva (UE) 2015/41.

[434]SENET, Stphanie. **OGM: l'opt-out actionn par la Grèce et la Lettonie**. 28 de agosto de 2015. Disponível em: https://www.journaldelenvironnement.net/article/ogm-l-opt-out-actionne-par-la-grece-et-la-lettonie,61515. Acesso em: 27 de dezembro de 2020.

[435]Moratoires sur les OGM en France et en Europe. **Inf'OGM**. Disponível em: https://www.infogm.org/-Moratoires-sur-les-OGM-en-France-et-en-Europe-?lang=fr. Acesso em: 28 de dezembro de 2020..

[436]KRINKE, Charlotte. Les OGM autorisés dans l'Union européenne. **Inf'OGM**. 27 de junho de 2017. Disponível em: https://www.infogm.org/6210-ogm-autorises-europe-culture-importation?lang=fr. Acesso em: 03 de setembro de 2019. Acesso em: 23 de setembro de 2019.

Figura 3: Nível de cultivo de transgênicos por país da União Europeia.

Fonte: KRINKE, Charlotte.[437]

Neste mapa, é possível notar que a Espanha e Portugal são os países que apresentam um cultivo mais forte e substancial de OGMs, enquanto a República Tcheca e a Eslováquia, que também cultivam plantas transgênicas, fazem-no em menor quantidade. Já os países em cinza escuro são aqueles que proibiram ou restringiram a cultura de OGMs em seus territórios, enquanto os países em xadrez autorizam a presença de OGMs em seus territórios, mas não os cultivam e, por fim, os países em cinza claro não pertencem ao bloco europeu.

A proibição do cultivo de transgênicos em solo europeu é, todavia, contraditória, uma vez que muitos dos Estados-Membros que proíbem a plantação de OGMs os importam em massa. A Europa é um continente altamente dependente da importação de produtos transgênicos para a alimentação de seus animais. De acordo com uma estimativa da Comissão Europeia, publicada em 2016, no período de 2013 a 2015, a UE importou mais de 30 milhões de toneladas de soja geneticamente modificada por ano (cerca de 85% da soja importada), entre 0,5 e 3 milhões de toneladas de milho GM e cerca de 0,5 milhão de tonelada de canola GM[438].

---

[437] KRINKE, Charlotte. *Loc. Cit.*

[438] COMISSÃO EUROPEIA. **Genetically modified commodities in the EU**. Março de 2016. Disponível em: https://data.consilium.europa.eu/doc/document/ST-6954-2016-INIT/en/pdf. Acesso em: 28 de dezembro de 2020. COLOCAR REFS FINAIS.

CAPÍTULO 4 | Regulamentação dos Transgênicos e Agrotóxicos na Europa e na França

Com a adoção dessa política, fica explícita a pretensão da União Europeia e de seus Estados-Membros de proteger seus territórios de possíveis danos causados ao meio ambiente e à saúde humana, enquanto podem importar, de outros países (em sua maioria em desenvolvimento), os produtos transgênicos necessários para a manutenção de seu sistema pecuário. A carne consumida na Europa é sustentada por um modelo agrícola que viola os direitos das populações dos países em desenvolvimento, sendo que, dentro deste rol, são particularmente afetados os produtores agrícolas, dado o elevado emprego de agrotóxicos demandados por essas plantas e também em razão de todo o contexto sociocultural envolvido; as populações originárias, considerando, especificamente, a problemática ligada à invasão de terras indígenas, frequente na Argentina e no Brasil em razão da monocultura da soja e; ainda, os produtores rurais das regiões produtoras, submetidos a diferentes tipos de exploração.

Importante notar, a partir da análise hora realizada, que os direitos à informação e à democracia, nos países europeus, acabam sendo mitigados por esse sistema de importação dos produtos transgênicos e por sua inserção no mercado de forma indireta. Isto porque, como já anteriormente demonstrado, no capítulo 01 desta pesquisa, a presença indireta de OGMs, isto é, sua presença em ovos, carnes e leite de animais que ingeriam rações produzidas a partir de OGMs, não é submetida à rotulagem específica nos Estados Europeus. Isto quer dizer que a informação concedida ao consumidor, em caso de animais que ingeriram OGMs e outros animais que consumiram rações livres de transgênicos, será a mesma, pois não há menção disso nos rótulos. Desta forma, o direito à informação ao consumidor acaba sendo violado e, junto deste, o respeito à vontade democrática da população em escolher o produto que deseja consumir em função de suas características principais.

A presença eventual e indireta de OGMs em produtos de origem animal pode ser entendida como uma característica principal, nestes moldes, para a tomada de escolha do consumidor, quando se leva em consideração a extrema rejeição, por parte dos consumidores europeus, com relação aos produtos transgênicos e produtos feitos a partir de ingredientes transgênicos[439].

A fim de contrariar as reticências da população ao cultivo e ao consumo de plantas geneticamente modificadas, dois tipos de medidas foram propostas pelos governos europeus, fundamentadas em uma aparência de democracia: em primeiro, foi instituída a possibilidade da coexistência do cultivo de plantas transgênicas e de plantas

---

[439]UE: 2/3 des Etats ne veulent pas d'OGM. **Le Figaro**. 04 de outubro de 2015. Disponível em: http://www.lefigaro.fr/flash-actu/2015/10/04/97001-20151004FILWWW00089-ue-23-des- etats-ne-veulent-pas-d-ogm.php. Acesso em: 04 de junho de 2019.

CAPÍTULO 4 | Regulamentação dos Transgênicos e Agrotóxicos na Europa e na França

convencionais sobre os mesmos territórios, – ainda que isso seja uma aposta certamente impossível de ser assegurada de modo durável, devido aos fenômenos naturais e agrícolas de disseminação. Em segundo, a obrigatoriedade da rotulagem dos produtos originários das PGMs, destinados ao consumo humano, a fim de permitir a "livre escolha" do consumidor (devendo-se, aqui, ter em mente a exceção da obrigatoriedade para os casos de alimentos derivados de animais).

Trata-se de uma utopia democrática que leva a crer que todo cidadão, mesmo sem ter sido corretamente informado, poderia fazer uma escolha esclarecida[440]. O respeito à vontade do consumidor, portanto, não passa da camada mais evidente e externa do problema, de modo que, quando nos aprofundamos na análise da temática, observamos que, a despeito da pressão realizada pela população civil e com a ampla discussão da temática, os direitos democráticos e de informação do consumidor permanecem sendo violados em prol dos interesses privados.

4.6 A responsabilidade pelos danos ambientais ligados aos OGMs na França

A responsabilidade ambiental é definida em termos gerais, em nível europeu, pela Diretiva 2004/35/CE, instituída pelo Parlamento e Conselho Europeus em 21 de abril de 2004, que tem por escopo a regulamentação europeia quanto à prevenção e a reparação dos danos ambientais com base no princípio do poluidor-pagador.

Em âmbito interno, na França, a Lei de responsabilidade ambiental[441], promulgada no dia 1º de agosto de 2008, concebe uma obrigação geral de reparação do dano ambiental (entendido como uma degradação ou destruição de um elemento essencial do patrimônio natural e um ato causador do desequilíbrio ecológico). Segundo essa lei, o dano pode ser constituído por deteriorações mensuráveis, diretas ou indiretas, praticadas contra o meio ambiente, que podem, notadamente, afetar a saúde, o estado ecológico das águas, a conservação das espécies e habitats naturais e os recursos naturais. Assim, esta lei visa proteger o meio ambiente de um dano, distintamente da proteção anteriormente existente no ordenamento, que determinava a responsabilidade por um dano causado às pessoas ou bens.

A responsabilidade ambiental também é abordada, internamente, pela Lei nº. 2.008-595, de 25 de junho de 2008, relativa aos organismos geneticamente modificados,

---

[440]TESTART, Jacques. *Op. Cit.* 228.

[441]Trata-se da Lei nº 2008-757, de 1º de agosto de 2008, que transpôs ao direito interno francês a Diretiva 2004/35/CE, relativa à responsabilidade ambiental.

163

CAPÍTULO 4 | Regulamentação dos Transgênicos e Agrotóxicos na Europa e na França

que criou, pela primeira vez, um regime de responsabilidade especial do prejuízo causado, pela cultura de plantas GM, a uma outra cultura. De acordo com o artigo 8º da referida lei, a responsabilidade para tais casos é sem culpa, ou seja, objetiva, pois o cultivador das plantas transgênicas será responsabilizado pela contaminação mesmo se ele tiver respeitado as regras de coexistência previstas na lei. Para que esta responsabilidade possa ser aplicada, algumas condições devem ser reunidas: (i) a contaminação deve ser suficientemente grande para que o outro agricultor seja obrigado a obedecer aos critérios de rotulagem dos produtos transgênicos – ou seja, a contaminação deve atingir mais do que 0,9% das plantas convencionais da plantação, para que seja enquadrada a necessidade de rotulagem específica; (ii) o OGM utilizado deve estar autorizado no mercado, pois a lei não abarca contaminações causadas por experiências de campo; (iii) a responsabilidade só se dá em casos de plantações vizinhas ou próximas e coexistentes no mesmo período de produção. A mesma regra foi prevista, também, no Código Rural Francês.

Além da norma em nível europeu e da norma nacional francesa, também é possível encontrar regras atinentes à responsabilidade ambiental em instrumentos normativos de Direito Internacional, como é o caso de um Protocolo Adicional anexo ao Protocolo de Cartagena, de 2010, que tem por objetivo reconhecer a responsabilidade e a compensação dos danos causados à conservação e à utilização sustentável da diversidade biológica e, também, os danos à saúde humana, resultantes do emprego de organismos vivos modificados que tenham sua origem em movimentos transfronteiriços, decorrentes do seu transporte, trânsito, manipulação e uso.

Quanto à Lei de Responsabilidade Ambiental francesa anteriormente citada, é importante observar que ela nunca foi, realmente, aplicada em algum caso que envolvesse os OGMs na França. Isto se dá em razão das lacunas existentes no Direito Especial do Meio Ambiente. Tendo isso em vista, nota-se que, majoritariamente, os casos de responsabilização ambiental em razão de OGMs, na França, buscam sua resolução através da aplicação de dispositivos contidos no Código Civil e Penal de responsabilidade. As ações são ajuizadas, assim, perante o juiz civil ou criminal. O fundamento jurídico normalmente utilizado é encontrado nos artigos 1.383 a 1.386 do Código Civil e no artigo 221-3 do Código Penal domésticos, que reconhecem o crime de pôr em risco, deliberadamente, uma outra pessoa. Este último artigo conta com condições extremamente precisas de implementação[442], sendo muito difícil sua extensão para atingir os danos causados pelos OGMs aos seres humanos.

---

[442]Nesse sentido, são exemplos citados no artigo: imediatismo, efeito direto, caráter deliberado e obrigação especificada em um texto específico.

CAPÍTULO 4 | Regulamentação dos Transgênicos e Agrotóxicos na Europa e na França

O artigo 1.383 do Código Civil Francês dispõe que "Cada um é responsável pelo dano que causou, não apenas por sua própria ação, mas também por sua negligência ou imprudência" (tradução livre). Os artigos seguintes tratam também das condições de aplicação da responsabilidade civil por dano causado a outrem. Uma dificuldade encontrada em sua aplicação para os casos de danos ambientais é a falta de precisão na definição do conceito de "dano a ser reparato". Quanto a isso, um importante caso da jurisprudência francesa é o caso Erika, cujo acórdão é datado de 25 de setembro de 2012, julgado pela *Chambre Criminelle de la Cour de Cassation*, o qual reconheceu, dentro da noção de direito comum da responsabilidade civil, a noção de dano ecológico e seu caráter reparável, justificativo de uma pesada condenação da sociedade Total S.A., ré no processo[443].

Nota-se, assim, uma reiterada tentativa de aplicação da norma prevista no Código Civil, estendida para abarcar os casos de responsabilidade por danos ambientais, apesar da existência de dispositivo próprio acerca dessa matéria no ordenamento jurídico francês. Isso se dá em função da ausência de definições de conceitos importantes previstos na lei, e de mecanismos necessários para sua implementação. A jurisprudência francesa de casos de responsabilidade ambiental, nesse sentido, acabou sendo criada em cima da norma civil, inclusive os casos de responsabilidade ambiental por danos causados pelo plantio de OGMs.

4.7 Processo regulatório para liberação de um OGM na EU

O regime regulatório da UE concebe as variedades transgênicas como originais e distintas das produzidas pelos métodos convencionais, levando à necessidade de sua avaliação e liberação de forma separada, devendo ser estudada, antes da aprovação, a estimativa do risco para cada característica do OGM em questão[444]. O método adotado pela Europa para a realização da regulamentação dos alimentos em seu território é chamado de método "baseado no processo", pois é relevante o fato de o cultivar ter sido elaborado por meio da transgênese ou não, o que é um critério determinante para a instituição de um mecanismo totalmente diferente de análise da planta a ser produzida[445].

A regulamentação acerca da liberação dos organismos geneticamente modificados no meio ambiente e sua comercialização na UE é estabelecida pela Diretiva 2001/19/CE,

---

[443]Arrêt n° 3439 du 25 septembre 2012 (10-82.938) de la Chambre criminelle.

[444]SAEGLITZ, C. e BARTSCH, D. Regulatory and associated political issues with respect to Bt transgenic maize in the European Union. **Journal of Invertebrate Pathology**, v. 83, p. 107-109. 2003.

[445]VÁZQUES-SALAT, N., et al. The current state of GMO governance: Are we ready for GM animals? **Biotechnology Advances**, v. 30, p. 1338. 2012.

CAPÍTULO 4 | Regulamentação dos Transgênicos e Agrotóxicos na Europa e na França

que determina a realização de uma avaliação de riscos caso a caso, devendo ser considerados os possíveis impactos cumulativos e a longo prazo provenientes da interação entre os OGMs e outras plantas convencionais. A existência deste risco também torna necessária a realização de um monitoramento pós-comercial obrigatório[446].

A avaliação de segurança é de observância obrigatória pelo proponente da planta GM, em conformidade com a Regulação Europeia nº. 1.829/2003, e, além dela, deverá ser realizada uma avaliação independente pela AESA. De acordo com a regulação citada, o proponente deve garantir que o produto esteja de acordo com os requisitos de rastreabilidade e rotulagem, de modo que a avaliação de risco deve comprovar a ausência de efeitos adversos do OGM, a garantia de informações aos consumidores e uma qualidade nutricional adequada[447].

Com o intuito de adotar uma abordagem precaucionista, a avaliação de risco deve ter por princípios, conforme dispõe a norma europeia supra citada: (i) a análise comparativa do OGM com sua contraparte convencional; (ii) ser transparente e assentada em bases científicas atualizadas; e (iii) ser realizada caso a caso e ser passível de revisão. Dentre as informações necessárias, devem constar as características do organismo doador, vetor, receptor e das espécies ou variedades relacionadas, das alterações genéticas, da liberação ou utilização prevista e sua escala, além do ambiente receptor e suas interações, de acordo com a Directiva 2001/18/EC acerca da liberação deliberada dos organismos geneticamente modificados no meio ambiente.

De acordo com definição dada por Ferment[448], a avaliação do risco consiste em uma apreciação científica que tem por objetivo quantificar e qualificar os riscos para a saúde e para o meio ambiente, ligados à liberação comercial de um transgênico. De outro lado, a referida análise, em sua globalidade, remeterá a uma decisão política, que leva em conta elementos econômicos e sociais.

Nos países da União Europeia, as decisões acerca da liberação comercial das plantas GM são tomadas primordialmente em nível europeu, apesar de existir, subsidiariamente, a participação das comissões nacionais de avaliação do risco no processo. A AESA, como comissão de avaliação do risco europeia, é um órgão consultivo que se limita a dar opiniões científicas. As decisões de liberação comercial de transgênicos

---

[446]POLLOCK, C. J.; HAILS, R.vS. The case for reforming the EU regulatory system for GMOs. **Trends in Biotechnology**, v. 32, p. 4. 2014.

[447]VARZAKAS, T. H., CHRYSSOCHOIDS, G.; ARGYROPOULOS, D. Approaches in the risk assessment of genetically modified foods by the Hellenic Food Safety Authority. Food and chemical toxicology : an international journal published for the British Industrial Biological Research Association. **Food and Chemical Toxicology**, v. 45, p. 539. 2007.

[448]FERMENT, Gilles. *Op. Cit.* p. 105.

CAPÍTULO 4 | Regulamentação dos Transgênicos e Agrotóxicos na Europa e na França

são tomadas por responsáveis políticos, representados pelos membros da Comissão Europeia e por membros do Conselho de Ministros do Meio Ambiente. No caso de liberação planejada, como nos testes de campo, a decisão final cabe aos ministros do Meio Ambiente e da Agricultura do país onde será feito tal teste[449].

O Processo para a liberação comercial de um OGM em um País-Membro da União Europeia não é tão simples. De acordo com o processo estabelecido pela Diretiva 2001/18/CE, quando uma empresa pretende comercializar algum OGM em um país da UE, deve, previamente, apresentar um pedido à autoridade nacional competente do Estado em cujo território o produto será colocado no mercado pela primeira vez. Esse pedido deverá conter uma avaliação completa dos riscos ambientais e, se a autoridade nacional emitir um parecer favorável em relação à colocação no mercado desse OGM, o Estado-Membro deverá informar os outros países do bloco por intermédio da Comissão Europeia. Se não existirem objecções por parte dos outros Estados-Membros ou da Comissão, a autoridade competente que procedeu à avaliação inicial dará a autorização para a colocação do produto no mercado. Esse produto, a princípio, poderá ser colocado no mercado em toda a União Europeia, respeitando as condições previstas na autorização, tendo em vista a existência do livre-mercado[450].

Caso sejam formuladas e mantidas objecções pelos Países-Membros ou pela Comissão Europeia, deverá ser tomada uma decisão a nível da UE. Em primeiro lugar, a Comissão pedirá o parecer dos seus painéis científicos, constituídos por cientistas independentes altamente qualificados em domínios relacionados com a medicina, a nutrição, a toxicologia, a biologia, a química ou outras disciplinas afins, sendo que a Autoridade Europeia para a Segurança dos Alimentos disponibilizará os painéis competentes para este efeito[451].

Se o parecer científico for favorável, a Comissão proporá um projeto de decisão legislativa ao comitê de regulamentação, composto de representantes dos Estados-Membros. Se o comitê de regulamentação emitir um parecer favorável, a Comissão aprovará a decisão, caso contrário, o projeto de decisão será apresentado ao Conselho de Ministros para aprovação, ou rejeição, por maioria qualificada. Se o Conselho não se pronunciar no prazo de três meses, a Comissão será responsável pela decisão. Durante o procedimento de notificação, o público é também informado e tem acesso aos dados publicados na Internet[452].

---

[449]FERMENT, Gilles. *Loc. Cit.*

[450]COMISSÃO EUROPEIA. **Perguntas e respostas** ... *Loc. Cit.*

[451]*Ibid. Loc. Cit.*

[452]As informações são disponibilizadas à sociedade civil através do site "http://gmoinfo.jrc.it".

167

CAPÍTULO 4 | Regulamentação dos Transgênicos e Agrotóxicos na Europa e na França

As liberações experimentais, por outro lado, obedecem a um procedimento liberatório distinto, que compete às autoridades do Estado-Membro onde a liberação terá lugar, sendo que estas autoridades deverão examinar as notificações e conceder a autorização[453].

A liberação ambiental, caso aprovada, deverá ser realizada em etapas, com o confinamento sendo progressivamente reduzido à medida que a segurança é demonstrada nas etapas precedentes, de acordo com a Directiva 2001/18/EC. Apesar da existência de todo esse mecanismo de permissão legal para a comercialização de OGMs, há poucas variedades sendo comercializadas na UE, fato atribuído aos altos custos das análises de risco e monitoramento, assim como pela oposição pública.

4.8 Debate público

A principal razão para a adoção de uma política precaucionista por parte do governo europeu e, principalmente, pelo governo francês, que é um de seus grandes expoentes nesse sentido, é encontrada na resistência pública da população em aceitar o método de produção agrícola transgênico. Na França, a resistência da população tem ligação direta com a existência de um forte debate público em torno da questão. Para a organização desse debate, diversas organizações não governamentais ambientalistas corroboraram. A seguir, veremos quais são algumas dessas organizações e outras formas pelas quais se deu a organização do debate público.

As lojas de ciência são uma das instituições de difusão do conhecimento científico para a população existente na França. São organizações que oferecem a grupos de cidadãos acesso aos conhecimentos e pesquisas científicas e tecnológicas a baixo custo, a fim de que eles possam aprimorar suas condições sociais e ambientais. As lojas funcionam como uma ferramenta democrática na produção de conhecimentos científicos e servem de interface entre grupos de cidadãos e instituições científicas[454]. A existência deste tipo de instituição é muito importante para a integração da população quanto às decisões tomadas relacionadas a matérias que envolvem algum conhecimento técnico ou científico. Essas organizações tornam possível a externalização da vontade democrática da população civil, pois esta estará bem informada acerca das decisões tomadas pelo governo.

Outro ponto de destaque é encontrado em um dos movimentos populares de muito peso na França, o qual oferece forte oposição contra os OGMs. Trata-se do

---

[453]COMISSÃO EUROPEIA. **Perguntas e respostas sobre a regulamentação** ... *Loc. Cit.*

[454]NEUBAUER, Claudia. As lojas de ciências: outra maneira de produzir e difundir os conhecimentos científicos. In: Magda ZANONI; Gilles FERMENT. **Transgênicos para quem? Agricultura Ciência Sociedade.** Brasília: Ministério do Desenvolvimento Agrário, 2011. p. 459-461.

CAPÍTULO 4 | Regulamentação dos Transgênicos e Agrotóxicos na Europa e na França

movimento dos "ceifadores voluntários", que denuncia as experiências e os cultivos em campo aberto – os quais permitem a contaminação irreversível das outras espécies vegetais, ameaçando o patrimônio biológico. A ação dos ceifadores se dá, normalmente, de forma anônima, com a destruição dessas plantações[455].

Além disso, um órgão de vigilância cidadã francesa dos OGMs e das biotecnologias muito importante, existentes desde 11 de maio de 1999, é o Inf'OGM, que foi, inclusive, algumas vezes citado ao longo dessa pesquisa. Esse órgão conta com um site no qual as informações são dispostas, caracterizando um método de informação da população gratuito e de livre acesso. O órgão em questão tem como objetivo principal implantar um serviço francófono de informações ao público sobre os organismos geneticamente modificados, em uma linguagem compreensível por todos, sendo que, de acordo com as informações fornecidas via internet, ele tem por vocação interrogar as "fontes oficiais de informações" e analisar a maneira como elas apresentam e difundem a informação sobre os OGMs. É importante enfatizar que o site da organização funciona como uma agência de notícias, e suas informações são neutras, sem um fundamento político ou ideológico, de forma que ela não assume uma posição no debate[456].

Outro órgão importante de investigação europeia dos OGMs é o CRIIGEN (Comitê de Pesquisa e de Informação Independente sobre Engenharia Genética), que é um comitê apolítico e não militante de expertise e de assessoria, independente dos produtores de OGMs, que intervém em diferentes níveis do debate, como o jurídico, científico, sociológico, técnico e econômico, destinando suas informações aos cidadãos, empresas, associações, grupos, sindicatos, etc. Esse órgão é requisitado, normalmente, para dar seu parecer de forma pontual ou regular, e tem por objetivo realizar pesquisas e fornecer informações sobre a engenharia genética e os seus impactos nos domínios da biologia, meio ambiente, agricultura, alimentação, medicina e saúde pública – ou seja, os impactos naturais e artificiais, voluntários e acidentais, cujos efeitos possam afetar o ecossistema e a saúde humana – e, também, disponibilizar essas informações. É uma associação independente dos poderes públicos e de qualquer outra organização no exterior, que exerce suas atividades na França, na Europa e, por vezes, em outros continentes[457].

---

[455]ASSOCIAÇÃO NACIONAL DOS CEIFADORES VOLUNTÁRIOS. 2011. Carta dos Ceifadores Voluntários. A desobediência civil em face dos transgênicos: por quê? In: Magda ZANONI; Gilles FERMENT. **Transgênicos para quem? Agricultura Ciência Sociedade**. Brasília: Ministério do Desenvolvimento Agrário, 2011. p. 476-483.

[456]NOISETTE, Christophe. INF'OGM - Vigilância Cidadã. In : Magda ZANONI ; Gilles FERMENT. **Transgênicos para quem? Agricultura Ciência Sociedade**. Brasília: Ministério do Desenvolvimento Agrário, 2011. p. 484-487.

[457]ZANONI, Magda; FERMENT, Gilles. CRIIGEN. In: ZANONI, Magda; FERMENT, Gilles **Transgênicos para quem? Agricultura Ciência Sociedade**. Brasília: Ministério do Desenvolvimento Agrário, 2011. p. 490-499.

CAPÍTULO 4 | Regulamentação dos Transgênicos e Agrotóxicos na Europa e na França

Existe, também, a France Nature Environemment (FNE), uma federação de associações de proteção da natureza e do meio ambiente que atua na França, sendo interlocutora das coletividades em todos os níveis: departamental, regional e nacional. Em nível europeu, a FNE é federada pelo Escritório Europeu de Meio Ambiente, e trabalha em estreita colaboração com as outras grandes organizações ambientalistas. Ela entra com ações na justiça, tendo já conseguido anular diversos testes de plantas GMs em campo aberto de liberação planejada[458]. Um dos processos no qual a FNE se envolveu com muito empenho para o combate dos OGMs se deu em uma reunião na qual o então presidente, Nicolas Sarkosy, expôs suas preocupações com relação às plantas GMs pesticidas, o que acabou levando à moratória do milho MON810 na França[459].

Nota-se, através da análise destes instrumentos independentes, que a informação ao público quanto aos dados e informações relativos aos transgênicos e, também, a militância ao redor da questão da liberação dos organismos geneticamente modificados na França, está relacionada com a atuação direta de diferentes organizações não governamentais, que tornam marcante sua atuação e, realmente, fazem a diferença nas decisões de adoção ou não desta biotecnologia. Estas organizações permitem que um diálogo efetivo entre a população civil e a governabilidade seja instaurado, de modo a fazer com que o processo de deliberação acerca da liberação ou não dos OGMs e, além disso, todo um posicionamento nacional acerca desta tecnologia, sejam moldados conforme uma perspectiva democrática de percepção da necessidade e vontade social por parte do governo para a tomada das decisões nesta matéria.

4.9 Os agrotóxicos na França

Por várias décadas, a França foi o principal usuário de pesticidas da Europa, com uma quantidade de produtos químicos derramados em superfícies agrícolas que excedia

---

[458]JACQUEMART, Fréderic. France nature environnement (FNE). In: Magda ZANONI; Gilles FERMENT. **Transgênicos para quem? Agricultura Ciência Sociedade.** Brasília: Ministério do Desenvolvimento Agrário, 2011. p. 501.

[459] JACQUEMART, Fréderic. *Op. Cit.* p. 503. Essa moratória foi possível graças à cláusula de salvaguarda, que permite aos Estados-Membros da União Europeia suspenderem uma autorização se entenderem que há dúvidas sérias acerca da segurança de um OGM, baseadas na descoberta de elementos científicos novos (como já estudamos anteriormente neste mesmo capítulo). A ativação da cláusula de salvaguarda necessita da opinião de uma comissão. O governo francês constituiu, para examinar o dossiê do MON810, uma comissão composta por cientistas e representantes da sociedade civil, a qual demonstrou que o milho transgênico em questão proporciona contaminações a distâncias quilométricas pelo seu pólen, evidenciando a impossibilidade da coexistência entre culturas OGMs e não OGMs. Ademais, foi mostrado que os rios estavam contaminados e que foram encontrados transgenes e seus produtos ativos na água e nos sedimentos mesmo a distâncias quilométricas das plantações. Foi também observado que o modo como são feitos os protocolos de estudos de toxicologia em ratos não torna possível detectar um efeito patogênico do OGM.

CAPÍTULO 4 | Regulamentação dos Transgênicos e Agrotóxicos na Europa e na França

em muito todos os outros produtores agrícolas da União Europeia. A situação, no entanto, começou a mudar nos últimos anos, quando a França foi ultrapassada nesse setor pela Espanha e se igualou à Itália e à Alemanha[460].

Anteriormente, a França fazia uso da alarmante cifra de 100.000 toneladas de agrotóxicos por ano em seus campos, sendo que, recentemente, diminuiu esse uso para cerca de 70.000 toneladas. A diminuição, todavia, por si só, não configura um dado inerentemente bom, dado que pesticidas mais fortes estão sendo usados no lugar dos pesticidas mais fracos que eram usados em maior quantidade[461].

Para ter sua utilização aprovada no mercado francês, o produto fitofarmacêutico deve ter uma autorização de introdução no mercado (AMM, na sigla em francês para *Autorisations de Mise Sur le March*), dada pelo Ministério da Agricultura. Essa autorização especifica as condições para o uso regulamentar do produto. Um produto autorizado em um país pode não estar autorizado em outro. Quando aprovados, os produtos passam pela Avaliação dos Produtos Comerciais, que é realizada em duas etapas: primeiro, é a substância ativa isolada que está sujeita a uma avaliação de risco para seres humanos e meio ambiente, de acordo com as regras promulgadas pelo Regulamento Europeu (CE nº. 1107/2009). A partir disso, se for positivo, a especialidade comercial (produto em que a substância está inserida) é avaliada pelas autoridades nacionais.

A França e a Espanha são os principais produtores agrícolas da Europa, sendo conhecidos como países de "área agrícola útil". Fazendo um cálculo da quantidade de agrotóxicos utilizada pela área plantada, a França e a Espanha não apresentam dados tão diferentes do resto da Europa, que se configura, como um todo, como grande utilizadora de pesticidas. O bloco acaba se apresentando como fortemente dependente desta tecnologia. É importante observar que, sendo o mercado europeu integrado, não é o suficiente contestar apenas a situação da França, pois um país pode ter em seu mercado produtos orgânicos mesmo que produza muitos alimentos com o emprego intensivo de agrotóxicos para exportação, e vice-versa. Assim, a luta contra o uso de pesticidas, se for limitada às fronteiras nacionais, em nada resolverá o problema. A Espanha, França e Itália, maiores consumidoras de agrotóxicos, são os países europeus que mais exportam alimentos para o restante da Europa, principalmente no inverno[462].

Na França, os pesticidas mais utilizados são herbicidas (41% das vendas, incluindo o famoso e altamente controverso glifosato), fungicidas (36% das vendas) e inseticidas

---

[460]GNRATIONS FUTURES. *Loc. Cit.*

[461]GNRATIONS FUTURES. *Loc. Cit.*

[462]*Ibid. Loc. Cit.*

CAPÍTULO 4 | Regulamentação dos Transgênicos e Agrotóxicos na Europa e na França

(11%), que são comumente dispersos nas plantações na forma líquida, sendo pulverizados à mão, por trator ou por avião[463].

A monocultura constitui em peso a paisagem agrícola francesa, sendo que sete culturas representam 90% da terra plantada (quais sejam: trigo mole e duro, cevada, milho, canola, girassol e prados temporários). Isso faz com que essas plantações sejam mais fracas, pois não contam com interações sistêmicas próprias de um ecossistema variado. Dentre os grandes usuários de pesticidas estão as fazendas de vinho, que empregam 20% do estoque nacional deste produto em seus campos, mesmo que estes só representem 3% da área agrícola do país, sendo que as regiões de Champagne, Val de Loire e Bordeaux são as mais afetadas[464].

A França, além de grande consumidora de agrotóxicos, é também uma produtora notável deste tipo de defensivo agrícola, sendo que muitos dos agrotóxicos que produz têm sua utilização vedada em território francês e europeu, sendo exportados para países estrangeiros.

A Lei de Agricultura e Alimentação Francesa, promulgada em novembro de 2018, estava para ser acrescida de uma norma segundo a qual, até 2022, a produção, o armazenamento e a venda para países estrangeiros de produtos fitofarmacêuticos que contenham substâncias proibidas na União Europeia restaria proibida. Todavia, o Senado, por maioria absoluta, votou pela exclusão deste texto, adotando, em seu lugar, o compromisso de escalonar a proibição até 2025 e propor isenções, sem qualquer prazo, para que as empresas contratem investimentos alternativos aos agrotóxicos, principalmente ligados ao biocontrole e à pesquisa. Frente à possibilidade de ter seus produtos vetados comercialmente, a indústria fitofarmacêutica francesa atacou o texto proposto, dizendo que "mais de 2.700 empregos diretos e 1.000 indiretos" estariam "em risco", na França, pela proibição de fabricação dos agrotóxicos em questão[465].

A diminuição no uso de pesticidas, na França, é uma questão de saúde pública e de preservação da biodiversidade. Um estudo realizado pela associação Airparif, em 2016,

---

[463]Les pesticides en France: du constat à l'action. **L'Essentiel par Macif**. 26 de fevereiro de 2019. Disponível em: <https://lessentiel.macif.fr/pesticides-en-france-constat-action>. Acesso em: 22 de agosto de 2019.

[464]*Ibid. Loc. Cit.*

[465]DUPIN, Ludovic. La France va continuer d'exporter des pesticides dangereux interdits sur son territoire. **Novethic**. 18 de março de 2019. Disponível em: https://www.novethic.fr/actualite/environnement/agriculture/isr-rse/l-interdiction-de-produire-en-france-des-pesticides-interdits-est-decalee-de-trois-ans-147043.html. Acesso em: 05 de setembro de 2019.

CAPÍTULO 4 | Regulamentação dos Transgênicos e Agrotóxicos na Europa e na França

demostrou que 38 pesticidas eram detectáveis no ar da área urbana de Paris. Dentre eles, vários proibidos há muitos anos atrás e que continuam no ar[466].

Os produtos fitossanitários se infiltram nas águas superficiais e subterrâneas pelo escoamento, contaminando a água potável, onde estão presentes em pequenas quantidades. Os pesticidas também são encontrados nos alimentos, especialmente frutas, vegetais, vinhos e, em menor escala ,nos produtos de origem animal. Na França, 6,4% dos alimentos testados em 2016 excederam os limiares autorizados. Mais seriamente, o "efeito coquetel" obtido pelo consumo de alimentos, cada um com uma taxa de resíduos consistente, pode ser suficiente para atingir limites que apresentem riscos à saúde. A ingestão de alimentos com traços de pesticidas pode levar a sérios danos à saúde, causando doenças como Parkinson, cânceres e distúrbios neurodegenerativos. O professor Robert Barouki, médico, bioquímico e toxicologista do Inserm (Instituto Nacional de Saúde e Pesquisa Médica), na França, confirma a existência de "80% de certeza sobre o nexo de causalidade entre certos tipos de câncer e a exposição a produtos fitofarmacêuticos"[467].

Os danos causados pelos pesticidas não se restringem à saúde humana, afetando, também, todo o ecossistema em que estão espalhados. Um estudo alemão publicado em 2017 mostrou um declínio de 76% a 82% dos insetos voadores na Europa dos últimos 27 anos, um desastre para a sobrevivência de todas as espécies relacionadas na cadeia alimentar[468].

O relatório parlamentar de 2018 sobre o uso de pesticidas aponta que "37% das abelhas, entre populações selvagens e domésticas e 31% das borboletas já estão em declínio, enquanto 9% estão ameaçadas de extinção"[469], em decorrência do uso de pesticidas. As aves são triplamente impactadas: (i) pelo desaparecimento dos estoques de insetos, (ii) pela contaminação das espécies sobreviventes, e (iii) pela rarefação de sementes de plantas silvestres sistematicamente eliminadas por métodos intensivos de produção agrícola. Isso levou a uma redução de 30% nas populações de aves selvagens em 15 anos[470].

---

[466]Pesticides des villes et pesticides des champs: une double problmatique em île-de-France. **Airparif**. 11 de maio de 2016. Disponível em: https://www.airparif.asso.fr/actualite/detail/id/165. Acesso em 20 de agosto de 2019.

[467]*Ibid. Loc. Cit.*

[468]HALLMANN, Caspar A. et al. **More than 75 percent decline over 27 years in total flying insect biomass in protected areas.** Ed. 10. Vol. 12. PloS one. 2017. p. 14.

[469]ASSEMBL NATIONALE. **Rapport d'information depose en application de l'article 145 du Règlement Par la mission d'information commune sua l'utilisation des produit phytopharmaceutiques.** 2018.

[470]GEFFROY, Laurianne. Où sont passes les oiseaux des champs? **CNRS Le Journal**. 20 de março de 2018. Disponível em: https://lejournal.cnrs.fr/articles/ou-sont-passes-les-oiseaux-des-champs. Acesso em: 25 de julho de 2019.

Tentando diminuir os impactos causados ao ecossistema e à saúde pelo uso intensivo de pesticidas, o governo Francês proibiu, em 1973, o uso do DDT (inseticida contra mosquitos que, todavia, ainda é encontrado no ar e no solo, pois tem um período de vida química de 20 anos), e do inseticida Gaucho, em 2009, devido sua toxidade no caso de exposição excessiva da população. A França foi, também, o primeiro país a tomar uma atitude, em setembro de 2018, quanto aos pesticidas ligados à morte de abelhas, banindo o uso dos cinco tipos de agrotóxicos da família dos neonicotinoides. A UE votou pela proibição dos três principais pesticidas dentre estes, conhecidos como clotianidina, imidacloprida e tiametoxam[471].

Como alternativas ao uso de pesticidas, existem a agroecologia e a agrossilvicultura, que são sistemas de cultivo que dependem das interações benéficas entre as espécies animais e vegetais, proporcionando um equilíbrio ideal de ecossistemas para o desenvolvimento de culturas mais resistentes a doenças e pragas. Uma boa saída para um plantio saudável é a agricultura variada, cujos diferentes componentes são autorreguláveis e limitam a necessidade da aplicação de tratamentos químicos[472].

4.10 Principais normas

A União Europeia adota uma legislação ambiental ancorada no Princípio da Precaução, com diversas diretivas que regulamentam o tema e definem um processo de avaliação cauteloso, com critérios rígidos e pouco tendenciosos aos interesses da bioindústria. O objetivo desse modelo é a garantia de segurança dos produtos à saúde humana e animal e ao meio ambiente[473]. Faremos, a seguir, um apanhado dos principais instrumentos de regulamentação da matéria hora estudada no âmbito da União Europeia e da França.

O primeiro é a Diretiva 2001/18/CE, relativa à liberação deliberada no ambiente externo europeu de organismos geneticamente modificados. Esta diretiva é importante pois define as bases regulamentares nas quais se dá a liberação experimental e a colocação dos OGMs no mercado europeu. Ela estabelece que as autorizações dadas aos OGMs têm uma duração de dez anos, e que, a partir disso, o OGM em questão deve passar por um novo processo de avaliação para a renovação de sua autorização. Determina, também,

---

[471]SAMUEL, Henry. **France becomes first country in Europe to ban all five pesticides killing bees.** 31 de Agosto de 2018. The Telegraph. Disponível em: https://www.telegraph.co.uk/news/2018/08/31/france-first--ban-five-pesticides-killing-bees/. Acesso em: 25 de julho de 2019.

[472]Les pesticides en France: du constat à l'action. **L'Essentiel par Macif.** 26 de fevereiro de 2019. Disponível em: <https://lessentiel.macif.fr/pesticides-en-france-constat-action>. Acesso em: 22 de agosto de 2019.

[473]SAEGLITZ, C. e BARTSCH, D. *Loc. Cit.*

CAPÍTULO 4 | Regulamentação dos Transgênicos e Agrotóxicos na Europa e na França

que um determinado nível de informações deve, necessariamente, ser publicado para a sociedade civil. Ademais, torna obrigatório o registro das culturas e o levantamento de qualquer confidencialidade ou segredo industrial que tenha relação com informações relativas ao meio ambiente e à saúde humana. Prevê, ainda, que a avaliação dos OGMs é comum aos Países-Membros da EU e que é preciso a instauração de um controle, uma fiscalização obrigatória, após a comercialização dos OGMs.

O segundo instrumento é o Regulamento nº 1.829/2003, relativo à comercialização dos OGMs para a alimentação humana ou animal. Este texto concebe regras de rotulagem dos produtos transgênicos (todavia, são excluídos os produtos indiretamente transgênicos de origem animal – ovos, leite e carne de animais nutridos com rações GMs).

Um último instrumento, também muito relevante a nível europeu, é a Diretiva 2015/412, publicada, em 13 de março de 2015, no Jornal Oficial, e já mencionada diversas vezes ao longo do presente livro. A diretiva ofereceu aos Estados-Membros a possibilidade de restringir ou proibir o cultivo de organismos genetivamente modificados no seu território, sob determinadas condições, mesmo após a concessão de autorização por parte do Estado. Os Estados refratários podem, para lograr a restrição, invocar razões socioeconômicas, ambientais ou de uso da terra. Essa diretiva também estabelece que os Estados-Membros que autorizam culturas GMs devem tomar medidas para evitar a contaminação das culturas convencionais, principalmente nos países vizinhos.

Como já visto, é principalmente a União Europeia que regulamenta a questão dos OGMs, mas, ainda, resta aos Estados uma margem de manobra para legislar a respeito da rotulagem dos alimentos sem OGMs, quanto à coexistência de plantações OGMs e convencionais ou orgânicas e, ainda, acerca da informação e da participação pública na tomada de decisões relativas aos transgênicos. Nesse sentido, em 2008, a França adotou um texto acerca dos OGMs. Trata-se da Lei nº 2008-595, de 25 de junho de 2008, que transpôs para o direito nacional francês as regras estabelecidas pela Diretiva 2001/18, e que permitiu a transcrição e positivação das conclusões do Grenelle.

O texto da lei é dividido em 21 artigos, nos quais são definidos os grandes princípios que regem a adoção interna dos métodos de autorização dos OGMs, dentre estes princípios, está a transparência e independência, que devem reger a avaliação e perícia anteriores à liberação, as quais devem ser, ademais, multidisciplinares e imparciais; além disso, também estipula a adoção do princípio da precaução, da prevenção, da informação e da participação pública. Prevê, ademais, a existência do direito à liberdade de produzir e de consumir com ou sem OGMs, e a proteção de estruturas agrárias, de ecossistemas e de locais e setores "livres de OGMs".

CAPÍTULO 4 | Regulamentação dos Transgênicos e Agrotóxicos na Europa e na França

Acerca dos agrotóxicos, a norma principal é o Regulamento (CE) nº. 1107/2009 do Parlamento Europeu e do Conselho, de 21 de outubro de 2009, relativo à colocação de produtos fitofarmacêuticos no mercado. Esse instrumento legal tem por objetivo garantir um elevado nível de proteção da saúde humana e animal e do ambiente e, para isso, introduz novos requisitos na aprovação de substâncias ativas e harmoniza requisitos para sinérgicos, protetores de fitotoxicidade e coformulantes. Pretende, ainda, eliminar os obstáculos do comércio de produtos fitofarmacêuticos, decorrentes da existência de diferentes procedimentos de autorização nos Estados-Membros. Atua, desta forma, na uniformização da matéria em nível europeu.

CAPÍTULO 5

Relações de Comércio de Alimentos entre Brasil e França

5.1 As relações comerciais internacionais e os OGMs – violação de tratados internacionais

Quando da liberação das culturas de soja transgênica no Brasil, através da legitimação do fato consumado ilícito, ainda não havia qualquer regulamentação forte acerca da matéria, caracterizando-se um período de grandes incertezas. Esse período durou de 1997 a 2005, como explicado no capítulo 3, *supra*, quando tramitava no judiciário brasileiro uma ação acerca da necessidade de realização ou não do Estudo de Impacto Ambiental com relação aos OGMs. Neste espaço de tempo, houve a edição de diversas Medidas Provisórias que permitiram a plantação e comercialização de espécies transgênicas cujas sementes advinham de cultivos anteriores ilegais. Todavia, nenhuma informação era fornecida para indicar que tais produtos eram transgênicos e, por

CAPÍTULO 5 | Relações de Comércio de Alimentos entre Brasil e França

muito tempo, a soja transgênica esteve inserida no mercado brasileiro sem que os consumidores internos soubessem.

Mas, como sabido, a produção de *commodities* no Brasil não é destinada a atender majoritariamente a um mercado interno, pois tem por escopo suprir às necessidades do mercado externo (especialmente o chinês e europeu – sendo atribuída, principalmente, à alimentação dos animais de abate desses países). O Brasil é um dos principais países produtores de variedades transgênicas atualmente, estando no segundo lugar do ranking mundial e, desde muito tempo, foi-lhe imposta a posição de celeiro do mundo, em prol dos interesses dos países do Norte que importam as variedades agrícolas aqui produzidas. A produção dessas mercadorias para a exportação, todavia, deve seguir algumas regras estabelecidas a nível internacional, e a situação da produção silenciosa dos transgênicos entre o final da década de 90 e o começo dos anos 2000 não estava condizendo com tais regras do mercado internacional.

Nesse contexto, com a edição das mencionadas Medidas Provisórias brasileiras, os países importadores se manifestaram sobre o assunto, e o Ministro europeu dos Assuntos Relacionados à Proteção Sanitária, Segurança Alimentar e Defesa do Consumidor daquela época, David Byrne, declarou que os países fornecedores de soja para o bloco europeu deveriam se adequar às normas sobre a rastreabilidade de produtos transgênicos exigidas em nível internacional[474]. Frente a essa situação, a posição adotada pelo Brasil demonstrou uma disposição do Estado brasileiro em assumir os riscos associados aos transgênicos no lugar daqueles que os desenvolveram, ou seja, utilizando-se de uma expressão popular: o Brasil passou a "dar a cara a tapa" por uma tecnologia que ele não desenvolveu, mas implementou em seu território.

Posteriormente, a Federação de Organizações de Consumidores, Consumers International, enviou, junto ao IDEC, uma moção ao Presidente do Brasil, solicitando que o país não permitisse o plantio e a comercialização de transgênicos sem prévias e rigorosas avaliações de riscos à saúde e ao meio ambiente. As manifestações de governos estrangeiros, de organizações internacionais e empresas transnacionais que se seguiram a isso indicam o caráter global da temática e os impactos que a autorização dos organismos geneticamente modificados no Brasil ocasionou no comércio internacional e nos acordos e negociações entre aqueles agentes[475].

Demonstrou-se, assim, a grande importância que a questão tomou em nível internacional, sendo o Brasil um grande expoente como país produtor e exportador de produtos transgênicos, os países importadores dessas mercadorias se mostraram

---

[474]CASTRO, Biancca Scarpeline de. *Op. Cit.* p. 49.

[475]*Ibid. Loc. Cit.*

CAPÍTULO 5 | Relações de Comércio de Alimentos entre Brasil e França

preocupados com o padrão de segurança exigido na produção e comercialização das variedades transgênicas, pois a adoção de um baixo padrão de precaução na produção, pelo país exportador, poderia significar o oferecimento de um risco não calculado aos países importadores.

A questão da necessidade de prestação de informação quanto aos produtos que contivessem ou pudessem conter OGMs em sua composição foi discutida pelos países participantes das pré negociações para a formação do Protocolo de Cartagena e, nesse cenário, o Brasil se viu internamente dividido quanto ao posicionamento que deveria adotar. Um primeiro grupo, formado pelos Ministérios brasileiros da Agricultura, da Ciência e Tecnologia, e do Desenvolvimento e Comércio Exterior, defendeu que as cargas de organismos transgênicos a serem comercializadas entre os países deveriam levar a expressão "pode conter" organismos modificados. Já o outro grupo, resistente à biotecnologia vegetal, e composto pelos Ministérios do Meio Ambiente, do Desenvolvimento Agrário, da Saúde e da Justiça, queria que as cargas apresentassem a expressão "contém" - determinado tipo de organismo geneticamente modificado. Houve, assim, um paradoxo interno no posicionamento do governo brasileiro a respeito das regras internacionais de comercialização dos transgênicos e uma incongruência entre a sua posição nacional e internacional. Isso ocorreu porque o Governo defendia leis mais brandas em trânsito global, mas, ao mesmo tempo, impunha normas rígidas de rotulagem internamente[476].

Restou decidido, por fim, no âmbito dos acordos prévios à formação do Protocolo de Cartagena, que este exigiria a apresentação da expressão "pode conter" OGMs, em vez de "contém", nas embalagens dos produtos produzidos a partir de ingredientes e componentes transgênicos[477]. A partir da ratificação deste Protocolo pelo Brasil, e pela homogeneização de normas internacionais mais precisas que tratavam dos produtos feitos a partir do emprego da biotecnologia da transgênica, a exportação dessas mercadorias passou a se dar de forma mais regulada, não sendo condizente com a descarada violação do direito à informação da população consumidora. No entanto, é possível afirmar que houve a violação do direito de informação dos consumidores tanto em nível nacional quanto em nível internacional, ao menos no início da produção, quando ainda havia muita insegurança jurídica e quase nenhuma informação era dada acerca do modo de produção dessas variedades.

Enquanto o direito à informação era diretamente violado no Brasil, dado que os produtos feitos com o emprego da tecnologia transgênica eram diretamente utilizados

---

[476]CASTRO, Biancca Scarpeline de. *Op. Cit.* p. 63.

[477]SOLDI, Matheus. **Análise de Política Externa e Barganha InterBurocrática: a negociação do Protocolo de Cartagena na CTNBio.** São Paulo: Serie Working Paper CAENI. 2013. p. 20.

CAPÍTULO 5 | Relações de Comércio de Alimentos entre Brasil e França

na preparação de alimentos comercializados internamente, na Europa, apenas indiretamente o direito à informação da população era violado, pois os cereais e leguminosas transgênicos importados eram destinados à alimentação do gado e de outros animais criados para o abate. Inclusive, até os dias de hoje, como vimos no capítulo 4, *supra*, não há uma regra específica que torne taxativa a apresentação de informação em produtos de origem animal (carne, ovos, leite) produzidos com o emprego de rações transgênicas. Assim, se anteriormente a violação era causada pelo Brasil, que não concedia essa informação aos países importadores, atualmente, o direito de escolha da população continua sendo mitigado, todavia, em função de uma escolha do próprio bloco econômico. Pelo menos na França, no entanto, é possível a inserção de informações no rótulo que garantam que tal produto animal não foi feito com emprego de rações transgênicas ("produto livre de OGM").

De todo modo, é possível compreender a necessidade da prestação de informações, por parte do Brasil, acerca dos produtos que ele produz e insere no mercado externo, em função das possíveis responsabilidades que podem advir disso, principalmente em razão dos produtos em questão serem fabricados a partir da utilização de uma tecnologia controversa, capaz de gerar um certo risco aos países que a implementem em seus territórios – tanto a nível de produção quanto de consumo. Assim, observa-se que, no início, a comercialização brasileira destes produtos foi realizada de forma totalmente irresponsável, violando parâmetros de segurança e de direito de informação e de escolha, tanto no que diz respeito aos consumidores finais nacionais, quanto aos países consumidores-importadores de tais produtos.

Nesse sentido, é importante destacar que o Protocolo de Cartagena assegura aos Estados o direito de recusar as importações de OGMs e produtos compostos por OGMs em razão dos riscos ao meio ambiente e à saúde e, para que essa recusa possa ser efetuada, é essencial a prestação de informações precisas e corretas a respeito do produto comercializado.

Na Reunião das Partes (MOP-3), em 2006, definiu-se que os países signatários da Convenção sobre Diversidade Biológica (na qual está inserido o Protocolo de Cartagena) deveriam adotar as medidas ao seu alcance, desde então, para fornecer a adequada informação a respeito dos carregamentos que comercializam. Assim, nos casos em que o país já possuísse sistema interno que garantisse um nível preciso de informação, os carregamentos deveriam ser acompanhados de "contém OGM" e, nos casos em que não houvesse meios de identificação precisa, deveria ser adotada a expressão "pode conter"[478].

---

[478]SALAZAR, Andrea Lazzarini. *Op. Cit.* p. 300.

CAPÍTULO 5 | Relações de Comércio de Alimentos entre Brasil e França

No que cabe ao Brasil, o exato cumprimento do Protocolo de Cartagena representaria, após a adoção dos referidos entendimentos, tomar as providências necessárias para identificar as cargas exportadas com "contém OGM", uma vez que a legislação brasileira exigia já, em âmbito interno, a utilização de mecanismos para garantir a rastreabilidade e identificação dos grãos. Todavia, lamentavelmente, as autoridades competentes negligenciaram, durante muito tempo, o cumprimento da determinação referida no Protocolo[479]. A omissão do governo federal brasileiro é grave, em matéria de biossegurança, tendo em vista o volume expressivo de suas exportações de *commodities*. Esse desrespeito do governo brasileiro à determinação internacional feita pelo Protocolo de Cartagena quanto à rotulagem, resultou, ao lado de outros fatos, em uma denúncia ao Comitê de Cumprimento do Protocolo de Cartagena sobre Biossegurança, durante a MOP-4, por organizações não governamentais brasileiras.

A ABIA (Associação Brasileira das Indústrias da Alimentação) justificou o escancarado descumprimento do Decreto nº. 4.680/2003, afirmando que os custos inerentes à rotulagem inviabilizariam a concorrência das indústrias nacionais no mercado internacional, o que evidenciou, mais uma vez, em âmbito interno, a preponderância do interesse econômico em detrimento do interesse coletivo[480].

Atualmente, ao menos no que diz respeito ao comércio internacional de *commodities*, as determinações internacionais quanto à rotulagem e a prestação da informação sobre os métodos adotados para a produção de determinados produtos (os transgênicos, em específico) são cumpridos pelo Estado Brasileiro, muito embora, em nível nacional, ainda haja a circulação de muitos produtos com componentes transgênicos que não fornecem essa informação em seus rótulos. Como a exportação brasileira se dá, principalmente, em produtos in natura, como a soja e o milho, o problema dos produtos processados que não informam sobre a presença de OGMs em sua composição acaba ficando restrito ao âmbito nacional.

5.2 Exploração do sul global

Quando analisamos como se esquematiza o sistema de produção e consumo de OGMs no plano internacional, uma dúvida surge: por que razão países da União Europeia e, principalmente – conforme o escopo desta pesquisa – a França, têm uma carga tão grande de importação de *commodities* transgênicas, mas não as produzem em seu território, tendo,

---

[479]SALAZAR, Andrea Lazzarini. *Op. Cit.* p. 301.

[480]GASPARINI, Bruno. A importância da participação da ciência jurídica no debate sobre as biotecnologias e sua contribuição crítica à análise da utilização da transgenia no modelo agrícola-alimentar. In: Magda ZANONI; Gilles FERMENT. **Transgênicos para quem? Agricultura Ciência Sociedade.** Brasília: Ministério do Desenvolvimento Agrário, 2011. P. 337.

CAPÍTULO 5 | Relações de Comércio de Alimentos entre Brasil e França

inclusive, proibido algumas culturas transgênicas em suas terras e estabelecido regras extremamente rígidas, de modo geral, quanto a essa matéria? De outro lado, por que o Brasil utiliza tanto dessa tecnologia em suas plantações se não foi esse país que a desenvolveu?

Essa questão é respondida pela análise de um pensamento que rege o modo de funcionamento do sistema de produção no contexto do mundo globalizado, com a expansão das transnacionais ultra-fronteiras, conforme o qual, no Sul, encontra-se a biodiversidade enquanto, por sua vez, no Norte, encontra-se a tecnologia avançada capaz de explorar tal biodiversidade, citado por Neto, esse pensamento é teorizado por Marcur Maurer Salles[481].

Segundo afirma Boaventura de Souza Santos, no capítulo 1 do livro Epistemologias do Sul[482], intitulado "Para além do pensamento abissal: das linhas globais a uma ecologia de saberes", o pensamento abissal gera como produto o fato de que o conhecimento científico não se encontra distribuído socialmente de forma equitativa, nem poderia encontrar-se, tendo em vista o seu desígnio original, qual seja, a conversão do Norte em sujeito do conhecimento e do Sul em objeto de conhecimento.

É dada ao Norte global, desta forma, a apropriação dos conhecimentos científicos necessários para o desenvolvimento de tecnologias, como aquela responsável pela criação das sementes transgênicas (neste caso feita, em grande escala, pelos EUA) e dos pesticidas. Ao mesmo tempo, cabe ao Sul global utilizar de sua biodiversidade, de seus recursos naturais, de sua mão de obra e de suas terras – inclusive sob incentivo fiscal do Estado – para o emprego daquelas tecnologias, com o objetivo de produzir as mercadorias a que se propõem.

Enquanto as *commodities* são produzidas no Sul global, majoritariamente, através do emprego das sementes oriundas de tecnologias desenvolvidas no Norte, os lucros advindos dessa produção são destinados, em grande parte, para as transnacionais sementeiras e para as empresas detentoras das patentes sobre os insumos agrícolas e pesticidas aplicados em larga escala, sendo poucos os ganhos do país produtor em comparação aos ganhos dos países sede dessas empresas. Assim, tanto a riqueza natural quanto monetária brasileira acabam sendo escoadas para fora do país, em função do emprego de tais técnicas agrícolas. Posteriormente, essas variedades agrícolas são exportadas para fora do país, sendo o Brasil apenas uma "barriga de aluguel" para suprir as necessidades do mercado da carne exterior através da produção da soja e do milho transgênicos que alimentam esses animais. Enquanto as transnacionais internalizam os lucros, os danos

---

[481]SALLES, Marcur Maurer de. Apud. NETO, Pedro Accioly de Sá Peixoto. *Op. Cit.* p. 141.

[482]SANTOS, Boaventura de Sousa; MENESES, Maria Paula. **Epistemologias do sul.** São Paulo: Cortez Editora, 2014. p. 48.

CAPÍTULO 5 | Relações de Comércio de Alimentos entre Brasil e França

ambientais e os danos à saúde da população são publicizados e acabam sendo tolerados pela sociedade brasileira como um todo.

Já foi abordado, anteriormente, o fato de que a autorização do cultivo das variedades transgênicas no Brasil é motivada por uma interpretação reducionista dos possíveis efeitos do emprego desta tecnologia. Esta interpretação não considera as consequências ambientais, para a saúde humana, para a economia e para o ecossistema, vendo apenas os lucros privados a partir da adoção da ideia de que um gene é equivalente a uma característica específica a ser implantada em uma dada espécie. No entanto, não é apenas o Brasil, como país produtor, que adota esta ideologia. A França também o faz, mas de modo distinto. Embora tenha consciência dos possíveis riscos ligados ao cultivo das plantas transgênicas – tanto que o país não altoriza esse cultivo em suas terras – a França não se importa de que tais riscos sejam suportados por outro país. Assim, adota uma visão reducionista na qual apenas observa os benefícios que pode adquirir com esse esquema de importação, sem dar-se conta de que os problemas ambientais, longe de serem suportados por apenas um país, não se restringem geograficamente às fronteiras de um Estado, sendo compartilhados por todos os países em nível global.

O próprio sistema de produção global agrícola, cuja configuração se traduz no agronegócio corporativo, sendo baseado na monocultura, no grande latifúndio e na produção de *commodities* para exportação, não permite ao Brasil ter soberania científica ou econômica e, tampouco, sobre a definição de seu modelo de produção agrícola, restando subordinado às tecnologias desenvolvidas pelas potências econômicas mundiais[483]. Essa questão está relacionada, como afirma Boaventura, ao fato de o fim do colonialismo político, enquanto forma de dominação que envolve a negação da independência política de nações subjugadas, não ter significado o fim das relações sociais extremamente desiguais que ele tinha gerado (tanto na relação entre Estados como relações entre classes e grupos sociais no interior do mesmo Estado). O colonialismo, como afirma o referido autor, continuou sobre a forma de colonialidade de poder e de saber[484].

O Brasil não é o único país do Sul global a ocupar um lugar de destaque no cultivo de plantas transgênicas, uma vez que esta parece ser, pelo contrário, uma tendência que engloba vários países do Sul, conforme é possível constatar através da análise dos mapas a seguir. Ambos foram produzidos pelo ISSA (Serviço Internacional para Aquisição de Aplicações de Agrobiotecnologia – conforme tradução livre), sendo que o primeiro foi divulgado pelo CIB (Conselho de Informações sobre Biotecnologia)[485].

---

[483]DULCE, Emilly. *Loc. Cit.*

[484]SANTOS, Boaventura de Sousa; MENESES, Maria Paula. *Op. Cit.* p. 12.

[485]CONSELHO DE INFORMAÇÕES SOBRE BIOTECNOLOGIA. *Loc. Cit.*

CAPÍTULO 5 | Relações de Comércio de Alimentos entre Brasil e França

Figura 4: Mapa dos principais países que cultivaram OGMs, no mundo, em 2018

Fonte: Conselho de Informações sobre Biotecnologia, 2018[486]

Figura 5: Principais países que cultivaram OGMs, no mundo, em 2016

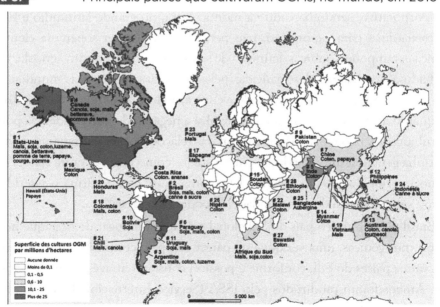

Fonte: CLIVE, 2016[487]

---

[486]CONSELHO DE INFORMAÇÕES SOBRE BIOTECNOLOGIA. *Loc. Cit.*

[487]JAMES, Clive, et al. *Op. Cit.* p.16. Adaptado por: GOUVERNEMENT DU QUBEC. Principaux pays producteurs d'OGM. Disponível em: http://www.ogm.gouv.qc.ca/ogm_chiffres/principaux_producteurs.html. Acesso em: 16 de agosto de 2019.

No primeiro mapa, é possível observar que, no ano de 2018, o Brasil foi responsável pela produção de 51,3 milhões de hectares de plantas transgênicas, sendo que a soja representou 68,3% das colheitas deste país. Seu país vizinho, a Argentina, também é um grande país produtor de transgênicos, tendo somado à produção global uma quantidade de 23,9 milhões de hectares naquele mesmo ano. Foi constatada, em 2018, a área total plantada com OGMs no mundo de 191,7 milhões de hectares, sendo que, destes, cerca de 54% estão localizados em países do Sul global. Boa parte dos países da América do Sul está ocupada por essas plantações e, no mesmo continente, é a América do Norte que, em peso, mais produz essas variedades.

Já no segundo mapa, é possível observar melhor como se dá a distribuição das plantações de transgênicos ao redor do mundo. Apesar do mapa ser datado de 2016, ele nos fornece uma visão mais detalhada do nível de produção de cada país, sendo possível, por exemplo, notar o quão baixa é a produção europeia, que apenas apresenta cultivos transgênicos em quatro países, contra a dominação de países asiáticos e sul americanos por esse tipo de plantação.

No ano de 2018, um total de 67 países usaram alimentos transgênicos. No entanto, em função da já notada desproporção entre quem produz e quem consome, tem-se que os cultivos se deram somente em 24 países, dos quais, 19 destes, eram países em desenvolvimento e, somente cinco, eram considerados desenvolvidos[488]. No mapa abaixo, produzido pela ISSA, é possível observar como se deu a produção transgênica por quantidade de variedade cultivada, no ano de 2016, sendo a soja a planta mais produzida, seguida pelo milho, pelo algodão e, por fim, pela canola:

Figura 6: Variedades transgênicas mais plantadas, ao longo dos anos, ao redor do mundo.

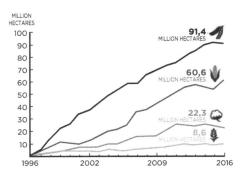

Fonte: CASTRO, 2017[489].

---

[488]REDAÇÃO BICHOS DE CAMPO. Na Copa dos transgênicos, Brasil é vice e Argentina ocupa o terceiro lugar. **Brasil de Fato.** 04 de julho de 2018. Disponível em: https://www.brasildefato.com.br/2018/07/04/na-copa-dos-transgenicos-brasil-e-vice-e- argentina-ocupa-o-terceiro-lugar/. Acesso em: 23 de agosto de 2019.

[489]CASTRO David. ¿Cómo le fue a los cultivos transgénicos en 2016? El Comercio. 05 de maio de 2017. Disponível em: https://elcomercio.pe/blog/expresiongenetica/2017/05/cultivos- transgenicos-2016/. Acesso em: 02 de setembro de 2019.

CAPÍTULO 5 | Relações de Comércio de Alimentos entre Brasil e França

Embora os países do Sul global sejam responsáveis pela grande parte da produção de alimentos transgênicos no mundo, os quais deveriam proporcionar um incremento na quantidade de alimentos produzidos por hectare –de acordo com as justificativas reducionistas que pautaram a implementação desse modo de produção –, também são os países do Sul aqueles que mais sofrem com a fome e a desnutrição.

De acordo com o agrônomo e pesquisador francês Marc Dufumier[490], as produções alimentares não fazem falta na escala do planeta, pois elas atingem, em média 300 quilos de cereais anuais por habitante, quando as necessidades não excedem 200 quilogramas por pessoa por ano. Assim, não é a falta de alimentos que causa a ainda muito presente fome no mundo, mas, sim, a má distribuição destes. A má repartição da disponibilidade alimentar no mundo faz com que 811 milhões de pessoas passem fome ao redor do globo, o que equivaleria a um décimo da população mundial, conforme dados divulgados pela ONU em 2021 [491].

Quantidades crescentes de grãos, provenientes de alguns países com excedentes de cereais, como os Estados Unidos, os países da União Europeia (que importam esses cereais, principalmente, da América do Sul), Argentina e Austrália, são destinadas a alimentar os animais de abate, enquanto as populações menos solváveis do mundo não conseguem mais produzir cereais ou se abastecer suficientemente. Dessa maneira, a fome e a subnutrição decorrem, essencialmente, da insuficiência de renda de algumas populações, e não da falta de alimentos no mundo. O dado paradoxal dessa análise é encontrado quando se observa que dois terços dessa população que passa fome é camponesa[492].

Quando surgiram as propostas para a liberação do cultivo de variedades transgênicas, foram amplamente divulgadas qualidades, atribuídas a estas plantações, relativas a um aumento na produção agrícola, trazendo, também, a ideia de que sua adoção, pelos países em desenvolvimento, representaria um avanço em direção a um desenvolvimento interno através do emprego de técnicas agrícolas modernas. Todavia, anos depois da implementação desta técnica agrícola, não se verificou um aumento sensível do rendimento por unidade de superfície, sendo que o emprego dessa forma de produção aumentou ainda mais o nível de desemprego nesses países e acelerou o ritmo do êxodo rural, uma vez que representa a maquinização do campo[493].

---

[490]DUFUMIER, Marc. Os organismos geneticamente modificados (OGMs) poderiam alimentar o terceiro mundo? In: Magda ZANONI; Gilles FERMENT. **Transgênicos para quem? Agricultura Ciência Sociedade**. Brasília: Ministério do Desenvolvimento Agrário, 2011. p. 369.

[491]UNICEF. **Relatório da ONU: ano pandêmico marcado por aumento da fome no mundo**. 12 de julho de 2021. Disponível em: https://www.unicef.org/brazil/comunicados-de-imprensa/relatorio-da-onu-ano-pandemico-marcado-por-aumento-da-fome-no-mundo. Acesso em: 23 de fevereiro de 2022.

[492]DUFUMIER, Marc. *Loc. Cit.*

[493]*Ibid. Op. Cit.* p. 377.

CAPÍTULO 5 | Relações de Comércio de Alimentos entre Brasil e França

Ademais, a adoção das técnicas agrícolas condizentes com a produção de plantas transgênicas se traduz na implementação de um agronegócio corporativo, baseado na monocultura e no latifúndio. Esse sistema apresenta problemas graves intrínsecos a sua formação, pois, no caso da monocultura, por exemplo, ela pode levar a uma exagerada simplificação dos ecossistemas, com uma só planta cultivada sem concorrente e sem predador, o que leva a uma fragilização excessiva dessa cultura. Consequentemente, o agricultor encontra-se obrigado a aplicar quantidades cada vez maiores de inseticidas nessas plantações transgênicas, em decorrência da proliferação de formas de insetos resistentes aos pesticidas. Além disso, as passagens repetidas de tratores e de máquinas a disco contribuem para um processo acelerado de erosão dos solos[494].

Nesse sentido, sobra, em grande parte, aos países em desenvolvimento, a realização daquilo que Firpo[495] chama de "a parte mais suja da produção e do mercado", com o estabelecimento de um sistema agrícola altamente dependente dos pacotes agrícolas, compostos por sementes transgênicas e inseticidas, fabricados pelos países desenvolvidos. Assim, enquanto a Europa apresenta uma tendência de parar com a utilização de sementes transgênicas em seu território e de diminuir a aplicação de substâncias químicas e agrotóxicos, ela deixa, ao mesmo tempo, para os países em desenvolvimento, a economia suja do agronegócio com emprego intensivo de agrotóxicos.

Hoje, países como a China, a Índia e Israel, além do Brasil, assumem papel de destaque no mercado do veneno, enquanto isso, países europeus, e mesmo da América do Norte, praticam o *Greenwashing*, dizendo que estão se tornando mais sustentáveis. Essa sustentabilidade, no entanto, se dá somente em função da delegação deste tipo de agricultura a outros países, sendo os efeitos negativos disso suportados por suas populações[496]. Também os trabalhadores, que manipulam diretamente o veneno, e as populações que vivem ao redor das áreas pulverizadas, representam a parte da população mais fragilizada e vulnerabilizada dentro deste sistema. Há casos absurdos de pulverizações aéreas no Brasil que afetam escolas, residências, crianças e moradores, além de impedir a produção de forma saudável, uma vez que as nuvens de veneno se deslocam e atingem os agricultores familiares que plantam ao redor[497].

Em resumo, é imposto aos países do Sul o papel de consumidores dependentes destas tecnologias danosas ao meio ambiente e a sua população, tudo em prol do

---

[494]DUFUMIER, Marc. *Op. Cit.* p. 371.

[495]FIRPO, Macerlo. *Loc. Cit.*

[496]No caso do Brasil, vimos a situação de violação dos direitos fundamentais dos povos indígenas provocada pela invasão de terras pela monocultura da soja e pela atuação dos grileiros

[497]*Ibid. Loc. Cit.*

CAPÍTULO 5 | Relações de Comércio de Alimentos entre Brasil e França

capital privado angariado pelas empresas do Norte, detentoras das patentes relativas aos pacotes agrícolas, com o fim de produzir *commodities* para alimentar o gado e os suínos dos países do Norte, sendo que a produção de carne nesses países continua com excedentes. Os países do Sul perdem duplamente neste sistema, primeiramente, pelos elevados preços que pagam nos agrotóxicos e nas sementes transgênicas provenientes do exterior e, em segundo lugar, pelos preços reduzidos a que vendem seus produtos agrícolas para os países desenvolvidos[498].

Particularmente, é possível diagnosticar um elevado grau de hipocrisia por parte dos governos europeus e, mais especificamente, francês. Isso porque, apesar de ter consciência dos riscos inerentes ao cultivo de OGMs, e de divulgar sua opinião contrária a isso, a França apenas aplica sua opinião restritiva e baseada no princípio da precaução quando se trata de proteger o seu território de tais possíveis danos. O referido país, todavia, não se importa de utilizar territórios externos para suprir suas necessidades internas, instrumentalizando-os de forma a contradizer-se em seu próprio discurso contrário aos OGMs. Assim, demonstra ser contra a implementação desta tecnologia, na medida em que teria que suportar seus danos, mas não vê problema algum na hipótese de outro país e outra população serem eventualmente prejudicados.

Embora o sistema de produção agrícola seja, de certa forma, interligado pelas relações internacionais, não se dá conforme uma igualdade de poderes e de disposição do uso do solo pelos países, de forma que são os países desenvolvidos, em grande parte, os que comandam a forma como se dará tal produção. Estado dentro desse sistema, o Brasil acaba seguindo as demandas que lhe são impostas, mas é preciso ter em mente que o desenvolvimento, no Brasil, não precisa ser pensado exclusivamente segundo padrões externos. Internamente, nesse sentido, não cabe apenas à CTNBio, mas a todos os órgãos públicos brasileiros que decidem sobre políticas públicas para a agricultura, considerarem todas as dimensões envolvidas (tanto no que diz respeito ao meio ambiente, como as consequências geradas à biodiversidade e ao ecossistema, como aos trabalhadores, às populações indígenas e à sociedade como um todo) ao decidirem sobre os pedidos de liberação de OGMs. Isto porque, no fim, é a sociedade e o Estado brasileiro que arcarão com os possíveis danos gerados pela adoção dessas tecnologias.

---

[498]NOISETTE, Christophe. OGM: As empresas colhem os dividendos da fome. In: Magda ZANONI; Gilles FERMENT. **Transgênicos para quem? Agricultura Ciência Sociedade**. Brasília: Ministério do Desenvolvimento Agrário, 2011. p. 394-399.

188

Conclusão

O objetivo desta pesquisa foi demonstrar as diferenças e semelhanças dos sistemas regulatórios dos transgênicos e agrotóxicos adotados pelo Brasil e pela França, assim como avaliar as implicações que a liberação dessas tecnologias trouxe para ambos os países. A pesquisa foi organizada de modo a abordar três principais eixos das consequências da adoção das referidas tecnologias: a mitigação da democracia nesses dois países, gerada pela implementação dos OGMs; a violação do direito à informação, considerado um direito fundamental concedido aos consumidores; e ainda, a violação dos direitos fundamentais das comunidades autóctones brasileiras, no que tange à questão dos transgênicos e agrotóxicos, e a maneira como estão relacionados aos ataques aos direitos à terra e ao patrimônio cultural genético desses povos.

A adoção de métodos de produção agrícola, com o emprego de transgênicos e agrotóxicos, representa a incorporação de um modelo predatório do agronegócio, baseado na exploração dos recursos naturais de forma não condizente com o conceito do desenvolvimento sustentável. Tendo em vista a premissa de que a alimentação é uma questão política, a adoção do referido modelo agrícola representa a implementação de uma política condizente com uma governabilidade que prioriza o ganho de capital privado à saúde e segurança pública.

Como explicado no primeiro capítulo, a adoção de defensivos agrícolas e da transgenia se deu com o desenvolvimento da biotecnologia, principalmente após a Revolução Verde e a Revolução Duplamente Verde, a partir da segunda metade do século XX. Desde então, houve um processo de mecanização das técnicas de cultivo agrícola, acompanhando uma tendência que teve seu início com a Revolução Industrial. A adoção dessas tecnologias não se deu de forma homogênea e unânime pelos diversos países que mantém uma produção extensiva de produtos agrícolas e, tampouco, se deu, ao longo do tempo, conforme os mesmos parâmetros e respeitando aos mesmos valores. Na Europa, por exemplo, a adoção desses mecanismos se deu de forma mais liberal no início, com um posterior recrudescimento da aplicação do princípio da precaução, o que desencadeou um modelo bastante rígido e estrito de adoção dessas tecnologias nos países do bloco.

Como visto, enquanto o Brasil é o país que mais emprega agrotóxicos em suas plantações a nível mundial, a França é, atualmente, o segundo maior consumidor deste tipo de produto na Europa sendo, inclusive, uma grande produtora de defensivos agrícolas (ela, aliás, produz até mesmo muitos agrotóxicos cuja utilização é vedada em seu território). Para se ter uma noção em números, o brasileiro médio consome cerca de 5,5 kg de agrotóxicos incorporados em seus alimentos por ano e, na França, por sua vez, há o emprego de 70.000 toneladas anuais de defensivos agrícolas. Quanto aos transgênicos, o Brasil encontra-se, hoje, no segundo lugar do ranking de países produtores deste tipo de variedade, com uma área plantada com transgênicos superior a 50 milhões de hectares, enquanto, na França, o cultivo de espécies transgênicas é submetido a regras tão rígidas que, atualmente, não existem plantações OGMs em seu território.

As rígidas regras francesas com relação ao cultivo de transgênicos em seu território têm por base a adoção, por este país, de um modelo regulamentar baseado no princípio da precaução, que rege a análise cautelosa e a liberação restritiva de tecnologias que possam afetar, diretamente, ao meio ambiente e à saúde de sua população. A França representa um grande expoente europeu de adoção deste modelo, sendo que o fundamento para tal não se dá, apenas, pela grande vontade protetiva do Estado Francês com relação ao seu meio ambiente e à saúde pública, mas é encontrado, também, em uma forte oposição de sua população com relação à biotecnologia da transgenia. A existência desta forte resistência da população está relacionada a dois grandes escândalos sanitários precedentes, que abalaram fortemente a confiança dos cidadãos no governo: tratam-se dos escândalos da vaca louca e do sangue contaminado.

O Brasil, por sua vez, acaba por adotar um modelo que pode ser considerado misto, uma vez que, em suas leis, adota fortemente uma perspectiva precaucionista (sendo, inclusive, signatário do Protocolo de Cartagena, um instrumento de Direito Internacional que busca instituir uma regulamentação homogênea quanto à biossegurança, sendo baseado no princípio da precaução) mas, em sua prática, quando trata-se da liberação comercial de OGMs, apresenta uma fundamentação e uma atuação condizentes com o princípio da equivalência substancial. Este último, por sua vez, tem como expoente principal os Estados Unidos, país produtor de uma gama de variedades transgênicas e pacotes tecnológicos, e grande promotor da adoção dessa biotecnologia em outros países (principalmente, do Sul Global).

Ao longo da pesquisa, demonstrou-se que a democracia de ambos os países acabou sendo mitigada em função dos interesses privados ligados à adoção e liberação dos transgênicos nos respectivos territórios nacionais. No Brasil, a violação da democracia esteve ligada ao processo de como se deu a liberação desta tecnologia no país, através da legitimação do fato consumado ilícito, tendo em vista que as primeiras culturas transgênicas brasileiras tiveram lugar, no Rio Grande do Sul, com sementes contrabandeadas da Argentina. Nesse contexto, a população brasileira não foi consultada e sequer informada sobre a presença de alimentos transgênicos nos mercados e, consequentemente, em seus pratos de comida. Dessa forma, a implementação dos transgênicos se deu, inicialmente, de forma sorrateira e ilegal, violando completamente a vontade democrática da população brasileira.

Por sua vez, na França, apesar de não existir qualquer cultivo transgênico atualmente, há a importação anual de toneladas de soja transgênica, principalmente provenientes da América do Sul, para a alimentação de seu gado e de outros animais criados para o consumo humano. As regulamentações europeia e francesa, todavia, não requerem a rotulagem específica, acusando a presença de OGMs, dos alimentos derivados destes animais (como leite, ovos e carne), apesar de, indiretamente, contê-los. Esse fato mitiga o direito de escolha e de informação do consumidor, contraria a Convenção d'Aarhus, assinada pela União Europeia e pela França, e vai contra a vontade da população.

No caso específico do Brasil, também se notou a violação do direito à informação, garantido pelo Código de Defesa do Consumidor e pela Constituição Federal, quando foi constatada, por alguns estudos independentes, a frequente presença de ingredientes transgênicos na composição de alimentos que não alertavam sobre isso em seus rótulos.

Ademais, o Projeto de Lei nº. 34/2015, atualmente em trâmite de aprovação, também guarda direta ligação com a possível violação desse direito, pois tenciona a não obrigatoriedade da utilização do símbolo característico de alerta sobre a existência de OGMs nos alimentos, e pretende liberar os produtores de informar sobre a presença de componentes transgênicos quando não forem detectáveis através de análises laboratoriais.

Quanto à violação dos direitos fundamentais das populações autóctones brasileiras relacionada aos OGMs, esta se dá em função da luta por terras no contexto da monocultura de soja no Brasil, além da exposição das comunidades indígenas diretamente aos agrotóxicos, da diminuição da biodiversidade, que se relaciona à diminuição do patrimônio cultural genético dessas comunidades e da contaminação das plantações por sementes transgênicas, o que também acaba afetando as comunidades, por prejudicar sua alimentação. Ademais, a instrumentalização do índio para a implementação de plantações transgênicas em suas terras, utilizando-os como mão de obra barata, é uma realidade que vem sendo denunciada. Destaca-se que o cultivo para fins comerciais em terras indígenas é ilegal, de acordo com o Estatuto do Índio, sendo considerado crime pelo Ibama.

No Brasil, a adoção de um modelo agrícola de uso extensivo de variedades transgênicas se deu através da consolidação de uma interpretação reducionista, adotada pelos órgãos reguladores, que não considera os possíveis efeitos dos OGMs com relação ao contexto social, ambiental e biológico no qual estão inseridos. A liberação dos transgênicos acaba sendo pautada por uma ideia de "um gene = uma característica adicionada à planta", própria de uma visão de instrumentalização da natureza que não leva em conta as diversas possíveis consequências que isso pode trazer para todo o ecossistema e todo o contexto social afetado por essa prática agrícola/comercial.

Na França, também é possível notar a adoção de uma visão reducionista que pauta a importação de grãos transgênicos desse país para a alimentação de seu gado. Isto porque a França tem consciência dos possíveis efeitos ambientais e sociais que podem advir do cultivo de OGMs e, por conta disso, restringiu ao máximo tais culturas transgênicas em seu território, no entanto, o país demonstra não se importar de que tais efeitos sejam suportados por outros países, desde que seus interesses econômicos ligados à pecuária não sejam prejudicados. Neste caso, o reducionismo está ligado a uma atuação dotada de certo grau de hipocrisia, que permite que os efeitos negativos sejam suportados por outros países, sem compreender, todavia, que a questão ambiental ultrapassa as fronteiras dos Estados-Nacionais e é uma matéria que deve ser tratada através de uma abordagem internacional, pois gera consequências que devem ser suportadas por todos os Estados, indistintamente.

Por fim, foi possível concluir que um pensamento rege o modo de funcionamento do sistema de produção no contexto do mundo globalizado, que é o de que de que, no Sul Global, encontra-se a biodiversidade, enquanto, no Norte, é encontrada a tecnologia avançada capaz de explorar essa biodiversidade. Essa lógica aplica-se, especificamente, no contexto da produção dos alimentos transgênicos no Brasil, desenvolvidos através do emprego de tecnologias criadas no Norte global, sendo que, nessa sistemática, percebe-se tanto a exploração da biodiversidade brasileira quando de sua mão de obra barata no campo. É normalizado que quase todos os lucros sejam internalizados pelas transnacionais, enquanto os danos ambientais e para a saúde da população sejam publicizados e tolerados pela sociedade como um todo. Posteriormente, esses alimentos produzidos são levados, novamente, para fora do país e exportados, em uma grande parcela, para suprirem a alimentação do gado europeu e dos porcos da China.

A própria configuração do agronegócio corporativo, baseada na monocultura, no grande latifúndio e na produção de *commodities* para exportação, não permite ao Brasil ter soberania científica ou econômica. Essa dinâmica força o país à posição de "celeiro do mundo" subordinado às potências econômicas mundiais, tidas como desenvolvidas. No contexto do comércio internacional dessas *commodities*, foram os países em desenvolvimento que ficaram com a parte mais "suja" da produção, reforçando um pano de fundo histórico de exploração dos recursos do Sul pelas tecnologias do Norte.

Referências Bibliográficas

Artigos, livros, revistas e conteúdos digitais

A ONU Mantém a Moratória sobre a Tecnologia das Sementes Terminator. **Etc Group - vigilar al poder, monitorear la tecnología, fortalecer la divercidad.** 03 de março de 2006. Disponível em: https://www.etcgroup.org/es/content/onu-mant%C3%A9m-morat%C3%B3ria-sobre-tecnologia-das-sementes-terminator. Acesso em: 02 de julho de 2019.

ABRASCO; ACTION AID; ASPTA. Carta das entidades da sociedade civil contra o PL 4148/2008, que prevê acabar com a rotulagem. **IDEC**. 30 de março de 2015. Disponível em: <http://www.idec.org.br/pdf/carta-rotulagem-transgenicos.pdf>. Acesso em: 03 de agosto de 2019.

AFP. **Por trás dos incêndios na Amazônia, apetite mundial pelo gado e pela soja.** Exame. 24 de agosto de 2019. Disponível em: https://exame.abril.com.br/brasil/por-tras-dos-incendios-na-amazonia-apetite-mundial-pelo-gado-e-pela-soja/. Acesso em: 09 de setembro de 2019

Referências Bibliográficas

AFP. **Preços dos alimentos disparam no Brasil.** 13 de setembro de 2020. **Isto.** Disponível em: https://istoe.com.br/precos-dos-alimentos-disparam-no-brasil/. Acesso em: 08 de janeiro de 2021.

AGÊNCIA SENADO. Entenda o que é o Protocolo de Cartagena sobre Biossegurança. **Senado Notícias.** 13 de março de 2006. Disponível em: https://www12.senado.leg.br/noticias/materias/2006/03/13/entenda-o-que-e-o-protocolo-de- cartagena-sobre-biosseguranca. Acesso em: 09 de setembro de 2019.

Agenda 21 Global. **Ministério do Meio Ambiente.** Disponível em: https://www.mma.gov.br/responsabilidade-socioambiental/agenda-21/agenda-21-global.html. Acesso em: 13 de agosto de 2019.

APOTEKER, Arnaud. Ciência e Democracia: O exemplo dos OGMs. In: Magda ZANONI; Gilles FERMENT. **Transgênicos para quem? Agricultura Ciência Sociedade.** Brasília: Ministério do Desenvolvimento Agrário, 2011, p. 82-85.

ARTICULAÇÃO NACIONAL DOS TRABALHADORES, TRABALHADORAS E POVOS DO CAMPO, DAS ÁGUAS E DAS FLORESTAS. **Governo brasileiro quer impor a liberação de novos transgênicos sem nenhum controle.** Brasil de Fato. 06 de fevereiro de 2018. Disponível em: https://www.brasildefato.com.br/2018/02/06/governo-brasileiro-quer-impor-a- liberacao--de-novos-transgenicos-sem-nenhum-controle/. Acesso em: 06 de setembro de 2019

ASSEMBL NATIONALE. **Rapport d'information depose en application de l'article 145 du Règlement Par la mission d'information commune sua l'utilisation des produit phytopharmaceutiques.** 2018.

ASSOCIAÇÃO NACIONAL DOS CEIFADORES VOLUNTÁRIOS. 2011. Carta dos Ceifadores Voluntários. A desobediência civil em face dos transgênicos: por quê? In: Magda ZANONI; Gilles FERMENT. **Transgênicos para quem? Agricultura Ciência Sociedade.** Brasília: Ministério do Desenvolvimento Agrário, 2011. p. 476-483.

BANCHERO, Carlos B. **Desafios agronômicos asociados a los cultivos transgénicos.** La difusión de los cultivos transgénicos en la Argentina. Buenos Aires: Editorial Facultad Agronomía, Universidad de Buenos Aires, 2003. p. 10.

BARROS, Alerrandre. **Com alta no preço das carnes, ovos têm maior produção em 33 anos.** 10 de dezembro de 2020. Agência IBGE Notícias. Disponível em: https://agenciadenoticias.ibge.gov.br/agencia-noticias/2012-agencia-de-noticias/noticias/29682-com-alta-no-preco-das-carnes-ovos--tem-maior-producao-em-33-anos. Acesso em: 08 de janeiro de 2021.

BENBROOK, Charles M. Impacts of genetically engineered crops on pesticide use in the US- -the first sixteen years. **Environmental Sciences Europe,** v. 24, p. 3. 2012.

BERLAN, Jean-Pierre. "ELE SEMEOU, OUTROS COLHERAM" – A guerra secreta do capital contra a vida e outras liberdades. In: ZANONI, Magda; FERMENT, Gilles. **Transgênicos para quem? Agricultura Ciência Sociedade.** Brasília: Ministério do Desenvolvimento Agrário, 2011. p. 146.

BONNEUIL, Christophe et al. **Innover autrement? La recherche face à l'avènement d'un nouveau régime de production et de régulation des savoirs en génétique végétale.** Dossiers de l'environnement de l'INRA, n. 30. Paris: INRA 2006. p. 31.

Referências Bibliográficas

BORING, Nicolas. Restrictions on Genetically Modified Organisms: France. **Business Reference Services, Library of Congress**. Junho de 2014. Disponível em: http://loc.gov/law/help/restrictions-on-gmos/france.php#_ftn1. Acesso em: 01 de setembro de 2019.

BROER, I., W. Dröge-Laser; GERKE, M. 1996. Examination of the putative horizontal gene transfer from transgenic plants to Agrobacteria. In: SCHMIDT, E. R.; HANKELN, T. (eds.). **Transgenic organisms and biosafety, horizontal gene transfer, stability of DNA and expression of transgenes.** Berlin: Springer-Verlag, 1996. p. 67-70.

BROOKES, Graham; CRADDOCK, Neville; KNIEL, Bärbel. The global GM market: implications for the European food chain. **An analysis of labelling requirements, market dynamics and cost implications. Brookes West, Canterbury, United Kingdom**, 2005.

Cargill lidera entre exportadores de grãos do Brasil em 2019; veja os destinos. 10 de janeiro de 2020. **Notícias Agrícolas**. Disponível em: https://www.noticiasagricolas.com.br/noticias/graos/249800-cargill-lidera-entre-exportadores-de-graos-do-brasil-em-2019-veja-os-destinos.html#.X9toFy_5RQI. Acesso em: 07 de janeiro de 2021.

CASTRO David. **¿Cómo le fue a los cultivos transgénicos en 2016?** El Comercio. 05 de maio de 2017. Disponível em: https://elcomercio.pe/blog/expresiongenetica/2017/05/cultivos- transgenicos-2016/. Acesso em: 02 de setembro de 2019.

CASTRO, Biancca Scarpeline de. **Organismos geneticamente modificados: as noções de risco na visão de empresas processadoras, organizações não governamentais e consumidores.** Tese (Doutorado em Ciências Sociais). Instituto de Filosofia e Ciências Humanas, Universidade Estadual de Campinas, Campinas, 2012. p. 33-40.

CEPEA - CENTRO DE ESTUDOS AVANÇADOS EM ECONOMIA APLICADA. **Índices – Exportação do Agronegócio**. São Paulo: CEPEA/ESALQ/USP, 2016.

CEPEA. Soja/retro 2018: em ano de safra recorde, disputa comercial favorece exportação e preço sobe. 10 de janeiro de 2019. **Cepea**. Disponível em: https://www.cepea.esalq.usp.br/br/releases/soja-retro-2018-em-ano-de-safra-recorde-disputa-comercial-favorece-exportacao-e-preco-sobe.aspx. Acesso em: 19 de agosto de 2020.

CHOWDHURY, E. H. et al. Detection of corn intrinsic and recombinant DNA fragments and Cry1Ab protein in the gastrointestinal contents of pigs fed genetically modified corn. **Journal of animal science**, v. 81, p. 2547. 2003.

COMISSÃO EUROPEIA, 2004. Perguntas e respostas sobre a regulamentação comunitária em matéria de OGM. **Press Release Database - European Comission**. 19 de maio de 2004. Disponível em: https://europa.eu/rapid/press-release_MEMO-04-102_pt.htm. Acesso em: 15 de julho de 2019.

COMISSÃO EUROPEIA. A Comissão adopta Livro Branco sobre responsabilidade ambiental. **Press Realese Database European Comission.** 09 de fevereiro de 2000. Disponível em: https://europa.eu/rapid/press-release_IP-00-137_pt.htm. Acesso em: 02 de junho de 2019.

COMISSÃO EUROPEIA. Décision D'exécution (UE) 2016/321 de la Commission. **EUR-Lex**. 05 de maio de 2016. Disponível em: https://eur-lex.europa.eu/legal- content/FR/TXT/?uri=CELEX:32016D0321. Acesso em: setembro de 03 de 2019.

Referências Bibliográficas

COMISSÃO EUROPEIA. **Genetically modified commodities in the EU**. Março de 2016. Disponível em: https://data.consilium.europa.eu/doc/document/ST-6954-2016-INIT/en/pdf. Acesso em: 28 de dezembro de 2020.

COMISSÃO EUROPEIA. Perguntas e respostas sobre a regulamentação comunitária em matéria de OGM. **Comission Européenne - Base de données de communiqués de presse**. 19 de maio de 2004. Disponível em: https://europa.eu/rapid/press-release_MEMO-04-102_pt.htm. Acesso em: 02 de julho de 2019.

COMISSÃO MUNDIAL SOBRE MEIO AMBIENTE E DESENVOLVIMENTO. **Nosso Futuro Comum.** Rio de Janeiro: Editora da Fundação Getúlio Vargas, 1991, p. 46-70.

Como o agronegócio está exportando a água do Brasil. RBA - Rede Brasil Atual. 14 de março de 2018. Disponível em: https://www.redebrasilatual.com.br/ambiente/2018/03/como-o-agrone-gocio-esta-exportando-nossa-agua/. Acesso em: 10 de janeiro de 2021.

CONSEA. Moção de repúdio à tentativa de flexibilização da legislação de agrotóxicos. **3ª Conferência Nacional de Segurança Alimentar e Nutricional**, Ceará, 2007. p. 74. Disponível em: http://www4.planalto.gov.br/consea/eventos/conferencias/arquivos-de-conferencias/3a-conferencia-nacional-de-seguranca-alimentar-e-nutricional/relatorio-final-iii-conferencia-nacional--de-seguranca-alimentar-e-nutricional.pdf?TSPD_101_R0=3c57159c9d01bd59dbac0d70585eb-1d1oM10000000000000000051dea2bfffff00000000000000000000000000005f8e3a0500 9e702cc708282a9212ab200082dce099b10c2e25d8e9f71eebef721cd01da90accb0f28f03ee-d52fc0e592eb08eb632ea90a280082c959087266836302820edd842d92421701028c196aad-3437c63d487c05cf7d0c214b4da9583048. Acesso em: 17 de agosto de 2019.

CONSELHO DE INFORMAÇÕES SOBRE BIOTECNOLOGIA. **Brasil é responsável por 26% da área plantada com transgênicos no mundo, aponta estudo inédito.** CIB. Disponível em: https://cib.org.br/isaaa-2018/. Acesso em: 04 de setembro de 2019.

CONSUMERS INTERNATIONAL; FNECDC (FÓRUM NACIONAL DAS ENTIDADES CIVIS DE DEFESA DO CONSUMIDOR); POR UM BRASIL LIVRE DE TRANSGÊNICOS; IDEC. **Transgênicos: feche a boca e abra os olhos.** Disponível em: https://www.idec.org.br/ckfinder/userfiles/files/Cartilha%20Transgenico.pdf. Acesso em: 11 de novembro de 2020.

CORTESE, Rayza Dal Molin, et al. Inconformidades na rotulagem de alimentos transgênicos: presença de ingredientes passíveis de serem transgênicos em carnes e preparações à base de carnes. **Cadernos de Agroecologia**, Brasília, v. 13, n. 1, p. 12. 2018.

CUNHA, Carolina. Lei dos Agrotóxicos - entenda a polêmica da "PL do Veneno. **Vestibular UOL – atualidades.** julho de 2018. Disponível em: https://vestibular.uol.com.br/resumo-das-disciplinas/atualidades/lei-dos-agrotoxicos-entenda-a-polemica-da-pl-do-veneno.htm?cmpid=copiaecola. Acesso em: 05 de agosto de 2019.

DA COSTA, Leidiane Eulália Chaves; MARTINS, rica Soares. Plantas geneticamente modificadas com toxinas de Bacillus thuringiensis: uma ferramenta para conferir resistência contra insetos praga. **Universitas: Ciências da Saúde**, v. 12, n. 2, p. 99-106, 2015.

Referências Bibliográficas

DA SILVA, Marcio Toledo. Violação de direitos e resistência aos transgênicos no Brasil: uma proposta camponesa. In: Magda ZANONI; Gilles FERMENT. **Transgênicos para quem? Agricultura Ciência Sociedade.** Brasília: Ministério do Desenvolvimento Agrário, 2011. p. 439.

DA SILVA, Virgílio Afonso. A evolução dos direitos fundamentais. **Revista Latino-Americana de Estudos Constitucionais** 6, 541-558. p. 551-552. 2005; Conferir, também, para maior aprofundamento teórico DA SILVA, Virgilio Afonso. **Direitos fundamentais: conteúdo essencial, restrições e eficácia.** São Paulo: Malheiros, 2009.

DE BESSA ANTUNES, Paulo. **Direito ambiental.** Rio de Janeiro: Editora Lumen Juris, 2008. p. 33-36.

DE SOUZA, Lúcia. **Suíça livre de transgênicos?** CIB - Conselho de Informações sobre Biotecnologia. 22 de março de 2006. Disponível em: https://cib.org.br/estudos-e-artigos/suica- livre-de--transgenicos/. Acesso em: 28 de junho de 2019.

DINIZ, Maria Helena. **O estado atual do biodireito.** 2a ed. São Paulo: Saraiva, 2002. p. 421-422.

DITTA, Marine. **Viande, lait, oeufs: déjà des OGM tous les jours dans vos assiettes?** Sud Ouest. 25 de fevereiro de 2016. Disponível em: https://www.sudouest.fr/2016/02/24/viande-lait-oeufs-deja-des-ogm-tous-les-jours-dans-vos-assiettes-2282810-4696.php. Acesso em: 18 de abril de 2019.

DUFUMIER, Marc. Os organismos geneticamente modificados (OGMs) poderiam alimentar o terceiro mundo? In: Magda ZANONI; Gilles FERMENT. **Transgênicos para quem? Agricultura Ciência Sociedade.** Brasília: Ministério do Desenvolvimento Agrário, 2011. p. 369.

DULCE, Emilly. Multinacionais estimulam dependência de transgênicos no Brasil. **Brasil de fato - uma visão popular do Brasil e do mundo.** 05 de julho de 2018. Disponível em: https://www.brasildefato.com.br/2018/07/05/multinacionais-estimulam-dependencia-de-transgenicos-no--brasil/. Acesso em: 02 de setembro de 2019.

DUPIN, Ludovic. La France va continuer d'exporter des pesticides dangereux interdits sur son territoire. **Novethic.** 18 de março de 2019. Disponível em: https://www.novethic.fr/actualite/environnement/agriculture/isr-rse/l-interdiction-de-produire- en-france-des-pesticides-interdits--est-decalee-de-trois-ans-147043.html. Acesso em: 05 de setembro de 2019.

EAUFRANCE. Protocole de Carthagène sur la biosécurité. **Les zones humides.** 10 de setembro de 2015. Disponível em: http://www.zones-humides.org/reglementation/engagements- internationaux/protocole-de-carthagene-sur-la-biosecurite. Acesso em: 04 de setembro.

EINSPANIER, Ralf et al. The fate of forage plant DNA in farm animals: a collaborative case- study investigating cattle and chicken fed recombinant plant material. **European Food Research and Technology,** Berlin, v. 212, 2001. p. 129-134.

ELMORE, Roger W. et al. Glyphosate-resistant soybean cultivar yields compared with sister lines. **Agronomy Journal,** Madison, v. 93, p. 411, 2001. Disponível em: <https://digitalcommons.unl.edu/cgi/viewcontent.cgi?article=1028&context=agronomyfacpub>. Acesso em: 22 de setembro de 2019.

Em discurso na ONU, Bolsonaro escancara programa de ultradireita e anti-indígena. **El País.** 24 de setembro de 2019. Disponível em: https://brasil.elpais.com/brasil/2019/09/24/politica/1569323723_562966.html?fbclid=IwAR0 HB6JXQAWoIpzT3p0SGZTRmD7DrQlnP-z76YBWZ9Gm2e_C9pSnFHuo6QvI. Acesso em: 24 de setembro de 2019.

ESCOBAR, Herton. **Após 20 anos, transgênico se torna regra no campo**. 02 de setembro de 2018. Estadão Ciência. Disponível em: https://ciencia.estadao.com.br/noticias/geral,apos-20-anos-transgenico-se-torna-regra-no-campo,70002483887. Acesso em: 08 de janeiro de 2021.

ESCOBAR, Herton. **Novas Técnicas prometem ampliar "cardápio" de alimentos transgênicos.** Ciência Estadão. 02 de setembro de 2018. Disponível em: https://ciencia.estadao.com.br/noticias/geral,apos-20-anos-transgenico-se-torna-regra-no-campo,70002483887. Acesso em: 17 de junho de 2019.

ESTADÃO CONTEÚDO. **Atraso do plantio de soja no Brasil fará China comprar mais dos EUA no início de 2021. Falta de estoque de passagem e possível demora na colheita brasileira prometem impactar negócios em janeiro e fevereiro.** 22 de outubro de 2020. Globo Rural. Disponível em: https://revistagloborural.globo.com/Noticias/Agricultura/Soja/noticia/2020/10/atraso-do-plantio-de-soja-no-brasil-fara-china-comprar-mais-dos-eua-no-inicio-de-2021.html. Acesso em: 07 de janeiro de 2020.

EWALD, François; GOLLIER, Christian; DE SADELEER, Nicolas. **Le principe de précaution**. Paris: Ed. Techniques Ingénieur, 2001. p. 119.

FÁBIO, André Cabette. **O aumento do número de agrotóxicos aprovados no Brasil.** Nexo. 05 de fevereiro de 2019. Disponível em: https://www.nexojornal.com.br/expresso/2019/02/05/O- aumento-do-n%C3%BAmero-de-agrot%C3%B3xicos-aprovados-no-Brasil. Acesso em: 13 de julho de 2019.

FEDERAÇÃO DOS ESTUDANTES DE AGRONOMIA DO BRASIL; ASSOCIAÇÃO BRASILEIRA DE ESTUDANTES DE ENGENHARIA FLORESTAL.In: Magda ZANONI; Gilles FERMENT. **Transgênicos para quem? Agricultura Ciência Sociedade**. Brasília: Ministério do Desenvolvimento Agrário, 2011. p. 452.

FEDERAÇÃO DOS ESTUDANTES DE AGRONOMIA DO BRASIL. **O Livro Cinza do Agronegócio.** Curitiba: FEAB, 2010. Disponível em: https://feab.files.wordpress.com/2008/08/2010-livrocinza-121220152015-phpapp02.pdf. Acesso em: 04 de setembro de 2019.

FERMENT, Gilles. Análise de risco das plantas transgênicas: princípio da precaução ou precipitação? In: ZANONI, Magda; FERMENT, Gilles. **Transgênicos para quem? Agricultura Ciência Sociedade.** Brasília: Ministério do Desenvolvimento Agrário, 2011. p. 96.

FIRPO, Macerlo. **Se quisermos retornar a democracia teremos que construir um outro modelo de desenvolvimento.** CEE FioCruz. 20 de março de 2019. Disponível em: https://cee.fiocruz.br/?q=Marcelo-Firpo-Se-quisermos-retornar-a-democracia-teremos-que- construir-um-outro-modelo-de-desenvolvimento. Acesso em: 07 de setembro de 2019.

FLORIANI, Adriano. Lei sobre rotulagem assegura direito à informação. **Reporter Terra**. Disponível em: https://www.terra.com.br/reporterterra/transgenicos/rotulagem.htm. Acesso em: 20 de setembro de 2019.

Referências Bibliográficas

FONSECA, Paulo F.C.; GUIVANT, Julia S. A dramaturgia dos peritos na ciência regulatória brasileira: o caso da Comissão Técnica Nacional de Biossegurança. **História, Ciências, Saúde – Manguinhos**, Rio de Janeiro, v.26, n.1, p.123-144, jan.-mar. 2019.

FRAGA, César. **TRANSGÊNICOS: as sementes da enganação**. Extra Classe ONG. 25 de maio de 2004. Disponível em: https://www.extraclasse.org.br/geral/2004/05/transgenicos-as- sementes--da-enganacao/. Acesso em: 07 de abril de 2019.

FRANCESCHINI, Thaís. O direito humano à alimentação adequada e à nutrição do povo Guarani e Kaiowá: um enfoque holístico-resumo executivo. **Brasília: FIAN Brasil**, 2016.

GASPARINI, Bruno. A importância da participação da ciência jurídica no debate sobre as biotecnologias e sua contribuição crítica à análise da utilização da transgenia no modelo agrícola-alimentar. In: Magda ZANONI; Gilles FERMENT. **Transgênicos para quem? Agricultura Ciência Sociedade**. Brasília: Ministério do Desenvolvimento Agrário, 2011. P. 337.

GEFFROY, Laurianne. Où sont passes les oiseaux des champs? **CNRS Le Journal**. 20 de março de 2018. Disponível em: https://lejournal.cnrs.fr/articles/ou-sont-passes-les-oiseaux-des-champs. Acesso em: 25 de julho de 2019.

GIL, Bela. **Olha o milho... é transgênico**. 15 de julho de 2020. UOL. Disponível em: https://www.uol.com.br/ecoa/colunas/bela-gil/2020/07/15/olha-o-milho-e-transgenico.htm. Acesso em: 03 de janeiro de 2021.

GNRATIONS FUTURES. OGM et OGM cachés: des risques pour la santé, l'environnement et l'agriculture. 11 de abril de 2017. **Gnrations Futures**. Disponível em: https://www.generations--futures.fr/publications/ogm-ogm-caches/ Acesso em: 05 de agosto de 2020.

GODOY, A.M.G. e BIAZIN, C. C. **A rotulagem ambiental no Comércio Internacional**. 4o Encontro da Sociedade Brasileira de Economia Ecológica, 2001, Belém. Anais do Quarto Encontro da Eco-Eco, 2000.

GONÇALVES, Alcindo; COSTA Fontoura, José Augusto. **Governança Global onaise Regimes Interna**. São Paulo: Almedina, 2011. p. 73 a 102.

GOTTEMS, Leonardo. **Suíça isenta edição de gene da proibição de OGM.** Agrolink. 07 de dezembro de 2021. Disponível em: https://www.agrolink.com.br/noticias/suica-isenta-edicao--de-gene-da-proibicao-de-ogm_459501.html. Acesso em: 31 de janeiro de 2022

GOUËSET, Catherine. **Les OGM en France : vingt ans de controverse**. L'express. LexPress. 02 de agosto de 2010. Disponível em: https://www.lexpress.fr/actualite/societe/environnement/les-ogm-en-france-vingt-ans-de- controverse_773626.html. Acesso em: 19 de abril de 2019.

GRIGORI, Pedro. **Agrotóxico foi usado como arma química contra os indígenas, diz procurador.** Repórter Brasil. 26 de agosto de 2019. Disponível em: https://reporterbrasil.org.br/2019/08/agrotoxico-foi-usado-como-arma-quimica-contra-os- indigenas-diz-procurador/. Acesso em: 07 de setembro de 2019.

GRIGORI, Pedro. **Governo libera registro de mais de um agrotóxico por dia neste ano.** Agência Pública. 12 de fevereiro de 2019. Disponível em: https://apublica.org/2019/02/governo-libera-registro-de-mais-de-um-agrotoxico-por-dia-neste-ano/. Acesso em: 27 de agosto de 2019.

Referências Bibliográficas

GRIOT, Jean-Yves. OGM e o poder dos consumidores: os desafios da rotulagem. In: Magda ZA-NONI; Gilles FERMENT. **Transgênicos para quem? Agricultura Ciência Sociedade**. Brasília: Ministério do Desenvolvimento Agrário, 2011. p. 311.

GUERRA, M. P.; NODARI, R. O. Plantas transgênicas: os desafios da comunidade científica. **O biólogo**, v. 61, n. 2. São Paulo, 1999.

GUIMARÃES, Bruna Gaudêncio; MORALES, Elias David. A implementação do protocolo de cartagena sobre biossegurança no Brasil: uma análise dos obstáculos existentes para a sua efetividade. **Revista de Estudos Internacionais**, Paraíba, v. 8, p. 137. 2017.

GURIAN-SHERMAN, Doug. **Failure to yield: Evaluating the performance of genetically enginee-red crops**. Cambridge, MA: Union of Concerned Scientists, 2009. Passim

HALLMANN, Caspar A. et al. **More than 75 percent decline over 27 years in total flying insect biomass in protected areas**. Ed. 10. Vol. 12. PloS one. 2017. p. 14.

HECKETSWEILER, Chloé. **Les animaux d'élevage français gavés de soja OGM importé**. L'express l'expansion. 09 de outubro de 2012. Disponível em: https://lexpansion.lexpress.fr/actualite--economique/les-animaux-d-elevage-francais-gaves-de- soja-ogm-importe_1383879.html. Acesso em: 02 de setembro de 2019.

Historique des vnements relatifs aux ogm en France et dans le Monde, 2000 - 1986. **OGM.org**. Disponível em: http://www.ogm.org/Tout%20savoir/Historique/Historique%20des%20 vnements%20relatifs%20aux%20OGM%20en%20France%20et%20dans%20le%20mon-de/2000-1986.html. Acesso em: 12 de outubro de 2019.

Historique des vnements relatifs aux ogm en France et dans le Monde, 2005 - 2001. **OGM.org**. Disponível em: http://www.ogm.org/Tout%20savoir/Historique/Historique%20des%20 vnements%20relatifs%20aux%20OGM%20en%20France%20et%20dans%20le%20mon-de/2005-2001.html. Acesso em: 12 de outubro de 2019.

Historique des vnements relatifs aux ogm en France et dans le Monde, 2010 - 2006. **OGM.org**. Disponível em: http://www.ogm.org/Tout%20savoir/Historique/Historique%20des%20 vnements%20relatifs%20aux%20OGM%20en%20France%20et%20dans%20le%20mon-de/2010-2006.html. Acesso em: 12 de outubro de 2019.

Historique des vnements relatifs aux ogm en France et dans le Monde, 2015 - 2011. **OGM.org**. Disponível em: http://www.ogm.org/Tout%20savoir/Historique/Historique%20des%20 vnements%20relatifs%20aux%20OGM%20en%20France%20et%20dans%20le%20mon-de/2015-2011.html. Acesso em: 12 de outubro de 2019.

IFOP. **Les Français et les OGM – rsultats dtaills**. Dimanche Ouest France. 23 de setembro de 202. Disponível em: https://www.ifop.com/wp-content/uploads/2018/03/1989-1-study_file.pdf. Acesso em: 12 de outubro de 2019.

INOUE, Cristina; SCHLEICHER, Rafael. Conhecimento científico e formação de regimes internacionais ambientais: o caso do regime de biossegurança. **Cena Internacional**, Brasília, ano 6, número 1, p. 13-35. Junho de 2004,

Referências Bibliográficas

JACQUEMART, Fréderic. France nature environnement (FNE). In: Magda ZANONI; Gilles FER-MENT. **Transgênicos para quem? Agricultura Ciência Sociedade.** Brasília: Ministério do Desenvolvimento Agrário, 2011. p. 501.

JAMES, Clive, et al. **Global Status of Commercialized Biotech/GM Crops: 2015.** International Service for the Acquisition of Agri-Biotech Applications (ISAAA) Brief, 51, Ithaca (NY), 2015. Disponível em: <https://www.isaaa.org/resources/publications/briefs/51/download/isaaa--brief-51-2015.pdf>. Acesso em: 23 de setembro de 2019. p. 34-35.

KAGEYAMA, Paulo; TARAZI, Roberto. Eucalyptus geneticamente modificados e biossegurança no Brasil. In: Magda ZANONI; Gilles FERMENT. **Transgênicos para quem?** Brasília: MDA, 2011, p. 67.

KRINKE, Charlotte. Les OGM autorisés dans l'Union européenne. **Inf'OGM.** 27 de junho de 2017. Disponível em: https://www.infogm.org/6210=-ogm-autorises-europe-culture-importation?langfr. Acesso em: 03 de setembro de 2019. Acesso em: 23 de setembro de 2019.

KUIPER, H. A. et al. Substantial equivalence – an appropriate paradigm for the safety assessment of genetically modified foods? **Toxicology.** v. 181. p. 427-431. 2002.

L'affaire du sang contamine. Rdaction **INA – Institut National de L'Audiovisuel.** 07 de fevereiro de 2009. Disponível em: https://www.ina.fr/contenus-editoriaux/articles-editoriaux/l-affaire-du--sang-contamine/ . Acesso em: 27 de julho de 2019.

La France et les OGM : où en est-on? **Europe1.** 15 de abril de 2016. Disponível em: https://www.europe1.fr/societe/la-france-et-les-ogm-ou-en-est-on-2721361. Acesso em: 19 de setembro de 2019.

LACERDA, Nara. **Brasil afrouxa análise de segurança para plantio de transgênicos.** 10 de fevereiro de 2020. Brasil de Fato. Disponível em: https://www.brasildefato.com.br/2020/02/10/brasil--afrouxa-analise-de-seguranca-para-plantio-de-transgenicos. Acesso em: 01 de janeiro de 2020

LACEY, H. **Values and objectivity in science: the current controversy about transgenic crops.** Lanham: Lexington Books, 2005. p. 182-230.

LAURENT, Eck; FULCHIRON, Hugues. **Introduction au droit français.** Paris: Lexis Nexis, 2016, p. 115-141.

LAVOR, Thays. **Antes do Ceará, 8 municípios já haviam proibido fumigação aérea de agrotóxicos.** Repórter Brasil. 15 de Fevereiro de 2019. Disponível em: https://reporterbrasil.org.br/2019/02/antes-do-ceara-8-municipios-ja-haviam-proibido- fumigacao-aerea-de-agrotoxicos/?fbclid=IwAR2dsyjyewHQ15l5D5SlFG2VkXxYJFJoi6ZbPDYPaOjhrVk5aceLy kMPP-M. Acesso em: 08 de junho de 2019.

LEPAGE, Corinne; GUÉRY, François. **La Politique de Precaution.** Paris: Presses Universitaires de France, 2001. p. 144.

Les pesticides en France: du constat à l'action. **L'Essentiel par Macif.** 26 de fevereiro de 2019. Disponível em: <https://lessentiel.macif.fr/pesticides-en-france-constat-action>. Acesso em: 22 de agosto de 2019.

LYNCH, Diahanna; VOGEL, David. **The regulation of GMOs in** Europe and the United States: A case-study of contemporary European regulatory politics. Council on Foreign Relations, Nova Iorque, v. 5, 2001. p. 9.

Referências Bibliográficas

MANO, Ana; SAMORA, Roberto. **Brasil facilita importação de grãos transgênicos dos EUA; foco agora é custo.** 06 de novembro de 2020. UOL. Disponível em: https://economia.uol.com.br/noticias/reuters/2020/11/06/brasil-publica-norma-que-assegura-importacao-de-soja-e-milho--transgenicos-dos-eua.htm. Acesso em: 03 de janeiro de 2021.

MARTINS, Tânia. 2019. **Análise - Cerrado no Piauí devastado e população local sacrificada.** Brasil de Fato. 20 de agosto de 2019. Disponível em: https://www.brasildefato.com.br/2019/08/20/analise-or-cerrado-no-piaui-devastado-e- populacao-local-sacrificada/. Acesso em: 19 de setembro de 2019.

MELGAREJO, L., & DE SOUZA, M. M. Agrotóxico Mata - Campanha Permanente Contra os Agrotóxicos e Pela Vida. 07 de fevereiro de 2019. Disponível em: https://contraosagrotoxicos.org/os-cientistas-a-sujeira-e-o-tapete/. Acesso em: 17 de agosto de 2020.

MELLO, Daniel. Contaminação por agrotóxicos tem afetado comunidades indígenas, diz antropóloga. **Agência Brasil.** 29 de agosto de 2016. Disponível em: http://agenciabrasil.ebc.com.br/direitos-humanos/noticia/2016-08/contaminacao-por-agrotoxicos-tem-afetado-comunidades-indigenas-diz. Acesso em: 02 de setembro de 2019.

MENASCHE, Renata. **Os grãos da discórdia e o risco à mesa: um estudo antropológico das representações sociais sobre cultivos e alimentos transgênicos no Rio Grande do Sul.** Tese (Doutorado em Antropologia). Universidade Federal do Rio Grande do Sul, Rio Grande do Sul, 2003. p. 199-224.

MEUNIER, Eric. A incrível história do milho Mon 810. In: Magda ZANONI; Gilles FERMENT. **Transgênicos para quem? Agricultura Ciência Sociedade.** Brasília: Ministério do Desenvolvimento Agrário, 2011. p. 286.

MILLSTONE, Erik; BRUNNER, Eric; MAYER, Sue. Beyond Substantial Equivalence. **Nature,** v. 401, p. 525-526. out. 1999.

MINISTÉRIO DO MEIO AMBIENTE. **Caderno de debate Agenda 21 e sustentabilidade.** Brasília : Secretaria de Políticas para o Desenvolvimento Sustentável, 2006. Disponível em: https://www.mma.gov.br/estruturas/agenda21/_arquivos/CadernodeDebates9.pdf. Acesso em: 17 de agosto de 2019.

MONSANTO. **Mundo melhor.** YouTube. 2003. Disponível em http://www.youtube.com/watch?v=7y4EnsSW814. Acesso em: 22 de julho.

Moratoires sur les OGM en France et en Europe. **Inf'OGM.** Disponível em: https://www.infogm.org/-Moratoires-sur-les-OGM-en-France-et-en-Europe-?lang=fr. Acesso em: 28 de dezembro de 2020.

National Research Council. Environmental effects of transgenic plants: The scope and adequacy of regulation. **National Academy Press,** p. 9. 2002.

NETHERWOOD, Trudy et al. Assessing the survival of transgenic plant DNA in the human gastrointestinal tract. **Nature biotechnology.** vol. 22. N. 2. p. 204. February 2004.

NETO, Pedro Accioly de Sá Peixoto. Transgênicos: uma análise à luz dos princípios jurídicos da precaução e da segurança alimentar. **Revista Brasileira de Políticas Públicas,** Brasília, v. 4, p. 136. 2014.

Referências Bibliográficas

NEUBAUER, Claudia. As lojas de ciências: outra maneira de produzir e difundir os conhecimentos científicos. In: Magda ZANONI; Gilles FERMENT. **Transgênicos para quem? Agricultura Ciência Sociedade.** Brasília: Ministério do Desenvolvimento Agrário, 2011. p. 459-461.

NODARI, Rubens Onofre; GUERRA, Miguel Pedro. Avaliação de riscos ambientais de plantas transgênicas. **Cadernos de Ciência & Tecnologia**, Brasília, v. 18, n. 1, p. 84, jan./abr. 2001

NODARI, Rubens Onofre. Ciência precaucionária como alternativa ao reducionismo científico aplicado à biologia molecular. In: Magda ZANONI; Gilles FERMENT. **Transgênicos para quem? Agricultura Ciência Sociedade**. Brasília: Ministério do Desenvolvimento Agrário, 2011, p. 42-44

NOISETTE, Christophe. INF'OGM - Vigilância Cidadã. In : Magda ZANONI ; Gilles FERMENT. **Transgênicos para quem? Agricultura Ciência Sociedade**. Brasília: Ministério do Desenvolvimento Agrário, 2011. p. 484-487.

NOISETTE, Christophe. OGM: As empresas colhem os dividendos da fome. In: Magda ZANONI; Gilles FERMENT. **Transgênicos para quem? Agricultura Ciência Sociedade**. Brasília: Ministério do Desenvolvimento Agrário, 2011. p. 394-399.

NOVO, Benigno Nuñez. **O direito internacional ambiental.** 2017. Disponível em: https://ambito-juridico.com.br/edicoes/revista-166/o-direito-internacional-ambiental/. Acesso em: 23 de agosto de 2019.

O que é a moratória da soja? 9 de dezembro de 2019. **Mercados Agrícolas**. Disponível em: https://www.mercadosagricolas.com.br/inteligencia/o-que-e-a-moratoria-da-soja/. Acesso em: 07 de janeiro de 2021

OLIVEIRA, Cida de. **Aprovação de organismos transgênicos mais do que duplica no governo de Jair Bolsonaro.** 28 de outubro de 2019. RBA - Rede Brasil Atual. Disponível em: https://www.redebrasilatual.com.br/ambiente/2019/10/aprovacao-de-organismos-transgenicos-mais-do-que-duplica-no-governo-de-jair-bolsonaro/. Acesso em: 01 de janeiro de 2020.

OLIVEIRA, Cida de. **Plantio de transgênicos dispara no agronegócio dos países da América do Sul.** 04 de julho de 2020. Rede Brasil Atual. Disponível em: https://www.redebrasilatual.com.br/ambiente/2020/07/plantio-de-transgenicos-dispara-na-agricultura-dos-paises-da-america-do-sul/. Acesso em: 03 de janeiro de 2021.

ORGANIZACIÓN DE LAS NACIONES UNIDAS PARA LA ALIMENTACIÓN Y LA AGRICULTURA. El Estado de la Seguridad Alimentaria y la nutrición en el mundo - protegerse frente a la desaceleración y el debilitamiento de la economía. **FAO.** Roma, 2019. p. 14. Disponível em: <http://www.fao.org/3/ca5162es/ca5162es.pdf>. Acesso em: 22 de setembro de 2019.

PARIZEAU, Marie-Hélene; BAUCHANT, André. **La biodiversité: tout conserver ou tout exploiter ?** Louvain-la-Neuve: De Boeck Université, 1997, p. 95-120.

PAVARINO, Marco Aurélio. A Convenção sobre Diversidade Biológica da ONU: o cenário internacional e as agendas internas no Brasil. I n: Magda ZANONI; Gilles FERMENT. **Transgênicos para quem? Agricultura Ciência Sociedade**. Brasília: Ministério do Desenvolvimento Agrário, 2011. p. 355-356.

PELAEZ, Victor; TERRA, Fábio Henrique Bittes; SILVA, Letícia Rodrigues da. A regulamentação dos agrotóxicos no Brasil: entre o poder de mercado e a defesa da saúde e do meio ambiente. **Revista de Economia**, v. 36. Paraná: Editora UFPR, p. 30. 2010.

Referências Bibliográficas

Pesticides des villes et pesticides des champs: une double problmatique em île-de-France. **Airparif.** 11 de maio de 2016. Disponível em: https://www.airparif.asso.fr/actualite/detail/id/165. Acesso em 20 de agosto de 2019.

PIZELLA, Denise Gallo; SOUZA Marcelo Pereira de. Regulação de OGMs no Brasil: aproximações com o modelo da União Europeia ou dos EUA. **Desenvolvimento e Meio Ambiente**, Paraná, 2016. p. 78.

Polêmica divide até os cientistas. **Folha de S. Paulo**. 04 de março de 2000. Disponível em: https://www1.folha.uol.com.br/fsp/dinheiro/fi0403200022.htm. Acesso em: 02 de junho de 2019.

POLLOCK, C. J.; HAILS, R.vS. The case for reforming the EU regulatory system for GMOs. **Trends in Biotechnology**, *v.* 32, p. 4. 2014.

POPOV, Daniel. **Brasil já vendeu mais de 50 milhões de toneladas de soja para a China em 2020**. 07 de agosto de 2020. Canal Rural - Soja Brasil. Disponível em: https://www.canalrural.com.br/projeto-soja-brasil/noticia/brasil-ja-vendeu-mais-de-50-milhoes-de-toneladas-de-soja-para-a-china-em-2020/. Acesso em: 03 de janeiro de 2021

Por esmagadora maioria, cantão suíço vota na proibição da burca. 23 de setembro de 2018. **NSC total**. Disponível em: https://www.nsctotal.com.br/noticias/por-esmagadora-maioria-cantao-suico-vota-na-proibicao-da-burca. Acesso em: 28 de dezembro de 2020.

POR UM BRASIL LIVRE DE TRANSGÊNICOS. **Boletim da Campanha por um Brasil livre de transgênicos**. Disponível em: http://pratoslimpos.org.br/?p=615. Acesso em: 13 de setembro de 2019.

PUTNAM, Robert D. **Diplomacy and Domestic Politics: The Logic of Two-Level Games**. International Organization, v. 42, n. 3, 1988, p. 34.

RAJÃO, Raoni et al. The rotten apples of Brazil's agribusiness. **Science**, v. 369, n. 6501, p. 246-248, 2020.

RAMOS, Rodrigo Ferraz; ANDRIOLI, Antônio Inácio; BETEMPS, Débora Leitzke. Agrotóxicos e transgênicos: uma crítica popular. Paraná: **Revista Extensão em Foco**. v. 17, p. 41-45. 2018.

RECH, Elibio. **Se animais (como gado, porcos e frangos) comerem soja ou milho transgênico, a carne será transgênica?** CIB - Conselho de Informações sobre Biotecnologia. 21 de Outubro de 2016. Disponível em: https://cib.org.br/faq/se-animais-como-porcos-e-frangos-comerem-soja-ou-milho-transgenico-a-carne-sera-transgenica/. Acesso em: 20 de junho de 2019.

REDAÇÃO BICHOS DE CAMPO. Na Copa dos transgênicos, Brasil é vice e Argentina ocupa o terceiro lugar. **Brasil de Fato**. 04 de julho de 2018. Disponível em: https://www.brasildefato.com.br/2018/07/04/na-copa-dos-transgenicos-brasil-e-vice-e- argentina-ocupa-o-terceiro-lugar/. Acesso em: 23 de agosto de 2019.

REDAÇÃO GALILEU. **Desmatamento e agrotóxicos podem causar prejuízo à economia**. 13 de fevereiro de 2019. Disponível em: https://revistagalileu.globo.com/Ciencia/Meio-Ambiente/noticia/2019/02/desmatamento-e-agrotoxicos-podem-causar-prejuizo-economia.html. Acesso em: 07 de setembro de 2019.

Rglementation. **OGM.org**. Disponível em: <http://www.ogm.org/Tout%20savoir/reglementation.html>. Acesso em: 12 de outubro de 2019.

REIS, Rafael Pons. **Estruturas domésticas e a formação da posição brasileira nas reuniões das partes do Protocolo de Cartagena**. Dissertação (Mestrado em Relações Internacionais). Universidade Federal do Rio Grande do Sul, Rio Grande do Sul, 2008. p. 87.

Referências Bibliográficas

REUTERS. **Brasil publica norma facilitando importação de soja e milho transgênicos dos EUA.** 06 de novembro de 2020. G1. Disponível em: https://g1.globo.com/economia/agronegocios/noticia/2020/11/06/brasil-publica-norma-facilitando-importacao-de-soja-e-milho-transgenicos--dos-eua.ghtml. Acesso em: 31 de dezembro de 2020

REUTERS. **CORRECTED-(OFFICIAL)-No change to GM food policy in US trade talks-EU trade chief.** 6 de março de 2013. Disponível em: https://br.reuters.com/article/idUSL6N-0BY2HE20130306. Acesso em: 14 de outrubro de 2019.

REUTERS. **Setor de soja do Brasil quer sincronia de transgênicos com EUA para eliminar riscos.** 23 de novembro de 2020. UDOP - União Nacional da Bioenergia. Disponível em: https://www.udop.com.br/noticia/2020/11/23/setor-de-soja-do-brasil-quer-sincronia-de-transgenicos-com--eua-para-eliminar-riscos.html. Acesso em: 31 de dezembro de 2020.

ROBIN, Marie-Monique. **Le monde selon Monsanto. De la dioxine aux OGM, une multinationale qui vous veut du bien.** Paris: Alain Stank, 2008. p. 376-377.

SAEGLITZ, C. e BARTSCH, D. Regulatory and associated political issues with respect to Bt transgenic maize in the European Union. **Journal of Invertebrate Pathology,** v. 83, p. 107-109. 2003.

Saiba mais sobre a polêmica das sementes terminator. **Green Me - farei bem à Terra.** 12 de março de 2014. Disponíevl em: https://www.greenme.com.br/informar-se/agricultura/95-saiba-mais--sobre-a-polemica-das-sementes-terminator. Acesso em: 26 de maio de 2019.

SALATI, Paula. **Após novo recorde, Brasil encerra 2021 com 562 agrotóxicos liberados, sendo 33 inéditos.** G1. 18 de janeiro de 2022. Disponível em: https://g1.globo.com/economia/agronegocios/noticia/2022/01/18/apos-novo-recorde-brasil-encerra-2021-com-562-agrotoxicos-liberados--sendo-33-ineditos.ghtml. Acesso em: 15 de março de 2022.

SALLES, Mariana. **EUA e Brasil continuam a liderar a produção de transgênicos no mundo.** 13 de dezembro de 2020. Valor Econômico. Disponível em: https://valor.globo.com/agronegocios/noticia/2020/12/03/eua-e-brasil-continuam-a-liderar-a-producao-de-transgenicos-no-mundo.ghtml. Acesso em: 03 de janeiro de 2021.

SAMUEL, Henry. **France becomes first country in Europe to ban all five pesticides killing bees.** 31 de Agosto de 2018. The Telegraph. Disponível em: https://www.telegraph.co.uk/news/2018/08/31/france-first-ban-five-pesticides-killing-bees/. Acesso em: 25 de julho de 2019.

SÁNCHEZ-BAYO, Francisco e WYCKHUYS, Kris A. G. Worldwide decline of the entomofauna: A review of its drivers. **Biological Conservation,** v. 232, p. 8. 2019.

SANTOS, Boaventura de Sousa; MENESES, Maria Paula. **Epistemologias do sul.** São Paulo: Cortez Editora, 2014. p. 48.

SENET, Stphanie. **OGM: l'opt-out actionn par la Grèce et la Lettonie.** 28 de agosto de 2015. Disponível em: https://www.journaldelenvironnement.net/article/ogm-l-opt-out-actionne-par--la-grece-et-la-lettonie,61515. Acesso em: 27 de dezembro de 2020.

SÉRALINI, Gilles-Eric. Transgênicos, Poderes, Ciência, Cidadania. In: ZANONI, Magda; FERMENT, Gilles. **Transgênicos para quem? Agricultura Ciência Sociedade.** Brasília: Ministério do Desenvolvimento Agrário, 2011. p. 36-38.

Referências Bibliográficas

Setor de soja do Brasil quer sincronia de transgênicos com EUA para eliminar riscos. 23 de novembro de 2020. **UDOP - União Nacional da Bioenergia.** Disponível em: https://www.udop.com.br/noticia/2020/11/23/setor-de-soja-do-brasil-quer-sincronia-de-transgenicos-com-eua-para-eliminar-riscos.html. Acesso em: 31 de dezembro de 2020.

SOLDI, Matheus. **Análise de Política Externa e Barganha InterBurocrática: a negociação do Protocolo de Cartagena na CTNBio.** São Paulo: Serie Working Paper CAENI. 2013. p. 20.

SPERB, Paula. **Laudo mostra que agrotóxicos causaram morte de milhões de abelhas.** Folha de S. Paulo. 29 de julho de 2019. Disponível em: https://www1.folha.uol.com.br/ambiente/2019/07/laudo-mostra-que-agrotoxicos-causaram-morte-de-milhoes-de-abelhas.shtml. Acesso em: 07 de setembro de 2019.

STANDAGE, Tom. **An Edible History of Humanity.** New York: Walker Publishing Company, 2009, p. 181-200.

SUDRÉ, Lu. **Alternativa aos agrotóxicos, bioinsumos carecem de investimento público no Brasil.** Brasil de Fato. 21 de agosto de 2019. Disponível em: https://www.brasildefato.com.br/2019/08/21/alternativa-ao-agrotoxico-bioinsumos-carecem- de-investimento-publico-no-brasil/. Acesso em: 20 de setembro de 2019.

TESTART, Jacques. Plantas Transgênicas: Inúteis e Perigosas. In: ZANONI, Magda; FERMENT, Gilles. **Transgênicos para quem? Agricultura Ciência Sociedade.** Brasília: Ministério do Desenvolvimento Agrário, 2011, p. 221

TRIGUEIRO, André. **Licenciamento recorde de novos agrotóxicos.** G1. 21 de fevereiro de 2019. Disponível em: https://g1.globo.com/natureza/blog/andre- trigueiro/post/2019/02/21/licenciamento-recorde-de-novos-agrotoxicos.ghtml. Acesso em: 23 de junho de 2019.

TUON, Ligia. **Economia brasileira se tornou menos complexa — e isso não é boa coisa.** Exame. 22 de setembro de 2019. Disponível em: https://exame.com/economia/economia-brasileira-se-tornou-menos-complexa-e-isso-nao-e-boa-coisa/. Acesso em: 03 de janeiro de 2021.

UE: 2/3 des Etats ne veulent pas d'OGM. **Le Figaro.** 04 de outubro de 2015. Disponível em: http://www.lefigaro.fr/flash-actu/2015/10/04/97001-20151004FILWWW00089-ue-23-des- etats-ne--veulent-pas-d-ogm.php. Acesso em: 04 de junho de 2019.

Une centaine d'OGM autoriss en France, notamment dans l'alimentation. **Ouest-France.** 05 de janeiro de 2021. Disponível em: https://www.ouest-france.fr/economie/agriculture/ogm/une--centaine-d-ogm-autorises-en-france-notamment-dans-l-alimentation-7108785. Acesso em: 10 de janeiro de 2021.

UNICEF. **Relatório da ONU: ano pandêmico marcado por aumento da fome no mundo.** 12 de julho de 2021. Disponível em: https://www.unicef.org/brazil/comunicados-de-imprensa/relatorio-da-onu-ano-pandemico-marcado-por-aumento-da-fome-no-mundo. Acesso em: 23 de fevereiro de 2022.

VALENTE, Rubens. **Terras indígenas foram invadidas com soja transgênica, conclui Ibama.** Folha de S. Paulo. 08 de junho de 2018. Disponível em: https://www1.folha.uol.com.br/ambiente/2018/06/terras-indigenas-foram-invadidas-com-soja- transgenica-conclui-ibama.shtml. Acesso em: 29 de agosto de 2019.

VALICENTE, Raiana Rassi. 2016. Princípio da precaução, direito à informação. Vol. 16. **Cadernos de Direito**. p. 355. 2016.

VARZAKAS, T. H., CHRYSSOCHOIDS, G.; ARGYROPOULOS, D. Approaches in the risk assessment of genetically modified foods by the Hellenic Food Safety Authority. Food and chemical toxicology : an international journal published for the British Industrial Biological Research Association. **Food and Chemical Toxicology**, v. 45, p. 539. 2007.

VÀZQUES-SALAT, N., et al. The current state of GMO governance: Are we ready for GM animals? **Biotechnology Advances**, v. 30, p. 1338. 2012.

VICENTE, Lucía (coord.); ACEVEDO, Carolina (coord.); VICENTE, Carlos (coord.). **Atlas del agronecio transgnico em el Cono Sur:** Monocultivos, resistencias y propuestas de los pueblos. Marcos Paz : Acción por la Biodiversidad, 2020. p. 24-25.

VIEIRA, A. C. P.; VIEIRA, JUNIOR, A. **Direitos dos consumidores e produtos transgênicos: uma questão polêmica para a bioética e o biodireito.** Curitiba: Juruá, 2008. p. 25-33.

VILARINO, Cleyton. **Área em desacordo com a Moratória da Soja cresceu 23% na safra 2019/2020.** 14 de dezembro de 2020. Globo Rural. Disponível em: https://revistagloborural.globo.com/Noticias/Agricultura/Soja/noticia/2020/12/area-em-desacordo-com-moratoria-da-soja-cresceu--23-na-safra-20192020.html. Acesso em: 07 de janeiro de 2021.

WENTZEL, Marina. **Brasil passa por desindustrialização precoce, aponta pesquisa da ONU.** 21 de setembro de 2016. BBC News. Disponível em: https://www.bbc.com/portuguese/brasil-37432485. Acesso em: 07 de janeiro de 2021.

YAMAGUCHI, Taylla Evellyn e MARTINS DE SOUZA, Mauro César. 2011. França: A Construção Do Direito Ambiental Em Um País Desenvolvido. **Tópos**, v. 5, n. 2, Vol. 5. p. 54. 2011.

YOUNG, Oran R. **International governance: protecting the environment in a stateless society.** Ithaca: Cornell University Press, 1994. p. 19.

ZANONI, Magda, et al. 2011. O Biorrisco e a Comissão Técnica Nacional de Biossegurança: lições de uma experiência. In: Magda ZANONI; Gilles FERMENT. **Transgênicos para quem? Agricultura Ciência Sociedade.** Brasília: Ministério do Desenvolvimento Agrário, 2011. p. 244.

ZANONI, Magda; FERMENT, Gilles. CRIIGEN. In: ZANONI, Magda; FERMENT, Gilles **Transgênicos para quem? Agricultura Ciência Sociedade.** Brasília: Ministério do Desenvolvimento Agrário, 2011. p. 490-499.

Jurisprudência

CONSEIL D'TAT FRANÇAIS. CE, 1er août 2013, Association gnerale des producteurs de maïs (AGPM) et autres. Disponível em: https://www.conseil-etat.fr/ressources/decisions-contentieuses/dernieres-decisions-importantes/ce-1er-aout-2013-association-generale-des-producteurs-de--mais-agpm-et-autres. Acesso em: 26 de dezembro de 2019.

United Kingdom of Great Britain and Northern Ireland v. Commission of the European Communities, App. 180/96 (ECtHR, 5 May 1998).

Referências Bibliográficas

Caso Pfizer Animal Health SA v. Council of the European Union. Disponível em: https://eur-lex.europa.eu/legal-content/PT/TXT/HTML/?uri=CELEX:61999TJ0013&from=FR. Acesso em 11 de agosto de 2020.

Landelijke Vereniging tot Behoud van de Waddenzee,Nederlandse Vereniging tot Bescherming van Vogels v. Staatssecretaris van Landbouw, Natuurbeheer en Visserij, App nº C-127/02 (ECtHR, 7 septembre 2004). Disponível em: http://curia.europa.eu/juris/document/document.jsf?text=&docid=49452&pageIndex=0&doclang=EN&mode=lst&dir=&occ=first&part=1&cid=13396927. Acesso em: 11 de agosto de 2019.

Arrêt nº 3439 du 25 septembre 2012 (10-82.938) de la Chambre criminelle.